新时代思想政治教育路径构建研究

杨 伊◎著

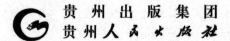

贵 州 出 版 集 团
贵州人民出版社

图书在版编目（CIP）数据

新时代思想政治教育路径构建研究 / 杨伊著. -- 贵
阳：贵州人民出版社，2023.9
ISBN 978-7-221-17818-3

Ⅰ.①新… Ⅱ.①杨… Ⅲ.①思想政治教育—研究—
中国 Ⅳ.①D64

中国国家版本馆CIP数据核字(2023)第155974号

XINSHIDAI SIXIANGZHENGZHI JIAOYU LUJING GOUJIANYANJIU

新时代思想政治教育路径构建研究

杨 伊 著

出 版 人　朱文迅
策划编辑　苏　轼
责任编辑　杨进梅
装帧设计　北京万瑞铭图文化传媒有限公司
责任印制　陈　楠

出版发行　贵州出版集团　贵州人民出版社
地　　址　贵阳市观山湖区中天会展城会展东路SOHO公寓A座
印　　刷　天津旭丰源印刷有限公司
版　　次　2024年07月第1版
印　　次　2024年07月第1次印刷
开　　本　787毫米×1092毫米　1 / 16
印　　张　14.5
字　　数　230千字
书　　号　ISBN 978-7-221-17818-3
定　　价　68.00元

前言

  我国历来十分重视思想政治教育工作。大学是对人才进行教育和培养的主要基地，必须承担起为社会主义建设培养合格接班人的重任。一名合格的人才不仅应具有丰富的专业知识技能，还应具有崇高的思想政治道德和理想。因此，高校在人才培养过程中除了进行专业知识的教育外，还应树立思想政治教育的主体作用，加强思想政治教育工作的实践和创新。

  学校要深化教学内容改革，引导学生从整体和体系上掌握马克思主义基本原理，坚持把中国特色社会主义理论体系，特别是习近平新时代中国特色社会主义思想作为教学的中心内容。如今，在大学的思想政治理论课堂上，教师们紧紧围绕当前国际国内形势和学生高度关切的热点问题，广泛收集选题，从党的指导精神、国内外政治经济走势到大学生就业创业等，精心组织材料，准确把握学生心态，努力让宣讲贴近实际、贴近生活、贴近学生，增强教育的实效性和针对性。

  撰写本书过程中，参考和借鉴了一些知名学者和专家的观点及论著，在此向他们表示深深的感谢。由于水平和时间所限，书中难免会出现不足之处，希望各位读者和专家能够提出宝贵意见，以待进一步修改，使之更加完善。

目录

第一章 思想政治教育理论基础

第一节 思想政治教育的时代分析

一、高校思想政治教育的现实呼唤

思想政治教育是社会或社会群体用一定思想观念、政治观点、道德规范，对其成员施加有目的、有计划、有组织的影响，使他们形成符合一定社会要求的思想品德的社会实践活动。

大学生的理想信念教育是我国高校思想政治教育的灵魂和核心，也是我国高校的一项庄严而紧迫的革命任务。在全球的思想文化交融交锋呈现新特点的今天，多元文化的较量更加激烈，不稳定因素增多，使我国各大高校成为西方各国敌对势力同我国争夺大学生思想的前沿阵地。

面对复杂的国际国内形势和时代背景，我们必须把握机遇，抓住思想文化领域的突出问题，在意识形态领域着力建设社会主义核心价值体系，深入开展社会主义核心价值体系学习教育。其中就包括亟须对当代中国大学生进行社会主义核心价值观教育。大学生社会主义核心价值观教育是指对大学生进行社会主义核心价值体系以及在此基础上按照"三个倡导"积极培育和践行社会主义核心价值观的教育，使他们成为有理想、有道德、有纪律、有文化的社会主义现代化建设的接班人。

高校思想政治教育是在当代中国大学生价值取向多元化发展的趋势下提出的。加强大学生社会主义核心价值观教育，既是基于我国高等教育体制改革中多重机遇和挑战对大学生的思想道德文化素质提出的要求，也是社会主义现代化建设对我国的人才战略提出的重要任务。

二、高校思想政治教育的时代价值

我国已进入建设中国特色社会主义新时期，思想政治教育的价值性愈显重要，并具有独特的时代价值。

（一）提高大学生的思想政治素质

大学生作为国家宝贵的人才资源，承担着振兴民族和建设祖国的使命。进一步加强和完善高校思想政治教育，提升大学生的思想政治素质，不仅能够影响大学生自身的健康发展，还影响到中国特色社会主义事业的未来发展。我国党和国家领导人都十分看重高校思想政治教育工作，从而表明思想政治素质是大学生必须重点培养的素质之一。

（二）提高大学生的思想道德素质

目前，高等教育处于深化改革、全面实行素质教育的局面，高校应深化教育改革并切实探索大学生素质教育，在该过程中高校更应不断加强和完善德育工作。通过对大学生进行思想政治教育，有助于其更好地处理品德与才学的关系，将提升思想道德素质与学习科学文化知识更好地结合起来，使二者能够达到相互促进的作用，从而达到全面提升大学生综合素质的目的。

（三）帮助大学生形成正确的世界观、人生观和价值观

对大学生进行深入的爱国主义、集体主义和社会主义教育有助于大学生确立明确的奋斗目标，使其能够走上正确的人生方向和道路，形成正确的世界观、人生观和价值观。只有事先确立奋斗目标，才能更好地为之去努力，克服奋斗路上的各种挫折，最终取得成功。通过对大学生进行思想政治教育，有助于大学生树立正确的目标，进行个人选择时更多地考虑到社会需求方面，将个人兴趣和才智更好地运用在实现远大目标上，进而实现个人价值，为国家和民族创造更多的价值。通过形成正确的世界观、人生观和价值观，才能实现个人价值和社会价值，这对个人、社会、国家乃至整个人类都具有积极意义。

高校大学生具备积极健康向上的思想基础，大学时代正是他们思想世界变化的重要时期，因此趁他们世界观、人生观、价值观逐渐走向成熟之际，引导他们树立马克思主义的世界观、人生观、价值观以及社会主义荣辱观。人类的进步、祖国的荣辱、人民的忧乐，应当成为高校思想政治教育中永不熄灭的火炬。贡献高于索取，拼搏重于享乐，应当成为高校思想政治教育工

作的主旋律。

（四）有利于和谐校园的建设

对于整个社会环境来说，高校是其不可或缺的一部分，同样也是构建社会主义和谐社会的重要阵地。开展高校思想政治教育工作，有助于实现大学生素质的全面发展，建设和谐的大学校园，这是建设和谐社会的必然选择。进一步加强高校思想政治教育能够有效地减少甚至避免校园不和谐行为乃至反社会行为的发生，进而为建设和谐校园和社会提供有力保障。

第二节 思想政治教育环境的科学内涵

一、思想政治教育环境的研究对象

一门学问无论怎样研究或者划分，必定有其内涵和外延。数学主要研究空间形式与数量关系，哲学则主要研究世界观，思想政治教育环境则主要研究思想政治教育的效果与当前环境之间的辩证关系。

从当前教育学的理论中可以得知，教育环境与教育效果有必然的联系。良好的环境会自动引导受教育者朝向符合社会要求的方向发展，而充斥着饥饿、压迫、粗俗、暴力的环境将会引导受教育者向背离社会的方向发展。虽然在短时期内科学还无法证明教育环境与教育效果有怎样的函数关系，但是可以肯定的是，教育环境和教育结果具有明显的正相关关系。

思想政治教育环境将会研究思想政治教育环境的构成以及各种构成对当代思想政治教育产生的正、负面影响。

此外，还应把如何转化思想政治教育环境作为一项重点的研究内容。思想政治教育所面临的环境是客观的，要使之适应当前思想政治教育，必须对它进行一定程度的改造，甚至创造。在这个方面，当前思想政治教育环境应该认真研究各种环境的思想政治教育效用，并且把有用的元素安排到思想政治教育之中。

二、思想政治教育环境的学科性质

思想政治教育环境是一门交叉学科，是以思想政治教育环境为根基，研究、探讨思想政治教育实施、发展与其环境之间的辩证关系，并揭示其发展规律的社会科学，是教育科学内部的交叉。思想政治教育环境是运用教育科学的基础知识、基本原理研究探讨思想政治教育的实施、发展与其环境之间相互依赖、相互影响、相互促进的辩证关系，不断推进思想政治教育发展，不断优化思想政治教育环境，培养学生的创新精神和实践能力，造就有理想、有道德、有文化、有纪律的，德、智、体、美等全面发展的社会主义事业建设者和接班人，提高整个中华民族的思想政治素质。思想政治教育环境是社会科学。

三、思想政治教育环境的内涵界定

对思想政治教育环境的界定是思想政治教育环境研究的基础。但是，在学术理论界讨论思想政治教育环境的内涵时却存在一定的分歧。代表性观点有以下几个。

第一种，思想政治教育环境是指思想政治教育所面对的所有外部因素，既包括客观存在的社会环境，也包括思想政治教育者人为创造的一些教育环境。

第二种，思想政治教育环境存在广义和狭义两个维度，广义的思想政治教育环境是指思想政治教育所面对的外部客观存在。狭义的思想政治教育环境是指思想政治教育者依据一定的教育目的有计划地选择、加工、改造和重组对教育对象产生感染、激励、鼓舞、促进作用的环境。

第三种，思想政治教育环境是指环绕在被教育对象周围、能对被教育对象产生影响的环境。

第四种，思想政治教育环境包括思想政治教育对象所处环境和思想政治教育活动的外部条件两个方面。

通常意义上的环境是指环绕在某一主体周围，并能实施某种影响的客观现实，不同的事物或行为主体所具有的环境是不同的。这里从"元问题""元理论"的角度出发做出探索，把思想政治教育环境界定为：思想政治教育环境是与思想政治教育有关的，在思想政治教育实践中环绕在被教育对象周围、影响受教育对象的思想政治品德形成、发展的一切外部因素的总和。具体来说，这个定义包括以下几方面的内涵。

第一，思想政治教育环境是对思想政治教育起作用的诸因素的总和，与大学生政治思想品德的形成与发展密切相关。思想政治教育是思想政治教育环境的中心，只有影响了思想政治教育的环境与思想政治教育有密切联系的外部条件才可称之为思想政治教育环境。这里体现了"思想政治教育环境"与"思想政治教育的环境"的区别，前者包括思想政治教育活动过程中所处的各种社会大环境和教育者创设的各种具体的小环境。

第二，思想政治教育环境是一个系统，对大学生的政治思想品德形成的全过程有着极其重要的影响。思想政治教育环境广泛而复杂，是一个具有多层次、多侧面、多要素的复合结构，是思想政治教育过程中自然环境与社会环境、微观环境与宏观环境、物质环境与精神环境、静态环境与动态环境、外显环境与内储环境、群体环境与个体环境、间接环境与直接环境等的有机统一。

第三，思想政治教育环境对思想政治教育实践全过程的影响是自发的，既包括自发地影响着受教育者的生理因素、智力、素质、气质、性格和心理素质以及社会、经济、政治、文化、生态等诸方面的外部影响，也包括制约着思想政治教育目标的确立、内容的选择以及思想政治教育方法的变化和选择、载体的变化、效果的评估等内部影响。

四、思想政治教育环境特征

学术理论界对于思想政治教育环境特征的理解也存在较大程度的不一致，这充分显示了学界对思想政治教育环境特殊性的关注和研究潜力。

（一）思想政治教育环境的本质特征

马克思主义理论告诉我们，本质属性才是彼事物区别于此事物的根本原因。研究思想政治教育环境必须把握思想政治教育环境的本质特征，所谓思想政治教育环境的本质特征就是思想政治教育环境本身所带有的从根本上决定环境的发生、发展与变化的特征。具体来说，思想政治教育环境的本质特征主要体现在以下几方面。

1.思想政治教育环境的阶级性

所谓思想政治教育环境的阶级性是指思想政治教育环境因素符合特定阶级利益的属性，它决定了思想政治教育环境的基本内涵与价值倾向，并影响环境因素的发展变化。环境的阶级属性问题颇有争议，主要表现如下。

首先，从思想政治教育活动的特殊性来看，我国思想政治教育是在马克思主义的指导下来教育广大人民群众的，其目的是维护工人阶级的领导，巩固以工农联盟为基础的人民民主专政政权，维护广大人民群众的利益。我国生产关系的基础是生产资料公有制，因此从我国发展的整体来看，阶级依然存在，不同阶级的意识形态斗争依然存在，因此，必须坚持马克思主义的思想政治教育，确保马克思主义意识形态在思想政治教育环境中的主导地位。

其次，从社会生活的角度来看，思想政治教育环境与社会生活环境具有同一性，而在全球范围内人们的社会生活仍要不可避免地打上阶级的烙印。那么，思想政治教育环境则不可能摆脱阶级的影响或控制。因而，从社会生活层面来看，思想政治教育环境具有明显的阶级性。

再次，从思想政治教育环境的内部构成来看，思想政治教育环境必须包括政治环境与文化环境。众所周知，政治环境直接与相应社会的阶级结构及阶级斗争密切相连，经济环境中各种矛盾的根源与发展都与阶级利益密切相关，文化环境更是不可避免要受到特定社会占主导地位的阶级意识形态的制约。

最后，从环境的作用方向来看，一定社会的思想政治教育环境总是为特定阶级服务的，其最终目的都是维护统治阶级的利益。非统治阶级尽管处于相对劣势，但仍旧从本阶级利益出发争取和营造有利于本阶级生存与发展的思想政治教育环境。

2.思想政治教育环境的社会性

对于思想政治教育环境的社会性的理解可从以下三个方面进行：首先，可以从社会化的角度进行深入。社会学视野中，思想政治教育是人的社会化所必须经历的过程。从个人来看，社会化是人追求发展、适应社会生活的过程。从阶级角度来看，一定的阶级或组织则通过有目的的人的社会化过程培养符合本阶级利益的社会成员，维护本阶级或组织的利益。而从社会学的观点来看，人的社会化的关键因素仍旧是人的社会性活动。这些社会性活动同样地决定着思想政治教育环境的社会属性。

其次，思想政治教育环境是人类社会生活的产物，是人类文化的结晶，故不可避免地具有社会属性。

最后，思想政治教育环境系统中社会性要素占据主导地位，在人的社会化（包括人的思想政治教育）活动中发挥关键性作用，因此，思想政治教育环境也就具有了社会属性。

3.思想政治教育环境的客观实在性

思想政治教育环境的客观实在性是指思想政治教育环境具有独立于人而存在的特性。思想政治教育环境独立于人而存在，并不是指独立于所有人存在，而是指独特的个人。

首先，客观实在性是思想政治教育环境各个要素所具有的共同属性，即它是思想政治教育环境各个要素共同拥有的，不以个人的意志为转移的独特属性。思想政治教育环境要素复杂多样，有诸多不同的表现方式，但都是可以被认知的，可脱离个人的意志而存在的。

其次，客观实在性是思想政治教育环境各个要素共同拥有的本源属性。自然要素、社会物质要素和各级各类组织要素等各种与思想政治教育相关的要素，之所以能够成为思想政治教育环境要素，就是因为它们都是以客观实在的形式存在的，客观实在性体现了它们的根本规定性和最高层次的抽象性。

（二）思想政治教育环境的结构特征

从思想政治教育环境的结构分析其特征，对把握思想政治教育环境具有积极意义。学界对这个问题的把握主要从以下两方面展开。

1.整体性

在这里整体性是指思想政治教育环境结构的系统性与统一性。

第一，系统性。思想政治教育环境结构的系统性，即各种思想政治教育环境作用于思想政治教育时表现出的系统性特征。首先，构成思想政治教育环境整体环境的因素是密不可分的。思想政治教育环境发挥出对思想政治教育的影响必须要通过多重因素，才能产生具体的效用。虽然学术界可以把环境分割为不同的类型，但是不同类型效用的发挥必须要依靠其他类型的环境作为支撑。其次，构成思想政治教育环境整体环境的各种环境因素之间相互协调。这种相互协调具体又指思想政治教育环境的诸因素存在方面的和谐相处与配合作用。思想政治教育环境是由大大小小、各式各样的影响思想政治教育的环境要素所构成的。这些要素在较大程度上存在同一性，即都指向思想政治教育。这些要素相互作用，才能在思想政治教育中发挥其作用。

第二，统一性。思想政治教育环境结构的统一性是指环境要素在产生影响时的一致性。思想政治教育环境要素同样符合对立统一规律，虽然结构复杂、组成要素繁多，但在整体功能上则呈现一致性，这突出地表现为要素作用方向或方式上的一致性。事实上，当我们考察某个单一环境因素对思想政治教育的影响作用时，往往很难判断其作用的方向或方式，但当我们整体考察时，思想政治教育环境就会变得清晰而明确。这是因为它们相互联系、相互影响、相互作用，最终完成对外作用的统一。

2. 有序性

所谓有序性是指思想政治教育环境要素存在方式上呈现的规律性。思想政治教育本身是一种有目的、有计划、可调控的活动。这种调控是多层的，不仅是对思想政治教育过程的调控，也是对思想政治教育环境要素的调控，即教育者可通过人为创造环境要素对环境要素进行过滤筛选和添加（这个过程可称为思想政治教育环境的优化）。教育者根据思想政治教育各阶段的目标以及被教育者各阶段思想政治品德的发展程度，依据相关教育学理论，逐渐改变受教育者所处的环境，最终目的是实现其思想政治素质水准的提高。

（三）思想政治教育环境的外在特征

所谓思想政治教育环境的外在特征是指思想政治教育环境的外在表现性特征。具体来说，这个特征主要表现在以下几个方面。

1. 广泛性

思想政治教育的环境要素包罗十分广泛。横向来看，思想政治教育环境要素既包括自然性环境要素，也包括社会环境要素；既包括物质性环境要素，又包括精神性环境要素；既包括政治环境要素，又包括经济环境要素与文化环境要素。纵向来看，思想政治教育环境既包括历史的要素，又包括现实的要素；既包括社会大环境，又包括社区环境、组织环境、家庭环境、人际环境等范围的种属环境。从环境作用的性质来看，它既包括积极的环境要素（正效应要素或正面要素），又包括消极的环境要素（负效应要素或负面要素）。这些大大小小、各式各样的环境要素构成思想政治教育环境的网络系统，全方位地、多渠道地影响思想政治教育过程、影响人们思想政治品德的形成。

2. 复杂性

思想政治教育环境是一个具有整体性和系统性特征的由多种环境要素构成的大系统。由于各个要素的性质都不一样，因此思想政治教育环境必然具有复杂性的特征。这不仅表现在各种要素相互关系的复杂性上，而且表现在环境要素本质属性判别的复杂程度上。从实际工作出发，思想政治教育面临的环境是更加不可控的。由于信息技术的迅速发展，思想政治教育面临的环境越发地不可控制，或者说，其随机性越来越大。这从侧面反映了思想政治教育环境的复杂性程度，也说明了思想政治教育环境研究的复杂性。

3.动态性

随着科学技术的发展，思想政治教育环境的社会性要素占据越来越多的优势。因此，思想政治教育环境将必然会随着社会的发展而逐渐变化。再从自然环境要素的角度来看，人们改造世界、改造自然，逐渐地探寻自然深处，思想政治教育环境也将会逐渐扩大其自然领域。思想政治教育环境的动态性还表现在很多其他层面上，例如物质层面和精神层面、规章制度层面和思想认识层面、法律层面和道德层面等。

思想政治教育环境之所以会表现出动态性，除了其自身原因之外，还包括一些人为因素。在当代这个阶级隐形的社会，各个阶级都会不断引入新的内容塑造和培养将要进入社会角色的人员，甚至会攻击对立阶级的教育内容，妄图施加一些负面影响。在这个原因的作用下，各个阶级将不断创造新的环境进行思想政治教育。相应地，思想政治教育环境将不得不表现出随环境发展的动态性特征。

4.渗透性

思想政治教育环境对人的思想政治品德、价值观念的影响不是靠强制手段，而主要是靠潜移默化的感染、熏陶及渗透来实现的。在思想政治教育环境系统中，千千万万的教育要素都在跟教育主体发生接触，主体在社会生活中通过与环境的交流不知不觉地接受教育，日积月累就会由量变到质变，出现情感的升华、政治思想认识的升华。

（四）思想政治教育环境的新特征

由于社会的发展变化，思想政治教育环境正在凸显出许多与以往思想政治教育环境不同的新特征。

1.多元性

多元性一方面是指思想政治教育环境多样性。当社会环境同质性较高的情况下，思想政治教育环境相对单一、比较稳定。在现代社会，随着文化交流和科技进步，社会关系越来越复杂，社会节奏也越来越快，思想政治教育环境多元性特征也就比较明显。不同的国家、不同的地区、不同的民族，甚至是同一国家、同一地区都会体现出不同的环境的差异性。另一方面是指人们对于思想政治教育环境的认识的多样性。在现代社会，随着科学技术的发展和文化交流的进步，人们的自主意识也随之增强。对于自身需要的认识也越来越清晰，这就促成了人们对于环境的不同的认识。同一环境对于不同的人们有不同的认识，这也就促成了不同环境分类的产生。

2. 开放性

开放性包括两方面内容。一方面体现在思想政治教育环境的空间界限上。思想政治教育环境是一个没有固定界限的开放型系统。信息社会增强人与人之间的往来，对人的思想产生了深刻影响。所以从这一点来看，在信息社会的条件下，现代的思想政治教育环境是一个开放的环境，可以进行多渠道的联系和影响，并不局限在一个国家之内、一个地区之内。另一方面则体现在时间界限上。由于人受文化的继承性和发展性的影响，形成人的思想品德的影响要素有过去的、现实的和未来的。首先，人的思想品德受到过去形成的一些历史文化要素的影响，因为社会是有根有源的，有其深厚的历史的沉积，而同时，人的思想的形成也并不一定是与社会的发展同步的，有时会有滞后性。其次，人生活在现实社会中会受到现实社会存在的各种环境要素的影响。最后，人的思想也会具有超前性，会受到未来社会发展趋势的影响。

3. 影响的广泛性

思想政治教育环境影响的广泛性主要是指其影响要素的多样性、影响性质的多重性和影响途径的多维性。思想政治教育环境对思想政治教育影响要素具有的多样性表现如下：第一，人思想的产生、个人发展和社会交往都要受到外在客观条件的影响。总的说来，影响人的思想和行为的外在客观条件主要有自然要素和社会要素两大类。自然要素如地理位置、自然资源、气候状况和人口分布等，都会不同程度地影响到人们的性格、思想和行为，但是这种影响是先天的，并不起决定性作用。社会物质环境是以生产方式为基础的多种物质要素的总和，物质要素决定着精神文化环境，精神文化环境直接影响到思想政治教育活动。第二，思想政治教育环境的影响是多重性的。一方面，思想政治教育环境作为对思想政治教育产生影响的一切外在要素的总和，是良性环境和恶性环境并存、先进要素与落后要素混杂、积极影响和消极影响同在并同时作用于思想政治教育环境。这种思想政治教育环境是客观存在的多种性质要素的混合体，产生积极影响的同时也存在消极的影响。另一方面，不同思想政治教育对象对同一客观环境的选择和适应也存在较大的差别，不同教育对象对自身已有的思想水平和接受教育的热情差别极大，这一切直接影响到思想政治教育的实施效果。第三，思想政治教育环境对思想政治教育的影响途径具有多维性，既是单一影响和交互影响并存，又是自觉影响与自发影响同在，也有必然影响与偶然影响之分。

第三节 思想政治教育环境研究的理论基础

一、马克思恩格斯关于人与社会环境的科学论述

根据环境构成要素的性质，可以将环境分为两大类，即自然环境和社会环境。人的本质是社会关系的总和决定了人是不可能脱离社会关系而存在的。当社会关系发生变化时，作为社会关系总和的人必然发生变化，人的发展也只能在社会发展中实现，而且社会关系对人的发展影响是不以人的意志为转移的客观存在。每一个人总是生活在一定的社会意识形态、经济、政治、职业、地位、法律、道德、人际关系等具体的社会因素结成的社会关系之中的，并受这些具体的社会因素的制约。

二、大学生思想政治教育环境的分类方法

为了能够较为准确地找出影响大学生思想政治教育环境中的敏感因素，很有必要对大学生思想政治教育环境的分类方法进行一番研究。目前，不少学者对大学生思想政治教育环境的分类方法进行大量研究，主要观点如下。

（一）二分法

二分法是根据不同的标准把大学生思想政治教育环境分为两大类。根据环境构成范围的大小分为宏观环境和微观环境，根据环境构成要素的性质分为自然环境和社会环境，根据环境构成的内容分为物质环境和精神环境，根据环境构成状态分为开放环境和封闭环境，根据环境构成的影响力的性质分为良性环境和恶性环境，根据环境构成的影响力的大小分为直接环境和间接环境。

（二）多分法

多分法主要表现为三分法、四分法和五分法等。多分法基本上是在二分法的基础上展开的分类方法。三分法中的一种分类方法是根据环境构成范围的大小而划分的，宏观环境和微观环境中加入中观环境，另一种则是根据时间维度分为历史环境、现实环境和未来（预想）环境。四分法与五分法等仍然是根据环境构成范围的大小而分别划分的社会环境、单位环境（学校环境或工作环境）、家庭环境、社交环境和社会环境、社区环境、组织环境、家庭环境与人际交往环境等。

（三）时空维度分类法

时空维度分类法首先从时间维度出发把环境分为历史环境、现实环境和未来环境；其次从空间维度出发把环境分为地域空间环境（国际国内环境、城乡环境、东西部环境、沿海内陆环境以及学校、家庭和社区环境）、规模空间环境（宏观环境与微观环境）、状态空间环境（开放环境和封闭环境）、性质空间环境（真实环境和虚拟环境）；最后从时空维度出发把环境概括为信息环境，认为人的政治思想品德结构的改变是通过对思想政治教育环境中各种信息的加工、选择、内化、反馈等环节而完成的。因此，思想政治教育环境在时空维度中表现为一种信息环境。

上述各种分类方法对思想政治教育工作者分析研究大学生思想政治教育环境中的敏感因素是很有帮助的。其中时空维度分类法具有较为全面的指导意义，可以较为准确地找出大学生在思想政治教育环境中的敏感因素。

三、大学生思想政治教育环境的功能

所谓功能，是指事物对人和对社会所起的作用。大学生思想政治教育环境功能是指其对大学生在思想成长、政治觉悟和品德形成过程中所起的作用。大学生思想政治教育因环境状况不同其功能也就不同，可能是积极的正面功能，也可能是消极的负面功能，或者是零功能。无论是积极的正面功能，还是负面的消极功能，或者是零功能，对大学生思想成长、政治觉悟和品德形成过程所起的影响过程是同质的。具体来说有如下几个方面。

（一）导向功能

我国是社会主义国家，以马克思列宁主义为核心构建起来的意识形态、理想信念、政治制度、经济体制、社会公序等是大学生思想成长、政治觉悟和品德形成的航标。这个航标越明亮，对大学生思想成长、政治觉悟和品德形成的导向功能就越强。如果没有这个航标或这个航标不明亮，大学生在思想成长、政治觉悟和品德形成过程中就会转向另外的航向。

（二）激励功能

大学生完成学业后必将走向社会，参与国家建设。社会为大学生发挥所学之长所提供的用武之地是有大有小的，而且有层次高低之分，即管理层与基层之分。大的、高层次的用武之地对大学生的激励作用毫无疑问是巨大的，不但可以有效地调动大学生的学习积极性，而且可以有效地加强大学生的道德修养。因为在大的、高层次的用武之地，往往对其职业道德的要求也是十分高的。相反，小的、低层次的用武之地对大学生的激励作用就比较小，也可能为零，甚至为负激励作用。然而，社会为大学生所提供的用武之地不可能只有大的和高层次的，这就只有通过加强在校大学生的思想政治教育来弥补环境激励作用的不足。

（三）调节功能

高校是大学生学知识、长身体的地方，虽然也是社会的组成部分，但与社会有着很大的区别。在当今开放的社会里，高校并不是与社会完全隔离的，而是相互交融的。一方面，社会公德、社会公序、风俗民约等行为规范会通过各种渠道渗透到学校中来，潜移默化地、自觉或不自觉地调节着大学生的行为规范，以适应社会规范的要求。尤其当今适者生存的竞争环境对大学生行为规范的调节作用是十分突出的。另一方面，大学生在节假日里和学校组织的社会活动中，将会亲身感受到社会规范的约束作用，觉察到社会的真与伪、善与恶、美与丑，知道什么该做、什么不应该做，从而自觉地调节自己的心态，克服心理上的脆弱性，完善自己的人格，磨炼自己的意志。上述探讨初步搭建起了大学生思想政治教育环境基础理论的框架，但对其基础理论框架中各部分的翔实内容尚未作深入的研究和分析，有待进一步调整、充实和完善。

第四节 思想政治教育环境研究的原则与方法

思想政治教育环境作为一门科学，必须有明确、科学的研究原则和研究方法。这些原则和方法必须是建立在尊重事实、尊重科学的客观基础之上，公正、科学地反映思想政治教育环境的内容。

一、思想政治教育环境的研究原则

思想政治教育环境研究的基本原则是研究、探讨思想政治教育环境必须遵循的基本要求或行为规范，必须服从教育科学原则，必须服从环境科学原则，必须遵循思想政治教育发展规律，按照客观规律，实事求是地探讨思想政治教育的环境问题。

（一）客观性原则

客观性原则是指实事求是地依据思想政治教育及其所依存环境的本来面目进行考察、研究和探索，进而认识思想政治教育环境发展的规律性。思想政治教育环境研究必须结合学校环境、家庭环境、社区环境等具体情况，客观地、实事求是地研究问题，并应当注意以下几点。

1. 从实际情况出发，翔实记录资料

思想政治教育环境研究是从思想政治教育实践出发，着重分析思想政治教育与环境之间的关系，进而发现其中的客观规律。否则，就不能客观地、真实地、详细地把握各种思想政治教育的环境状况，那么，解释思想政治教育环境所蕴含的本质和规律，自然是一句空话。

2. 坚持严谨的科学态度

思想政治教育环境问题研究必须有科学研究的态度，治学必须严谨，不能抱有任何偏见，不能掉以轻心。实事求是收集资料，切勿断章取义，歪曲事实。翔实地记录实验数据，不能马虎。客观严格地分析资料、处理数据、概括结论，不能事先凭借主观臆断而下结论，更不能为了证实结论而修改数据、拼凑材料，必须坚持严谨的、科学的态度。

3. 全面收集资料，认真研究问题

培养人、塑造人的教育活动是由诸多因素组成的复杂系统。研究教育的某个问题要求从多方面收集资料，从多角度、多层面分析问题才能有所进展，就事论事、简单下结论就会导致错误。研究思想政治教育环境问题，不仅要收集教育方面的资料，而且还要收集环境方面的资料；不但要收集学校环境方面的资料、家庭环境方面的资料，还要收集社区环境方面的资料。资料收集得越全面，研究问题越深刻，越能够深入到问题的本质，研究结果越有说服力。

（二）发展性原则

由于思想政治教育环境存在明显的动态性特征，因此思想政治教育环境研究必须要坚持发展性原则，运用动态性的目光着眼长远问题。

1. 思想政治教育发展是一个质量互变过程

无论从个人还是从人类整体来看，思想政治教育都是一个不断发展的过程，由低级到高级，由粗放到集约。思想政治教育的发展，既有不间断的量变的积累，又有经常的质变的飞跃。思想政治教育环境必须遵循这种质量互变的规律，牢牢把握思想政治教育实践发展的本质。

2. 思想政治教育发展是一个充满矛盾的对立统一过程

思想政治教育发展极其复杂，充满着矛盾，是一个对立统一的系统。思想政治教育发展是内因和外因交互作用的结果。思想政治教育的实施与环境之间相互影响、相互依赖，构成思想政治教育与环境的辩证关系。现代教育发展是一个充满矛盾的对立统一过程，思想政治教育环境研究必须遵循这种对立统一性，用发展的观点认识教育问题，用发展的思想对待思想政治教育环境研究。

3. 学生是发展中的人

当前的教育学理论认为，学生是思想政治教育的主体，是有思想、有头脑、有见识的活生生的人。人的思想政治品德是在社会环境影响、教育控制和个人主观能动性三者相互作用的过程中逐步形成和发展起来的，学生是处在成长和发展中的人，特别是大学生，他们的知识、能力、才干、思想品德等时时刻刻都不断发展变化。思想政治教育环境研究必须站在发展的高度，才能把握其本质，实现思想政治教育的真正发展。发展性原则是思想政治教育环境研究的重要原则，我们必须深刻认识和认真把握发展性原则。

（三）理论联系实际原则

理论联系实际是党的优良传统和作风，是进行思想政治教育环境研究必须遵循的基本原则。思想政治教育环境研究必须紧密结合思想政治发展的实际，紧密结合大学生身心状况发展的实际，认真调查研究，谨慎思考。应当注意学习和借鉴国外的先进经验，用于指导我们的思想政治教育实践。因此，思想政治教育环境研究既要有逻辑推论，又要有实证基础，所获得的理论要能够运用到思想政治教育实践中去。

思想政治教育环境研究的基本原则是进行思想政治教育环境问题研究的重要依据，是使思想政治教育环境研究取得预期成果的重要保证。我们必须认真遵循思想政治教育环境研究的基本原则，推进思想政治教育环境快速发展，实现高质量的思想政治教育。

二、思想政治教育环境的研究方法

科学研究的创新与突破不断地创造出更新的科学研究方法；反过来，科学研究方法又能不断加快科学研究的步伐，取得令人瞩目的成果。教育研究方法的不断更新和改造，促进了教育科学研究水平的不断提高，推动着教育事业的不断发展。方法是实现过程、到达彼岸、完成任务、取得预期成果的方式和手段。无论做什么事情，无论要实现什么目标，不通过具体的方法是绝对不可能的。思想政治教育环境研究方法是指进行思想政治教育环境问题研究、探讨所采用的一切方式、手段和措施的总和。

（一）观察法

观察法是人文社科研究问题的基本和普遍方法，是获得信息、发现问题、提出问题乃至解决问题的基础。观察法通常是研究者在一定研究目的的指导下，运用适当的自然条件，有计划地用自己的感官和辅助工具对研究对象进行系统、连续观察、收集、分析研究对象资料的方法。

1. 观察法的优点

观察法作为科学研究的一种普遍方法，其优点是非常明显的，主要有以下几种：

第一，客观性。观察法能通过观察直接获得资料，不需其他中间环节，所获得的教育现象和过程能如实地反映客观事实，比较真实。

第二，能动性。观察法是研究者根据研究需要，有目的、有意识、有计划地进行的活动，因而具有能动性。

第三，选择性。为了研究环境相关性，观察者会有选择地集中在某一观察对象上，尽量排除外界无关刺激的影响。

第四，生动性。观察法通常是在自然状态下的观察，能获得生动的资料。

第五，及时性。观察能捕捉到正在发生的现象。

第六，深入性。观察能收集到一些无法言表的资料。

2. 观察法的功能

第一，观察能够发现理论研究法所不能发现的新问题。观察是发现问题、提出问题的前提，实施思想政治教育有许多有待研究的新问题，只要我们善于观察、捕捉和思考，就能透过现象发现问题、提出问题。

第二，观察是提出理论假设与验证的重要方法。理论假设的提出必须建立在一定的事实材料基础之上，因此必须借助于观察法，以真实可靠的事实材料为基础，通过科学的观察、实验测定对理论假设进行证明。

第三，观察是提供教育现象真实过程的手段，是获取原始材料最基本的方法。观察就是对教育现象发生、发展的具体过程进行细致地系统地记录、收集原始资料，以便于对教育本质规律进行探讨。观察可以弥补实验的不足，向人们提供行为、事件的真实形象。

第四，观察是帮助研究者了解被试个体差异的手段。教育科学研究面对的是各具形态的被试个体，他们的个性千差万别，为使研究顺利进行，必须要了解被试个体的差异。

第五，观察是解答各种特殊问题的手段。在教育研究中，有一些特殊的问题使用观察法更为合适。

第六，观察是教育评价的手段。教育科学研究可以通过观察来评价。评价教师与学生的关系，评价一种教育方法是否有效，评价教师对攻击性行为采取的教育措施是否得当，都可以从实地观察获得。由此可见，观察法在教育科学研究中占有重要地位。每一位教师都应该掌握具体的观察方法。

（二）实验法

实验法是一种重要的科学研究方法。这种方法通过人为地创设条件，有目的地将事物和现象分成多种因素，探求条件与因素之间相互作用的规律。实验就其人为控制和变革自然来说是一种实践活动。任何实验都具备三个基本要素：实验者、实验设备和实验对象。

实验依据不同的标准可以有多种分类方法，揭示实验对象质和量的实验可分为：定性实验、定量实验、结构分析实验；按实验的直接目的不同可分为：探索性实验、验证性实验、测定性实验、析因性实验、对照性实验和中间性实验等；根据实验对象的不同类型可分为：原型实验、模拟实验等。

1. 实验法的特点

变量控制是实验法最本质的特点。研究者可以根据实验目的主动地创设和控制条件，通过操纵实验变量，控制无关变量以观察因变量的变化，并查明每一种因素所起的作用，使要研究的现象发生。实验法要求严格控制无关变量，排除外在因素的干扰，由此研究结果才能较为客观，实验也才能够真正揭示变量之间内在的因果关系。

实验研究区别于历史研究、调查研究的相关研究，它可以对条件进行系统化的研究，观察因这些条件所引起的变化，从而揭示事物发展的因果关系。在理论假设的指导下，研究人员提出实验条件，通过条件变化观察被试反应。在实验结束后，通过对这些反应的分析，探究其中的原因和规律。并可以隔离研究现象的某些情况，使研究人员比较容易地去分析现象，把本质联系和非本质联系区分开来，以便弄清每一条件所产生的影响，由此概括出条件与反应的因果关系。实验法能够扩大研究的范围与深度，教育实验通常能够遇到自然条件下遇不到的特殊情况。研究者不用被动地等待观察研究被试心理、行为现象的发生，而是创造条件主动地引起被试的反应，以此来考察被试的反应与条件之间的关系，探讨事物的本质联系。这样就可以扩大研究的范围与深度，使研究者对在自然教育情境中难以观察到的现象也可以进行研究。

2. 实验法的功能

从马克思主义哲学的角度看，实验是实践的一种形式。其目的在于避免理论研究过程中因为时间差、盲目性而下错误结论的可能性，因此对于提高研究质量和水平具有重要意义。因此，提倡以实验的方式来检验思想政治教育环境理论的科学性、先进性，改进思想政治教育教学过程与方法，为发现、揭示新的思想政治教育环境规律打下坚实的基础。

实验法为新的科学理论假说应用实践寻求操作程序。教育科学理论的不断产生与发展，要求人们通过实践去探索、发现如何操作理论。

（三）调查法

调查法是通过运用观察、列表、访谈、个案研究以及测验等方式，深入了解实际情况，并进一步对现状做出科学分析与认识，提出具体建议，探讨其中的内在规律。

1. 调查法的特点

调查研究基本上不受时间、空间上的条件限制，可间接了解实际情况。调查法可在自然的进程中搜集材料，不控制被调查对象，其涉及范围广，具有速度快、搜集全面、多样化的特点。

随着现代科技进步，调查研究也产生了许多新特点。

一是社会化。社会化指调查研究规模的扩大和方式、途径的增多。如通过网络信息手段实现大规模的联合调查。在调查途径上利用多种方式将微观调查与宏观调查结合起来，把直接调查和间接调查结合起来等。

二是现代化。这个特点主要指调查手段的新变化。在现代调查研究中，可充分利用录音、录像、空中遥测、电子计算机等现代化手段，使收集、整理各种资料更加广泛、迅速和准确。

三是精确化。这个特点主要指运用数学方法对调查资料进行定性分析和定量分析。而现在数理统计方法能够实现对动态事物，即对人的意识、记忆、情绪等的数理描述。

四是专门化。专门化主要表现在调查研究专门机构和队伍的形成。这种专门机构形式多种多样，如统计机构、情报中心、政策研究机构、经济研究中心等专门化的研究队伍提高了调查研究的水平，对推出其内在规律更加有利。

2. 调查法的功能

调查法可以揭示在教育发展中现实存在的一些问题，从而促进对这些问题的解决。一般由各级教育行政部门及教育研究单位承担，其目的主要是了解现状、解决当前存在问题以及提出决策办法。

调查法可以帮助教育工作者、教育行政部门总结和推广先进的教育理论和先进的教育经验，这些结论对教育工作来说具有一定的指导意义和借鉴作用。例如：少年儿童心理健康状况的调查、关于影响大学生政治思想发展变化诸因素的调查与分析、关于大学生学习动机的调查、关于制订新课程计划的调查、中学生社会成熟水平的调查等。这类调查带有总结及探索性的特点，其在研究某教育现象过程内部多种因素的相互关系以及发展的基本特点方面，研究成果多为实践经验的概括、升华，能够丰富教育理论宝库，推动教育理论的发展。

　　调查法可以为不同层次的教育管理和教育决策提供服务，如预测性的抽样调查主要用于对某一时期的教育发展趋势进行预测研究。例如：为确定我国教师教育改革体系的结构布局，选取有代表性的地区进行预测性调查。通过当前社会办学等有关问题的调查研究，对今后十年内适应社会主义经济体制改革的要求以及我国办学体制的发展前景进行分析。

第二章 思想政治教育宏观环境研究

第一节 经济环境与思想政治教育

宏观环境是指政治、经济、文化等占统治地位的大环境，是一种能对人的思想行为与思想政治教育产生影响的社会环境。它独立于人的思想和精神领域之外，具有客观实在性。思想政治教育宏观环境是物质的、客观的、实物的。我们必须将其与实践活动相结合去确证、去理解，而不是只从感觉直观层面认识。思想政治教育宏观环境为思想政治教育提供了实践条件。时空环境是思想政治教育能够顺利开展的客观实在环境。

所谓的经济环境，是指人们所处的社会生产方式以及这种生产方式所决定的物质生活状况环境。它是社会环境的重要组成部分，对政治环境、文化环境的状况与发展起着决定性的作用，并且从根本上对大学生的思想政治道德素质产生极其重要的影响。社会经济的好坏决定着思想政治教育水平的高低，良好的经济环境为思想政治教育的环境建设提供了坚实的基础，是思想政治教育的物质支持。

一、经济环境对思想政治教育的影响

马克思主义实践观告诉我们，经济的不断发展能促进人们生活质量的提高，满足人们的生存和发展需要，客观上刺激人们对精神文化生活的需求，从而进一步提高人们的思想道德水平，使人们形成正确的思想政治观念，以及充分发挥人们思想政治的教育功能。

（一）经济环境引导着思想政治教育的方向

在新的经济环境下，思想政治教育须重新寻求自身发展的新方向。我们党在总结思想政治教育建设过程中遇到的问题时，结合历史经验，在认真

分析研究我国对思想政治教育的定位后，为我国当前经济环境下的思想政治教育指明了发展方向。思想政治教育只有紧紧围绕当前经济环境中的社会主义市场经济建设这个中心，才能为社会发展提供各方面的保证，包括政治、思想以及人才的保证，使思想政治教育焕发出新的生机和活力。

（二）经济环境影响思想政治教育发展的运行轨迹

传统的思想政治教育主要是以行政主导式的方式运行，也就是说，通过行政命令的方式将权力中心配置的全部思想政治教育资源自上而下地实施。在这样的运行方式下，思想政治教育运行轨迹不可避免地带有浓厚的行政色彩以及主观意志，如中国古代政治的大一统导致思想的大一统。中华人民共和国成立以后，在高度集中的计划经济这种经济环境的影响下，思想政治教育发展的运行轨迹主要是准行政式的思想政治教育运行方式，与当时的社会发展相适应，促进了思想政治教育的发展。但随着时代的发展，经济环境也发生了很大的变化，经济体制转变为市场经济，这种僵化而单一的思想政治教育运行方式也必须随之改变，以更好地适应社会发展的需要。思想政治教育运行方式的转变必须遵循经济环境发展的客观规律，其运行机制必须与市场经济体制相适应。充分考虑经济环境对思想政治教育的需求，将社会资源引入思想政治教育中，调动社会各方面的教育力量，形成社会合力，使思想政治教育形成高效化、规范化、制度化以及社会化的新的运行轨迹。

二、当前经济环境对思想政治教育的促进作用

大学生的思想政治教育经济环境主要由生产力发展水平、生产关系、人们的经济观念以及当前所处的经济制度、科学技术等要素构成，影响和制约着人们思想政治意识的形成和发展。经济环境是环绕在人周围的物质经济要素总和，具有客观实在性。大学生的思想政治水平是建立在良好的经济基础之上的，为促进经济环境的良好发展，最根本的是要解放和发展生产力，摒弃生产关系中的各种不合理因素，尤其是暴富、贫富悬殊等社会现象，解决好各个利益群体之间的矛盾与冲突，使思想政治教育有坚实的经济后盾，避免成为"镜中花、水中月"。

（一）生产力水平为思想政治教育提供物质基础

人们的物质生活水平是由生产力决定的。当生产力水平低下时人们的物质生活水平不高，只限于满足基本的生存需要。但是当生产力发展到较高

水平时，人们在满足物质生活需要的同时更进一步追求精神文化的提高，在客观上促进了精神文明建设的发展，增加了人们对思想政治教育的期望值，从而使思想政治教育功能得到充分发挥。改革开放以后，中国特色社会主义市场经济体制逐步建立和完善，极大地促进了社会生产力的发展，为社会生产力的发展提供了广阔的发展平台。人民的物质生活水平也随之得到极大的改善，整个社会呈现繁荣、充满活力的景象，为思想政治教育提供了良好的外部环境和坚实的物质基础。

（二）生产关系为大学生的思想政治教育提供良好的条件

当前，我国所处的经济环境是以公有制为主体，多种所有制经济并存的所有制为核心的。这种所有制关系是实实在在、客观存在的，是思想政治教育活动的基础。改革开放以来，随着我国所有制关系的重新确立，也引起了思想政治教育的内容、形式、方向、目标等的转变，从而进一步影响了人们思想观念、道德观念、政治素质、价值取向的变化。经济所有制关系是思想政治教育中经济环境的核心内容，生产关系不同于其法律形态，它是人对再生产条件的关系，是人们把生产条件当作他们的意志支配领域而发生的一系列关系行为，必须借助于现实的经济过程才能实现。在资本主义社会，生产关系以私有制为基础，在这种生产关系所有制中人们的利益互相冲突矛盾，只为了满足私欲，追求一己之私利而辛苦劳作。

在与社会利益、他人利益发生冲突时，首先选择的是自身利益。而我国是以公有制为主体的社会主义国家，人与人之间的利益从根本上来说是一致的，人们在追求自身利益的同时也会顾及集体利益和社会整体利益，各个利益群体之间不存在不可调和的矛盾。由此可见，生产资料所有制关系对思想政治教育有着决定性的影响。而我国以公有制为主体、多种所有制经济并存的所有制形式决定了我国思想政治教育的社会主义性质，为思想政治教育提供了良好的外部环境和坚实的物质基础。

（三）科学技术为思想政治教育提供了技术支持

科技是第一生产力，是精神文明建设的重要基石。科学技术的发展，不仅能促进社会经济的发展和进步，还是思想政治教育经济环境的主要内容，尤其是技术的发展更是客观上为思想政治教育水平的提高提供了先进的物质基础和技术保障。随着第三次技术革命时代的到来，思想政治教育者进行思想政治教育的手段、方式、形式越来越多样化、先进化，使思想政治教育借助了更多的物质手段和载体。计算机网络的飞速发展是第三次技术革命的重要标志，思想政治教育呈现信息化、网络化的发展模式，转变了大学生的学习方式、生活方式以及思维方式等，对思想政治教育提出了内容、形式、方法上的新要求，促进了思想政治教育功能的发挥，提高了思想政治教育的效果，推动了思想政治教育的现代化发展。

第二节 文化环境与思想政治教育

众所周知，文化对人的思想和行为有着重大的影响，文化不仅能够反映出现实生活中人们的心理结构，还能通过各种文化传播媒介影响他人，使人与人之间搭建起沟通的桥梁，从而推动整个社会的发展。文化环境是思想政治教育宏观环境的重要组成部分。

一、文化环境的概念

文化一般是指凡是由人类创造出来，并通过学习为后人传递下去的一切物质和非物质内容，而文化环境则是社会文化系统诸要素的总和。文化又可以分为广义和狭义两个概念，广义的文化囊括了社会生活的各个层面，狭义的文化则是指人类社会实践活动的精神产物。在现实生活中，文化环境具有鲜明的实体性，如展览馆、博物馆、纪念碑等，这些实体性的文化建筑，更多地承载着一种精神文化的寄托，其不仅可以美化市容市貌，还能使人们的身心发展处于一个积极健康的文化环境中，有助于人们陶冶情操、培养心智、教化心灵。

二、文化环境对思想政治教育影响的特征

（一）文化的人文性

人文性是文化的根本特征，这主要是因为：

第一，文化是由人创造的，人是文化的主体，文化环境是由人对物质与精神的不断创造与积累形成的，文化环境体现并孕育着人类的理想与改造自然的发展能力。

第二，文化在本质上对人进行指导与塑造。文化在发展过程中会逐渐形成特定的文化模式与传统，并通过各种传播途径介入人们的物质和精神文

化生活中，对人们的行为方式、价值取向、思维特点等进行潜移默化的影响与改变。大学生作为社会群体的组成部分，更是不可避免地受到其所处文化环境的影响。

文化的这种人文性特征体现在社会各个文化层面：首先，世界观、人生观和价值观作为文化核心是指向人的，人在观察社会、处理各种事务时是以其世界观、人生观和价值观为准则的；其次，文化中的社会风俗习惯、行为方式以及交往规则等对人的思想和行为起着规范和引导作用；最后，文化产品还是教育和感染人的巨大精神力量，要通过合理的引导，充分发挥文化的感染作用。

（二）文化的时代性

无论哪种文化都是某一时代的特定产物，与它所处的时代紧密相关、不可分割，体现出那个时代独有的历史和现实因素。文化的时代性这一特征反映出文化在那一阶段的意义和作用，强调了文化与其所处时代的相互关系。不同时代文化不同，对思想政治教育的教育理念、内容、形式等都不尽相同。

（三）文化的创造性

文化环境并不是自然而然产生的，而是人在社会实践活动中不断创造和发展的历史产物。在社会生活中，人作为主体不仅仅是适应环境，更多的是发挥主观能动性在一定的社会环境要求下改变、创造、发展文化环境中有利于人的成长的因素，将消极的文化环境转化为积极的文化环境，创造出适合人类发展的良好的文化环境。文化的这一特征更多地体现在社区文化、校园文化、家庭文化等微观文化环境中，思想政治教育者根据当前的教育，营造出有利于大学生发展的文化环境，使大学生能更好地满足现代社会和现代人思想品德发展的需要。

（四）文化的区域性

由于地理环境、历史背景等的不同，不同地域所处的文化环境是有所不同的，每一种文化都是特定区域文化圈的产物，反映着那个区域所特有的历史和现实因素，与它所处的那个区域文化圈紧密相连。思想政治教育在形成和发展过程中都会不知不觉受制于其所处区域文化环境的影响。

（五）渗透性

文化环境作为社会环境的一部分，已经渗透和影响到人类活动的每一个领域和每一个方面，参与包括思想政治教育活动在内的每一个人类活动环境，间接地、潜移默化地对人的思想和价值取向以及思想政治教育的内容和方式产生影响。

三、文化环境对思想政治教育的功能

（一）文化环境对思想政治教育的社会化功能

1. 文化环境促使个体社会化

对于思想政治教育来说，无论是教育者还是受教育者，都是生活在特定文化环境中的个体，在其中学习和掌握文化规范。社会规定的技能、信仰和价值等社会文化环境潜移默化地影响了个体的价值观念和行为模式，获得并介入特定文化环境的风俗习惯、制度和思维方式，以该文化环境下的行为准则要求自己。但是在这一过程中，个体并不是被动地、消极地接受社会教化，而是积极主动地与他人沟通、联系、交流，通过观察、模仿学习、角色体验和反思进行积极的自我建构，调节自己的行为标准，以符合社会所倡导的习惯、信仰等文化要求。因此，文化环境能促使大学生个体社会化，发挥其创造性主动参与到文化建设中。

2. 文化环境促使思想政治教育社会化

思想政治教育社会化过程中，文化环境扮演着重要的角色，主要表现为：

第一，思想政治教育的目标和内容是以文化环境中蕴涵的思想道德规范和价值观念为导向的。在思想政治教育过程中，将这种规范与观念内化为受教育者的行为。这既是教育对象社会化的实现，又体现了思想政治教育与社会文化相协调。

第二，在思想政治教育社会化过程中，受教育者与教育者积极主动地对思想政治教育的内容进行信息选择后并交流与理解，在共同参与、双向互动的过程中和社会主导的思想道德规范的基础上对思想政治教育加深了理解，赋予了新的意义，从而拓展了思想政治教育活动的领域，赋予了文化环境新的内涵，促进了思想政治教育的社会化进程。

（二）文化环境对思想政治教育的教育功能

文化环境对思想政治教育的教育功能主要表现在对个体进行礼仪、规

范、伦理道德等特定社会内容的教化。我国自古以来就有思想家和学者对文化环境教育功能的认识。文化环境的教育功能直接渗透到思想政治教育过程中，促进思想政治教育目标实现。

1. 思想政治教育的内容蕴涵在文化环境中

思想政治教育的内容主要有：爱国主义、集体主义、社会主义教育，世界观、人生观、价值观教育，社会公德、职业道德、家庭美德教育等，丰富而又广泛。但无论是哪一方面的教育内容，都是与社会文化环境相一致的，如我国思想政治教育关于社会主义的理想信念、科学理论等内容的教育。马克思主义发展观告诉我们，要用发展的眼光看问题，大学生的思想政治教育内容不是一成不变的，随着文化环境的变化发展，它也在不断为这些内容注入新的内涵，使思想政治教育的内容紧跟时代步伐，具有现实性和时效性。

2. 思想政治教育的方法蕴涵在文化环境中

个体要形成思想道德观念就必须要学习，主要是通过特定的情境，在其中体验教育内容以及与他者进行角色互动，获得思想政治教育的知识内容。示范教育是一种重要的教育方法，通过树立榜样一方面尊重了受教育者的主体性，另一方面又将教育者的施教与受教育者的主动学习结合起来。文化环境中常常蕴含着个体学习和他者示范所需的榜样。例如，优秀干部和劳动模范、感动中国人物等，通过发挥他们的示范引导作用，使社会形成良好的道德风尚，营造思想政治教育的良好环境。学习先进模范人物的活动是社会主义精神文明建设的重要组成部分，要在全社会始终倡导和保持学习先进、争当先进的良好风尚，让先进模范人物的崇高精神发扬光大，代代相传。

第三节 媒介环境与思想政治教育

媒介环境是由报刊、电视、广播、网络等大众传播媒介构成的外部环境，人们通过这些传播媒介获得各种信息。因此，也可以称为信息环境。

信息环境对思想政治教育以及大学生思想的形成和发展都有着重大的影响，加强思想政治教育，必须把对媒介环境的研究重视起来。

一、媒介环境对思想政治教育的积极影响

（一）引导大学生形成新型的、正确的价值观念

媒介环境的形成和发展是建立在一定的经济基础之上的，是上层建筑的一部分，它所呈现的信息必然反映出这个社会的价值形态、精神操守、生活理想和志趣倾向，体现出人们的价值观念。不同的社会和时代表现出的人生追求与价值观念是有所不同的。封建社会实行严格的等级制度，是以权力大小来衡量人的价值的；资本主义社会中，崇尚金钱，以金钱来衡量个人价值；社会主义社会要求人们协调个人利益与国家利益、集体利益的关系，不允许用损人利己的行为去实现个人的价值，要求处理好个人利益与集体利益的关系，做到既不忽略个人利益，又不损害集体利益，协调好各个利益群体之间的关系。在信息化高速发展的现代社会，时间的价值越来越大，时间就是一切，高速度、高效率是当今社会发展的特征，而报纸、电视、广播、网络等传播媒介作为宣传社会主义价值观念的代言人，能迅速、及时、有效地向大学生宣传思想政治教育，帮助大学生及时抵制不良诱惑，改变传统落后观念，树立新型的、正确的价值观念。

（二）有助于提高大学生的创新精神

没有创新就没有发展，社会是在创新中不断发展进步的，是以创新为方向和动力的。在批判中创新，在创新中提高。在信息社会中，人们生产知识和信息的量大幅度增加，社会要求人们的智力不断增强，要求知识的生产要向系统化转变，知识和智力成为推动社会发展进步的最大动力。知识的增长是无限的，但对于人来说，人的记忆是有限的，人的记忆提高速度是赶不上知识量的增长速度的。这就要求在思想政治教育过程中，重点培养学生的创新精神，使其具备创新理念，除获取必要的知识外，更要有对待这些知识的正确态度。学生是获取知识的主人，而不是被灌输知识的对象。信息社会，在周围媒介环境的影响下，传统的以获取知识和技能作为首要教育目标的观念已经不符合时代发展要求，思想政治教育的目标应是重点培养学生的创新精神、掌握学习知识的态度和技能，并在这个过程中不断提高创新意识，成为具有全面思想的人和具有创新精神的人。不断更新和完善自己的知识储备，成为社会主义建设的优秀接班人。

在思想政治教育中，爱国主义、集体主义和社会主义精神的培养是主

旋律，是永恒的主题。社会主义无论发展到何种阶段，都应该重视学生爱国主义、集体主义和社会主义精神的培养。在媒介环境中，可以通过各种传播媒介，使大学生更直观、更具体、更丰富地感受到反映爱国主义、集体主义和社会主义精神的艺术形象，为我们伟大的社会主义国家而自豪，从而自觉增强历史责任感和时代紧迫感，更加热爱我们的祖国，为社会主义建设发光发热。

二、媒介环境对思想政治教育的消极影响

媒介环境在产生正面影响的同时也会对思想政治教育产生一些不良影响。主要表现在以下几方面：第一，造成大学生价值观念的冲突与失范。大学生正处于人生发展的关键时期，世界观、人生观、价值观尚未成熟，在各种信息充斥的媒介环境中很容易迷失自己，尤其容易受到资产阶级腐朽思想的侵蚀，长此以往，大学生的思想意识、价值观念很可能产生倾斜甚至走向另一端。第二，由于媒介环境中各种信息泛滥，陈旧过时的、色情暴力的、虚假雷同的，还有网络病毒，造成一部分大学生沉浸在一些垃圾信息中，养成颓废的生活方式和生活习惯，导致他们的道德责任感削弱。第三，容易导致一些大学生的自我封闭，淡化人际关系。信息的高速发展，传播媒介的高度发达对大学生造成极大的吸引力，他们更倾向于利用网络、手机等传播媒介进行情感的沟通和交流，而忽视了人与人之间面对面的交往，造成人际情感的冷漠，不利于思想政治教育工作的开展。第四，容易导致大学各种心理问题。传播学认为，社会传媒本身有对人造成麻醉的功效，作为青少年的大学生好奇心强，抵抗力弱，很容易沉溺其中，不思进取，对身心健康造成极其恶劣的影响，诱发各种心理问题，对思想政治教育工作的开展造成阻碍，影响大学生的生活和学习。

第三章 思想政治教育微观环境研究

第一节 家庭环境与思想政治教育

思想政治教育的微观环境包括家庭环境、学校环境、社区环境和人际环境。在思想政治教育过程中，要处理好学生与环境之间的关系，努力建设有利于思想政治教育的各种微观环境。

家庭是社会的细胞，家庭是人生的起点，家庭是教育的启蒙，家庭对人的教育影响是终身的。研究思想政治教育环境问题必须探讨思想政治教育的家庭环境。

一、家庭环境的特点

第一，家庭教育影响具有先主性。它指的是家庭教育影响在一个人的成长过程中起着某种先入为主的定式作用，奠定其接受教育的基础。家庭影响在儿童的生活习惯、语言发展、行为模式、最初的道德观念、性格态度的发展上表现出显而易见的铭刻性，这种铭刻性的品质给他们终身发展打下了不易改变的印迹。

第二，家庭对子女的控制方式具有多维性。它主要是通过情感的影响和经济的制约来实现的，具有特殊的亲切感和依赖性，并使子女和双亲的联系成为利益一致、休戚与共的依赖关系，在教诲子女方面具有较大的优越性和权威性。

第三，家庭群体中交往接触的密切性。这种接触一般属于正式的和高频度的，可使子女在轻松自然、不受拘束的状态下接受影响，因此，大大增强了家庭教育影响的效果。

第四，家庭群体中教育和生活的统一性。家庭教育作为一个过程，是与家庭生活合二为一、联于一体的。儿童生在家庭、长在家庭，与家庭成员朝夕相处、休戚与共，家庭生活的各个侧面都影响着他们的身心发展，也都包含着教育的作用，而教育子女又成为家庭生活中经常性的活动。

家庭教育不是通常意义上的那种正规的、有着严密计划性和系统性的教育，它与家庭生活各方面交叉渗透，随着家庭生活的变化和受教育者发展的现状不断地变换着形式和内容。家庭中教育和生活的这种统一性，决定了家庭中教育的因素不仅仅局限于家长的教育能力以及意识到的教育方法和教养态度，家庭的其他因素，如家庭自然结构、双亲职业、社会地位、物质条件、期望水平、家庭气氛、生活习惯、志趣爱好等，也同样有力地影响着年轻一代的身心发展，起着直接或间接的教育作用，最终形成其相应的个性、态度和品行。由于家庭教育和家庭生活的统一性，家庭的教育影响才永远带有连续性和潜移默化的性质。

第五，父母对子女了解和影响的深刻性。"知子莫若父，知女莫若母"，正是如此，与子女朝夕相处的父母可以通过子女的一举一动和言谈去把握他们思想活动发展的脉络，在教育中可以因事指导、因时施教，具有很强的针对性。

二、家庭环境的构成因素

家庭环境的构成因素是极为广泛而复杂的，它主要包括家庭的自然结构、家庭的经济状况、家庭文化、家风等方面。这些因素都对家庭成员特别是子女的个体思想的形成有着重要的影响。

（一）家庭的自然结构

家庭自然结构是指家庭诸分子（即家庭成员）不同的层次和序列的结合。家庭自然结构包括家庭有哪些成员、成员有多少、家庭成员的辈分、家庭成员是否齐全和家庭的规模大小等。家庭自然结构的形式一般分为单亲家庭、核心家庭、主干家庭和联合家庭等。在我国现阶段，核心家庭和主干家庭占大多数。

核心家庭，即父母双全，由一个或几个孩子构成的家庭。这种家庭的特点是人口数量少，成员层次少（即辈分数少），家庭成员之间关系密切，父母对子女实施教育比较顺利，一般不受外界干扰，子女的身心发展状况、前途、命运，直接关系到父母的切身利益。父母是子女的教育者，他们必须对孩子的管理和教育全面负责，有较强的教育自觉性和迫切性。但是，这种结构的家庭，对子女的教育影响也有不利的一面，父母大多是双职工，家长和孩子接触机会少，有时难以了解孩子的全面情况，也难以把握子女的行动和行动的范围，容易放任自流，受到社会上的不良影响。

主干家庭是由祖父母、父母和子女三代人构成的家庭，家庭成员的层次较多，人口数量多，规模较大。祖父母可以协助父母照顾、管理、教育第三代，生活上的照顾和管理也比较周到。老年人一般比较耐心、细心，能细致地体察孩子的心情，对孩子的教育更深入细致。主干家庭人口多，人际关系复杂，家庭生活内容较丰富，有利于锻炼孩子处理复杂社会生活的能力。但是，由于家庭成员的层次较多，年龄差距比较大，经历不同，思想观念不同，教育孩子容易出现不一致的现象，有时让孩子无所适应，父母与老人的要求不统一，孩子易形成两面性的性格，这对孩子的成长是不利的。

家庭自然结构在其完整性上，可划分为常态家庭和非常态家庭。常态家庭是指父、母、子女三全的家庭。非常态家庭包括三种情况：一是指父、母双亲离婚的离异家庭，二是指父、母或其中一方由于疾病、自然灾害等原因过早去世的缺损家庭，三是指有继父（母）及收养关系的家庭。对于生活在非常态家庭的子女来说，非常态家庭的自然结构则可能成为他们学习、成长的精神负担。大量的调查资料显示，离异和缺损家庭的子女，在学习和品行上大多呈现两极倾向，即要么相当优秀，要么相当差劣。

（二）家庭的经济状况及生活消费

由于改革开放以来我国人民生活水平普遍提高，因此，就目前我国的现状来说，绝大多数家庭的经济状况都可满足其子女正常地接受教育、从事学习的一般需求。但是，家庭生活的消费方式却对学生的思想意识、价值观念有很大的影响。有一部分家长在生活消费上的态度带有二重性，对自己省吃俭用，对子女却尽力满足。他们认为自己青少年时生活条件差，现在应当让孩子过得好些。加之前几年社会消费导向上出现高消费的偏差，相当一部分家长的消费意识受到这种现象的影响，促使近几年来学生在物质消费上相互攀比的现象逐步升级。由于家长生活消费态度的改变，自然削弱了对子女的艰苦奋斗、勤俭朴素的思想政治教育。

家庭生活的消费方式对学生全面思想的形成与发展有很大的影响。家庭生活中的不适当消费，给学生的思想带来种种危害。因此，家长在生活消费过程中应注意对子女的思想政治教育。学校也应在实施思想政治教育中，提高和端正他们对生活消费的各种不正确的认识，进行生活消费指导。

（三）家庭文化

家庭文化包括家长的职业类别、家长的文化程度、家庭气氛、信息的选择、家长对子女的期望、家风等。这些都对学生全面思想的形成与发展有很大的影响。

1. 家长的职业及其文化程度

家长的职业差别是影响家庭教育的一个客观指标。由于职业的不同，带来了生活、工作方式的不同，同时也形成了不同的家庭环境、家庭学习条件、学习气氛，在子女的指导能力及教育的自觉程度和教育方式上均存在差别，这种差异会影响子女的学习成绩和全面发展。研究资料表明，家长的职业活动可以产生特殊的定式作用，它对家庭成员感知社会信息的类别有影响。值得注意的是，知识分子的职业类别在教育子女问题上有着特别有利的条件，如家长本身接受较多的学校教育，学习和工作融为一体，文化上的优势等，这就使得其子女在学习上往往能取得较好的成绩，从而也影响到他们的全面思想。

家长的文化程度是以家长所接受的学校教育水平为指标的，在很大程度上决定着整个家庭的文化思想，也是影响子女学习成绩、品德面貌及抱负水平的主要因素之一。

2. 家庭气氛

家庭气氛是家庭成员的职业、经济能力、性格、文化教养以及彼此间感情关系的综合产物。家庭气氛是无形的，但对家庭成员的影响却是深刻的。

家庭是人类感情的产物。家庭成员间相亲相爱，家庭气氛会温暖和睦；相反，家庭成员间感情隔阂，甚至钩心斗角，家庭气氛则必定冷漠无情。因此，家长要不断提高自己的文化水平和思想修养，努力创设良好的家庭气氛，使孩子在良好的家庭氛围中形成讲礼貌、爱劳动、守纪律、爱集体、热情、活泼、勇敢、正直、社会适应性强的健康人格。

3. 父母对子女的期望

期望是作为产生个体行为动机的决定因素而起作用的。父母的期望会促使子女产生强烈的成就动机。期望又是一种心理定式，父母对子女的期望使得子女要求上进的动机保持在一定的水平上，从而影响其学习和其他行为，家长对子女的期望常产生一种强化作用，让子女深刻地感受到家长的关切和信赖，于是产生较持久的学习动力。子女将自己与家长所期望的形象作对比来调整学习与行为，从而影响他们的学习成绩和全面思想，同时子女的学习成绩和全面思想现状，也可反过来作为原因调节家长对他们的期望水平。

三、家风

家风是指一个家庭在世代繁衍过程中，通过言传身教逐渐形成的较为稳定的传统习惯、行为规范、处世之道和生活作风等，主要指的是一个家庭的思想意识方面的传统。家风不是人的生物性遗传形成的，而是通过有形的或无形的家庭教育传统保持、流传下来的，中国古代众多的"家训"之类的典籍，可以说是家风的文字记载，是有形的，而绝大多数家庭的家风的保持和流传是无形的、无意识的。

家风形成以后，不仅对当代的家庭成员有深刻影响，也会继续影响下一代人，往往世代相传，成为一种顽强的、稳定的习惯势力，其影响相当深远。我们常说的"诗礼传家""家学渊源"就是这个意思。

家风对于子孙后代的影响是无形的，子孙后代接受这种影响是无意识的，是"潜移默化、自然似之"。而一个家庭的家风主要反映家长的作风或风格。家风的形成需要家庭所有成员的共同努力，但主要责任者是家长，因此努力培养和形成良好的家风，给子女创造一个良好的生活环境，也是家庭教育成功的重要保证。

四、良好家庭环境的创建

（一）父母的表率作用

父母是子女的第一任教师，要优化家庭环境，首先要从父母的表率做起。父母对子女所负的责任是多方面的，不仅要保证子女身体的健康、安全和正常发育，还要传授科学知识、生活知识、发展智力，培养他们适应社会生活的各种能力，进行思想品德教育，培养高尚的审美情趣，进行多方面的教育和训练。在子女教育过程中，父母起着主导作用。在日常生活中，父母必须严于律己、以身作则、"师之以范"，以其身教代替言教，运用榜样的力量强化父母的威信，使子女从内心迸发出强大的道德力量，这有助于孩子良好思想品德和行为习惯的形成。

（二）家庭和睦

良好的家教必然出自和睦的家庭环境，家庭和睦是孩子健康成长所必需的生活环境。要使家庭幸福和睦，首先要处理好家庭内的人际关系，夫妻的感情融洽，长辈和晚辈、双亲和儿女之间应有一定的礼节，相互信任和尊重，养成互相学习、互相帮助、互相鼓励、互相理解的良好家风。

（三）注意家教艺术

家庭环境的优化，需要父母有一定的家教艺术，因为父母自身的良好内涵只有通过正确的教育方式才能形成和谐统一的力量有效地影响子女。家教艺术可归纳为爱要得法、教要及时、严要得体。父母爱孩子，这是人的天性。爱子女是教育子女的前提和基础，可以将父母的要求转变为孩子行动的推动力量。然而，爱要得法，不是什么样的爱都有积极作用。父母对子女的爱是其他任何人的爱都不能比拟的，虽然父母都特别爱自己的子女，但不见得都能教育好子女。如果父母的爱过了分寸，失去理智的调节，甚至成为溺爱，这不是真正的爱。

此外，对孩子的严格要求必须建立在民主、平等和尊重的基础上，不应强加父母的意志、滥用父母的权威。当孩子犯错误时，要耐心帮助分析、认识错误，使其感到自责和内疚，而不能伤害其自尊心和自信心。

家庭经济状况是家庭环境优化的重要物质条件之一。随着我国人民的家庭经济条件日益好转，收入逐步增多，生活水平大大提高，这可以成为教育子女的有利因素。然而任何事物都不是绝对的，物质生活条件是影响家庭教育实施和效果的一个重要因素，但并不是决定性因素。家庭经济条件的好坏，对子女的教育而言，关键在于家长是如何对待、使用和安排的。如果适当加强孩子营养，在开发孩子智力上多花点钱，创造一些必要条件，这是应该的。如果家长对于较为优越的物质条件陷入盲目性，不能科学地安排并合理地使用，给孩子提供过于优裕的生活，则会造成不良后果。家庭经济如何支配对子女教育也有一定的影响。首先，家长管理家庭经济生活要有计划性。如果家长能做到从实际出发、精打细算、勤俭持家，这对子女是一种很好的教育。其次，要让子女参加家庭经济管理，在这个过程中，培养参与的意识，从中学会管理与支配家庭生活，养成勤俭持家、艰苦奋斗的良好思想品质和行为习惯。

第二节 学校环境与思想政治教育

学校环境主要包括学校内部的物质环境和精神环境。良好的校园环境有利于对大学生的思想政治教育，反之则会带来不利影响。

一、学校的物质环境

校园充满文明的、艺术的、智慧的、道德的气氛，构成一个美的整体环境，对学生人格的完善、思想的培养会起到潜移默化的影响。因此，对整个校园都要精心设计、精心安排，以使学校的每个角落都富于教育性，使整个学校的物质环境都有利于陶冶学生的情操，有利于全面实施思想政治教育。

（一）校园的物质设施

校园的物质设施属于校园文化的物质文化范畴，主要指学校里的教学设施、生活设施。如校舍、运动场地、建筑物及其他附属设施。再详细地划分，如教室、实验室、办公室、图书馆、运动场、宿舍及它们的内部设施，校园绿化、道路等其他环境设施，以及校办工厂、农场等。这些以物质形态存在的文化设施，既是校园教学活动的场所和设备，又体现学校独有的文化特征。校园的物质设施，不同于工厂、农场、街道、机关，它以其独特的风格和文化内涵影响着师生的观念、行为。学校的物质设施对学生的影响主要表现在两个方面。

一是求知欲望的激励。学校建筑及室内外的布置都应与教育目的相配合，体现教育意识，激励学生的求知欲望，学校的教室、教研室、办公室、实验室、会议室、报告厅等是日常教育活动正常进行的保证，在这些场所悬挂科学家、学者、名人、政治家以及英雄模范人物的画像，悬挂他们的生平简介及名言警句，能够发挥启迪学生的智慧、激发学生的求知欲望和引导学生正确理解人生的重要作用。

二是优良品质的陶冶。学校、家乡、祖国，由小及大，连接成一体。学校建筑及其各项物质设施，无论是古老的、普通的，还是现代的，都是现实的反映。传统的建筑意味着祖国发展的历史，可鼓励学生奋斗、进取；现代的建筑有助于学生开阔眼界，想象未来。此外，宁静的校园环境，精巧的校园布局，雅致的装饰，整洁的地面，小桥流水，假山喷泉，鲜花林荫……校园环境的优化、绿化、美化、园林化，能够给学生以美好的意境，置身于美的校容校貌之中，自然会生发留恋校园、乐于学习生活的缕缕情丝，同时也会培育高尚的道德情感，身心得到全面发展。

（二）校园物质环境的美化

学校的物质环境对学生身心的全面发展具有熏陶功能、凝聚功能和导向功能。它具有一种耳濡目染、潜移默化的熏染陶冶作用，学生会为自己学习生活的物质环境而感到自豪，同心协力为校争光，时时处处维护和提高学校声誉，这样他就必须修养自己的品性，完善自己的人格。

美化了的校园物质环境总是以整体的风貌构成某种喻义的符号，无声地、长期地辐射出学校倡导的思想、风范和审美准则。经常学习与生活在这种环境下的学生，总会随着岁月的流逝无意地或多或少地接纳某种教育的影响和同化。因此，我们必须积极地美化校园环境，使校园的每个角落都充满优美、艺术、文明、道德的气氛，都富于教育意义，使人一进学校就有一种清新、幽雅、秩序井然的感觉，在美化校园环境的过程中，学校要有意识地让学生参与其中。

二、学校的精神环境

学校的精神环境就是校风，校风是学校的风气，是学校成员共同具有的稳定的行为习惯和精神风貌。校风属于校园文化中的意识文化，是校园文化的核心内容，在思想政治教育环境中属于精神环境的范畴。校风建设是全面实施思想政治教育的突破口，又是学生全面发展思想的环境条件。

（一）校风的要素

校风是通过教育、培养、陶冶、继承、发展等多个环节和过程逐步形成的在校园内普遍流行的风尚和习惯，是一所学校师生员工精神风貌的具体体现，是师生思想、信念、情操、行为、纪律、道德水平的标志。

1.校园秩序

校风的校园秩序因素是指校容、校貌、校纪及学校师生的生活秩序和学校的教育教学活动秩序。优良的校园秩序既表现在学校每一处空间的整洁、优美上，也表现在时间上。学校一日、一周、一学期里各项活动的稳定、有序，师生严明、自觉的纪律性则是校园秩序的核心内容。校园秩序是校风的显性指标，给人以强烈的第一印象。脏、乱、差是人们所概括的负效应的校园秩序。正效应的校园秩序又以是否完全做到整洁、有序、严谨划分为两级或三级水平。对校园秩序的了解不能停留在校舍、设备等硬件上。简陋的硬件，也可能包含高水平的整洁、有序和严明的纪律性。

2.学校成员稳定的行为倾向

校风的学校成员共同具有的、稳定的行为倾向因素是指在任何情况下，无论有监督、检查或没有监督、检查，学校成员的言语、行动、仪容、举止、行为习惯等方面的共同特征。言行粗俗、狂躁、混乱无序，即人们常说的缺乏教养，同文明、礼貌、井然有序是截然相反的两种行为倾向，表现在学校日常生活中就是两种不同的校风。

3.学校成员的相互关系

校风的学校成员相互关系因素是指学校里人际关系是否团结一致、亲密、和谐、顺畅，以及全体成员的主人翁意识和集体荣誉感。团结包括相互间的了解和认同，工作上的合作与配合一致。和谐则进一步含有情感因素、相互间的友情和亲近感。全体成员的主人翁意识和集体荣誉感，表现为学校领导提出的计划目标内化为全体成员的自觉需要，集体主义的自觉行动比顺从和拒绝的反应占有优势。如果人们对自己在学校中的地位和相互关系感到满意，就会主动参与集体事务，献计献策，自觉维护集体的利益和荣誉。学校成员的相互关系既是建设校风的前提，也是校风的有机组成部分。同校风的校园秩序、行为倾向因素相比，校风的人际关系因素是相对比较隐性的因素，但是决非不可捉摸、不可测量。实际上，学校中的人际关系气氛是最有影响力的心理环境。依据苏联学者的研究，人们有 50% 的劳动时间是用来查明相互关系或消耗在产生冲突后的体验上的。一所人际关系紧张、内耗严重、冲突常见的学校，是不可能形成良好校风的。良好校风在成员相互关系上也可表现为不同水平。

4.学校成员的精神面貌

学校成员的精神面貌因素也是校风中比较隐性的因素，它是学校成员的政治思想水平、精神状态、视野、气质、风度等方面的综合反映，精神面貌是形成校风的动力因素，是学校整体思想最深刻的表现。学校成员的政治思想水平反映学校思想政治工作、德育工作的效果。学校里具有浓厚的政治氛围和要求进步的风尚，是非明确，正气高扬，是一种水平；讲政治要内化为个人的自觉行为，逐步树立科学的世界观、人生观、价值观、道德观，则是更高一级水平。人们的精神状态是指在工作、学习和生活中是满足现状、得过且过，还是精益求精、力争上游，即抱负水平不同，人们对科学文化的态度及追求的程度就不同。学校成员的精神面貌还包括他们的视野和胸怀。"胸怀祖国，放眼世界"，就是学校成员的一种视野和胸怀。教育的"三个面向"，即面向现代化、面向世界、面向未来，更是一种视野和胸怀。因此，形势教育的经常化、制度化，能使学生关心和了解国家大事、世界大事，有助于他们改变精神面貌，树立远大的理想和情操。

因此，校风虽然是以观念形态存在着，属于上层建筑的范畴，但它并不是不可捉摸的东西，它是客观存在的，有其具体的实在内容的构成要素。它不是一所学校某一方面工作的反映，而是学校各项工作的综合反映和整体效应，是学校整体思想及其外在的表现形式。它刻画出了学校的具体形象，此形象的各个侧面即校风的构成要素。家长和社会对于一所学校的质量的具体评判，以及构成校风诸方面因素的发展状况如何，也决定了受其影响的学生的整体思想如何。

（二）校风的功能

1.优良的校风是学校实施思想政治教育的基础和环境条件

首先，校风建设是学校实施思想政治教育的突破口，也是学校实施思想教育的主要标志，其不等于活动的增多。实施思想政治教育既需要有形的教育活动，更需要贯穿到各科教学中去，既需要通过语言的教育方式，也需要通过无声的潜移默化的教育方式影响。校风作为思想政治教育的环境，它有利于控制情绪、抑制行为、陶冶情操、美化心灵，甚至启迪人的智慧。可见，校风建设虽然不是思想政治教育工作的全部内容，但它非常直接、明显、深刻地影响着学生思想的形成。因此，校风建设作为实施思想政治教育的突破口，可以使思想政治教育工作由表及里、由浅入深，看得见、摸得着，同时又为实施思想政治教育创造良好的环境。校风潜在地蕴含着一种价值取向、行为模式、精神风貌，无形地规范、制约着受教育者的心理与行为，对学生的心理与行为起着调节作用。

其次，校风建设抓住了思想政治教育主客体间矛盾的同一关系，较好地体现了思想政治教育的整体性。教育的本质是一种精神影响活动。影响的一方是主体，接受影响的一方是客体。主体被客体接受的程度决定了主体影响客体的程度和教育的成败。因此，在思想政治教育所给定的这种主客体影响关系中，主客体教育理念和教育实践的矛盾是同一的。校风建设把思想政治教育的内涵扩展到教育的全过程中，参与因素有领导、教师、员工、学生及校园环境。在向受教育者提出思想要求的同时，也向教育者提出了思想要求，这不仅抓住了思想政治教育过程的主客双方，也抓住了思想政治教育双方矛盾的同一关系，体现了思想政治教育本质所给予主客体的平等，体现了思想政治教育的民主化，体现了思想政治教育的整体性。

再次，校风建设体现了思想政治教育的针对性和主体实践特点。校风建设对学校所有成员提出了要求，这些都是符合各类人员的活动类型和方式的。领导的工作作风、教师的教风、学生的学风、员工的服务风，这些是学校各类人员工作学习的基本内容和基本特征，可见是有针对性的。其也具有实践性，它抓住了每类人员基本的现实活动，无论是施教还是受教都在特定的现实活动中展开，这样就使学校思想政治教育不是超然物外，而是寓于所有人员的实践之中，寓于实践主体的积极活动之中。

最后，校风建设开拓了思想政治教育的广阔天地，使思想政治教育既富有现实具体性，又富有无限延展性。校风建设打破了思想政治教育同其他工作的隔阂，消除了思想政治教育孤立无助的现象，使学校的全部实践活动都具有了思想政治教育意义。在思考、考察学校所有人员的所有工作时，纪律性、言谈举止等都具有了思想政治教育意义，体现了学校中没有不育人的岗、没有不育人的工作这一基本规律。这时的思想政治教育工作，就已经不仅仅局限于课堂、讲座和专门演示，而是扩展到了一个无限广阔的领域。实施思想政治教育体现了现实具体性。与此同时，校风建设所包含的内容又是极为丰富的，具有精神价值的无限延展性。学校师生员工在各自的工作岗位上按特定的价值目标付出努力，总会获得相应的教育价值。即使在一微乎其微的活动中，也能够实现的教育价值和为人提供的实践创造的可能性又是无限丰富的。此外，校风建设在统一的目标下，为每个具体的学校、每个小集体和个人，提供了丰富的选择余地和实现个性特点的可能，使学校的思想政治教育既有统一的精髓，同时又具有无限的多样性和生动性。

2. 优良的校风是一所学校完成各项任务，培养德、智、体、美、劳全面发展人才的可靠保证

第一，优良校风是长期教育和培养的结果，但它一经形成，就会成为一种强有力的教育力量。当然，一种劣质的校风也会时刻发挥着它的负面作用。校风的作用具有隐蔽性、情感性和群众性的特点。它不是显性课程，更不是固定课程，而是一种环境、一种氛围、一种风尚。它产生暗示，时刻给人以潜移默化的影响；它激发情感，具有熏陶感染作用。校风没有专职教师，学校全体成员人人都是教育者，又都是受教育者，校风是学校成员。自我教育的形式是在不知不觉中自然而然进行的，所以有人称校风是学校的隐性课程。校风的教育力量就是使学校成员自觉去完成各项任务，把学校奋斗目标和自我奋斗目标结合起来。

第二，优良校风是坚持严格管理的结果，它一经形成，本身又成为一种巨大的管理力量。校风的这种管理力量，表现为它对学校全体成员的凝聚力、约束力、激励力和同化力。一位新的成员进入一所校风优良的学校，他的行为习惯和精神风貌很快会被新学校的优良校风所同化，他会克制和改变原来不适应新环境的行为作风，从而去适应新环境的要求。他由初始的顺从到自觉的参与，不仅使自己获得前进的动力，而且使自己更加关心集体的事务和荣誉。校风之所以能够成为巨大的管理力量，源泉就在于全体成员的参与。校风是群众自我管理的形式。这种管理不同于制度管理，它主要通过群众舆论、群众压力来进行，是以集体的荣誉感、自豪感为出发点和落脚点的，带有强烈的情感因素，学校的制度管理能够升华到校风管理的高水平，把领导管理和群众自我管理结合起来，必然会成为学校全面实施思想政治教育的可靠保证。

第三，优良的校风可以构成独立存在的小环境，对学生思想的形成与发展具有熏陶、促进和约束的作用。校风是学校各方面因素所共同构成的整体作风，属于学校内部环境的精神范畴。因此，它不但可以形成学校内部自身影响的合力，而且可以使学生从社会上得到的各种观念、作风在这里得到检验和筛选，并可以构成在各种不同社会影响中独立存在的小环境。在这个小环境中，各种信息通过耳濡目染、长期的熏陶，必然对学生全面思想的形

成产生潜移默化的影响。一个学校、一个班级如果具有有条不紊的教学秩序，团结、紧张、活泼的工作、学习和生活作风，优美整洁的校园环境，文明礼貌的道德风尚，尊师爱生的良好风气，以及严谨、刻苦的学习气氛，它就会使生活在其中的人身心愉快、精神焕发，使他们自然产生一种集体的荣誉感、自豪感，并成为他们生生不息的动力，促进全面思想的形成与发展。同时，优良的校风一经形成，在这个小环境里就会使生活在其中的人自觉要求维护它，而破坏和污染这种精神环境的人和事便会自然地受到大家的抵制和谴责。

第三节　社区环境与思想政治教育

学生总是生活在具体的空间和时间里，影响他的社会环境是看得见摸得着的、可感的社会区域环境，学生的主要活动是在一定的社区中进行的。因此，研究社会环境是研究对学生全面思想形成与发展产生直接影响的社区环境。

一、社区的含义

社区是一个社会学概念，是现代社会学中一个通用的范畴。社区是指若干社会群体（家庭、家族）或社会组织（机关、团体）聚集在某一地域里，形成的在生活上相互关联的大集体。一般地，社区作为一个社会实体，通常具有以下特征：（1）以一定的社会生产关系为纽带组织起来的、进行共同生活的人群。至于人口的多少，并无一定的要求和规定。（2）人群赖以从事社会实践活动的、有一定界限的地域其面积的大小没有一定的标准。（3）一套相互配合的、适应社区生活的制度和相应的管理机构。如风俗、规章制度、社区教育等。（4）一套相对完备的生活服务设施。（5）基于一定的经济、社会发展水平和历史文化传统的社区文化、生活方式，以及与之相应的社区成员对所属社区在情感上和心理上的认同感和归属感，即对该社区的地方观念或乡土观念。（6）形成了具有一定特点的行为规范和生活方式。

一般说来，每个社区都应具备以上六方面的特征，但是，由于人类在其历史发展长河中的不断变化，特别是由于现代城市的兴起，使得社区在结构上显得纷繁复杂，在类型上呈现出千姿百态，在地域上变得大小不一。

判定一个相对独立的社区的存在，特别要注意社区成员间的相互关系的特点，包括社区成员间彼此交往的频率、范围，以及社会心理（情感、意向）和价值倾向等方面的特点和一致性程度。因为，社区特有的文化、生活方式和生活所形成的结果又是将社区成员凝结为一体的黏合剂和纽带，对促进社会团结具有重要的意义。

一般说来，一切社会实践活动都在一定的具体的社区内进行，社会普遍存在的一些现象都可以在某一社区内反映出来。社区是社会活动的场所，社会学家可以从这里观察千变万化的社会现象，倾听生活浪潮发出的细微呼声。而教育工作者可以从这里观察学生发生变化的蛛丝马迹，可以倾听社会对教育的要求与呼声。

社区环境具有思想政治教育的特点与功能，全面实施思想政治教育必须依靠社区环境，尤其是社区的文化环境，它对学生的思想形成与发展具有潜移默化的决定性意义。

二、社区环境的思想政治教育特点

（一）内容的具体性

社区内各种环境因素对青年学生的影响具有生动形象、具体可感的特点，最容易为学生所接受，成为他们成长真正的"水"、"空气"、"土壤"和"阳光"。在社区环境内，师生们能够在市场经济大潮中，将思想政治教育的具体内容同社会生活实践的脉搏紧紧地连在一起，将理想、信念、价值观、道德修养具体化、形象化，能使学生在社会生活的具体实践过程中，验证所学的理论知识，缩短学生心目中"理想王国"与"现实王国"认识上的反差，社区环境能把抽象的思想政治教育同社会实践相结合，有助于学生把学到的知识、技能应用于实践，形成全面发展的思想，进而成长为社会主义事业的建设者和接班人。

（二）时空的广阔性

社会生活实践提供给学生实践的空间。将社区环境纳入思想政治教育环境的范畴，学生们在五彩缤纷的世界里，时间、空间都延伸了，视野更加开阔了。教育者可充分利用社区广阔的时空条件，借助社区的力量，组织学生进行社会调查、劳动实践、参观学习、社会服务等，置身于广阔天地的学生可以对千姿百态的社会现象进行鉴别、筛选、判断、取舍，并潜移默化地受到教育、影响和熏陶。

（三）资源的丰富性

社区地域广大，各种社会实践条件广泛，各种人才应有尽有，蕴藏着丰富的思想政治教育资源。社区政治、经济、文化、教育、科技状况构成了学生赖以生存和成长的社会"土壤"。来自各行各业的思想政治教育因素为学校实施思想政治教育提供了雄厚的智力资源，富有特色的社会实践是广阔的思想政治教育基地，富有传统特色的历史遗迹、文物景观等是丰富的思想政治教育文化资源。深入挖掘，合理统筹，把潜在的教育资源转化为现实的思想政治教育资源，这是我们研究社区环境的思想政治教育特点所面临的重要课题。

（四）结果的实效性

社区环境内思想政治教育内容的具体性、时空的广阔性、资源的丰富性、影响的综合性，这是潜在的社区思想政治教育优势。而我们把社区环境与实施思想政治教育统筹起来，坚持社区协调下的学校、家庭、社会三位一体的思想政治教育模式，形成思想政治教育合力，即可把潜在的社区思想政治教育优势转化为现实的思想政治教育优势，真正塑造学生的全面思想，可克服思想政治教育过程中的各种不利因素，大大增强思想政治教育活动的实施实效性。

三、社区环境的思想政治教育功能

（一）塑造功能

建立社区环境的运行机制、充分利用社区资源对学生进行塑造，是社区环境思想政治教育功能的集中表现。社区环境内有丰富的思想政治教育资源，无论何等规模的社区，都由社区的六种要素构成，它们都可构成对学校实施思想政治教育产生影响的环境因素。社区首先是一定地域的人群和集体的构成物，在这些人群和集体中，可以说是能人巧匠应有尽有，无论是学生家长，还是社区居民，可以说是五行八作无所不包。这里有市区领导、离退休干部、退役军人、改革家、经理、科技与教育工作者、文体工作者、普通工人……尽管他们未必都有高深的理论，但他们都有非常丰富的经验。他们能从各自不同的角度，无论从社会政治、文化生活，还是从人生历程，都可以为学生提供极其丰富的营养，使其耳目一新，达到学校教育所不能代替的塑造功效。另外，社区环境内还具有独具特色的社会实践基地。每个社区都有大量的工矿企业、事业单位、各种文化设施，对于那些认识高、条件好、富有教育因素的单位可首先定为社会实践基地。社会实践活动可以缩短学生对社会的认识过程。实践基地是对青年学生进行思想政治教育的重要阵地，是青年学生向社会实践学习的课堂。最后，社区都有传统的教育因素，一个社区就是一个小社会，每一个小社会都具有源远流长、富于传统的历史遗迹、文物景观等，要深入开掘和充分利用社区内这些优秀资源，努力塑造学生全面发展的思想。

（二）陶冶功能

社区环境不仅蕴藏着丰富的思想政治教育资源，而且具有广泛的思想政治教育影响力。在社区环境中，社区文化的影响尤为突出。人创造了文化，文化又塑造了人。社区将校园文化、街道文化、企业文化、家庭文化等融为一体，形成社区文化。它不仅促进了社区精神文明建设，而且直接影响着青年学生的健康发展。陶冶是通过创设和利用有教育意义的情景，对学生施以潜移默化的影响，使其耳濡目染，心灵受到感化，从而形成良好品德的方法。它是对青年学生实施思想政治教育的隐形课堂、隐形课程，不管人们是否认识，它都以自己特有的规律性释放能量，产生"随风潜入夜、润物细无声"的效果，而且这种影响作用必将在广度和深度上日趋明显地展现出来。

（三）管理功能

长时期单一、封闭式的管理，学校、家庭、社会教育相脱节，一些学生课内外、校内外言行不一，甚至判若两人，这里既有教育影响的非一致性问题，也有管理上的疏漏问题。学校对学生业余生活的管理受到一定的限制，有些问题鞭长莫及。社区是学生校外活动、成长发育的环境，社区对这些自然常态下的孩子及其家长都有深入的了解，而且彼此之间存在着一种时空上的特殊的人际关系，加之社区居民中也有许多具有不同风格的思想政治教育的热心人。无疑，这些都是社区参与管理的重要条件。社区参与思想政治教育管理，一是通常的管理行为；二是具体的管理行为，如学生操行评定的管理等。现阶段要深化社区环境的管理职能，要从单一式管理向协调与行政指令相结合的方式转化，从拓宽区、街、居委会（村委会）的职能上强化，这样才能使社区环境中的思想政治教育管理功能最大限度地发挥作用。

（四）保护功能

建立整体的防范、保护网络，维护青年学生的合法权益是社区环境的思想政治教育保护功能的具体体现。保护功能表现在两个方面，一是防范，二是保护。防范是指社区各有关部门在贯彻、执行有关法律、法规过程中，教育青年学生遵纪守法，并对各种犯罪隐患采取有力措施予以防范。保护是指社区各有关部门用法律手段维护青年学生的合法权益，教育青年学生用法律手段维护自身合法权益。优化社区环境，对危害青年学生身心健康的行为（流氓滋扰、文化污染）予以清理。随着社区环境日益受到实施思想政治教育的重视，无论是从保护的范围上、保护队伍的组织上、保护网络的构建上，还是保护渠道的畅通上，都亟待深入探讨，使保护功能发挥更大的作用。

社区环境下三位一体的管理体制，是从单一的"条条"管理向"条条"与"块块"相结合的管理体制过渡的一种尝试。社区内的社区委员会组织本区人大代表对所属学校的思想政治教育工作进行定期或不定期的检查、评估、监督，这就是社区环境的思想政治教育监督功能，监督的依据是党和政府的有关政策及党的教育方针，监督的重点是端正办学指导思想、解决培养什么人的根本问题，社区环境的思想政治教育监督体制的建立，为端正办学指导思想、加强思想政治教育工作发挥明确的导向作用，为实施思想政治教育增添了活力，增强了动力。

第四节 人际环境与思想政治教育

在世间一切事物中，人是最宝贵的因素。在思想政治教育环境诸要素中，人的因素是最重要、最关键的，是第一位的要素，人的问题的核心是人际关系问题。学校中基本的人际关系有教师与教师的关系、教师与学生的关系、学生与学生的关系。

一、人际关系在思想政治教育中的意义

人际关系是学校全面实施思想政治教育的一个重要环境，是指在共同的活动过程中，可以直接观察到的人与人之间的关系，或称心理上的距离。两个人之间的关系可能是亲密的、疏远的、敌对的，这些都是心理上的距离，统称为人际关系。人际交往是人们为了彼此传达思想、交换意见、表达情感

和需要等目的，运用语言符号而实现的沟通。人际关系在人们交往中表现为内部的、本质的特征，人际交往则是它们的表现形式和方法。不同的人际关系会引起不同的情绪体验，人与人之间心理上的距离越接近，则双方越会感到心情舒畅，无所不谈。

在学校中存在着各种各样的人际关系。如校长与学校各个组织间的关系，各个组织彼此之间的关系，各组织内部成员之间的关系，各个成员与组织间的关系等，这些关系有上下级、领导与被领导、管理者与被管理者、教育者与受教育者之间的关系，有同级间、领导与领导、部门与部门、教师与教师、学生与学生之间的关系。因此，它是一种较为复杂、涉及面较广的人际关系系统。这些关系的好坏，不仅能够影响全体人员的工作、学习和生活，影响整个学校教育职能和组织效能的发挥，最终还影响全面实施思想政治教育，影响培养人才的全面思想。

人际关系在实施思想政治教育中的意义是由其心理机制的形成与发展规律所决定的。人际关系是社会关系的一个侧面，其外延很广，包括朋友关系、夫妻关系、亲子关系、同学关系、师生关系、同志关系等。它受社会生产关系的决定和制约，是社会关系中较低层次的关系。同时，它又渗透在社会关系的各个方面之中，是社会关系的"横断片"，因而又反过来影响社会关系。它对群体内聚力的形成、心理环境的好坏有直接的重要作用，是直接影响个人全面思想形成与发展的微观环境。人际关系包含三种成分：一是认知成分，反映个体对人际关系状况的了解，是人际知觉的结果，是生理条件；二是情感成分，是关系双方在情感上满意的程度和亲疏关系，是人际关系的基础；三是行为成分，是双方实际交往的外在表现和结果。

影响人际关系的因素是多方面的。主观因素有：价值观的一致性；个人的性格、气质、能力等心理因素；彼此间的相似程度，一般情况下越相似越容易吸引，形成密切的关系；彼此在需求上的共同性或互补性，越能取长补短的越容易形成良好的关系。客观因素有：空间距离的远近，一般情况下距离越近越容易结成亲密关系；交往的次数，一般情况下交往次数越多越能增进关系的形成和发展。

人际关系的活动中介理论说明，在任何现实的发展群体中，人际关系都以这个群体中有社会意义的活动内容、目的和任务为中介。群体在通过具体活动对象实现自己的目的时改变自己、完善自己的结构和内部关系，而改变的性质和方向则取决于它们的活动内容和共同活动的社会价值。

人际关系的心理机制及其理论启示我们：人际关系是学校实施思想政治教育的重要条件和影响学生全面思想形成与发展的重要环境。

首先，和谐的人际关系是集体形成和发展的基础。人际关系性质反映出集体的质量，如果一个学校的领导与教师、教师与教师、教师与学生、学生与学生之间的人际关系和谐，那么这所学校就一定是一个优秀的教育集体。反之，人际关系紧张，矛盾重重，危机四伏，势必破坏团结与协作，没有统一的目标与追求，学校集体就失去了建立和发展的基础。因此，要建立良好的教育集体，就必须先建立起和谐的人际关系。

其次，良好的人际关系是调动群体成员积极性的重要条件。教育集体中的人际关系和谐，领导与教师之间、教师与教师之间、师生之间、同学之间心理上的距离越近，则双方都会感到心情舒畅，这种积极的情绪情感体验就能转化为努力向上和实现集体目标的内部动力，激起教育者和受教育者在集体活动中的积极性与创造性，提高教育的效率。

最后，良好的人际关系是群体成员身心健康的重要保证。人际关系对人的身心健康与思想发展具有重大影响。只有生活在一个相互信任、相互关心的集体里，群体成员才会感到温暖，身心才有可能得到健康发展。如果人与人之间经常发生矛盾与冲突，心理距离远，就会感到心情抑郁、孤立、忧伤，从而影响个人的身心健康，严重的还会导致心理疾病。

学生思想形成与发展的规律揭示了人际关系的思想政治教育意义。学生的全面思想是在社会总体环境（社会政治、经济生活）制约下，通过他们所处的具体生活环境影响而形成和发展的。学生具体生活的环境，即是家庭、社区、学校生活环境。学生在这些环境中结成了各种直接的人际关系（如家庭关系、师生关系、伙伴关系等）。人际关系是以活动和交往为中介，通过活动与交往把主观世界与客观世界联系起来。因此，一定的社会活动和交往既是人的全面思想形成的条件、因素和依附的客体，又是教师把社会所要求的思想政治教育规范传导给学生的桥梁，是思想政治教育的手段及表现形式。学生的全面思想是在人际关系的活动与交往中形成的，同时又在活动与交往中表现出来。没有教育活动与交往，思想政治教育规范就不可能实现它的教育作用，也不可能转化为学生的全面思想。

二、教师群体

把学生培养成为德、智、体、美、劳全面发展的社会主义事业的建设者和接班人，不但要依靠个体教师，更要依靠整个教师集体。教师集体的思想是影响学生全面思想形成发展的重要因素。因此，善于在教育过程中与同事相互尊重、彼此合作，正确处理教师之间产生的矛盾，在教师与教师之间建立良好的人际关系，对实施思想政治教育具有十分重要的意义。

（一）教师与教师关系的特点

我国的广大教师有共同的奋斗目标和完全一致的利益，这是我国教师之间新型关系的基本特征。这种目标和利益的一致性，主要表现在以下方面。

第一，广大教师一致努力坚持马克思主义的立场、观点和方法，自觉地贯彻党的基本路线。这既是广大教师唯一正确的指导思想和科学信念，也是广大教师最根本的利益和共同为之奋斗的远大目标。只有坚持这一正确的政治方向，才能在共同理想的基础上搞好教师之间的团结与协作。

第二，认真贯彻党和国家的教育方针，明确我国高等教育的根本任务是要为社会主义现代化建设培养合格的后备力量。在教育实践中不断进行改革、创新、总结经验。不断探索教育教学规律，为提高教育教学质量，为全面实施思想政治教育进行不懈的努力。

第三，教师的神圣职责是教书育人，为国家培养建设者和接班人。教师向学生传授知识，开发智力资源，具有巨大的社会意义。革命导师马克思说过，要改变一般人的本性，使他获得一定劳动部门的技能和技巧，成为发达的和专门的劳动力，就要有一定的教育或训练。特别是在今天，知识已成为决定生产力、经济发展的关键因素，科技的发展、经济的振兴，乃至整个人类的进步，都取决于劳动者思想的提高和大量合格人才的培养。这个光荣而艰巨的任务，责无旁贷地落在了教师的肩上。他们高风亮节，同舟共济，勇敢地挑起了党和人民交给的这副重担，将实施思想政治教育、培养社会主义事业建设者和接班人的伟大目标作为自己人生的最大快乐和工作归宿。

（二）教师集体的教育作用

教师集体的教育作用，是指教师在实施思想政治教育过程中的作用、劳动手段的特殊性和教师集体的特殊作用。

1. 教师在实施思想政治教育过程中起主导作用

教师在教育过程中承担着教书育人的任务。教师实际上决定着课程的思想政治方向，也必然在培养新一代人的全面思想方面起着导航的作用，这是教师主导作用表现之一。此外，教师的水平决定着思想政治教育质量。学生成长的速度与达到的水平，主要取决于教师的思想条件。因此，提高思想政治教育质量，进行教育改革的关键在教师。

2. 教师劳动手段的特殊性决定了教育过程中教师要做学生的榜样

教师不是像工人、农民那样用生产工具加工劳动对象，他是在和学生的共同活动中，用自己的品德、智慧、知识、才能、人格去教育学生。在教师的劳动过程中，也要运用教具、仪器设备等手段以提高教育效果，但决定教育质量的是教师自身的知识水平、业务能力、专业修养和全面思想。在教育过程中，教育基本手段与教育者融为一体。教师是以自身的人格影响学生，凭借自身的知识与技能引导学生在求知的路上攀登。教师是领路人，是学生学习的直接榜样，他的钻研精神、求知欲望、科学态度、思维方法等都对学生起着示范作用。朝气蓬勃的青年学生善于模仿，把教师看作知识的化身、高尚人格的代表，是他们天然的模仿对象。这种模仿在时间上不仅限于上课，空间上也远远超出学校的范围。

3. 教师集体的特殊作用

教师集体的特殊作用指的是教师集体的巨大教育作用，教师集体决定着学校的面貌，教师的学识、信念、观点、传统、习惯和个人特长，学校的校风和学风，师生之间的关系及学生之间的关系等永久性的精神财富，都蕴藏在教师集体之中。教师集体是受过专门训练的、具有较高思想水平、肩负党和人民重托的教师个体集合于教育方针旗帜下的教师队伍。简言之，教师集体就是为完成共同的育人目标而形成的教育力量的联合体。教师集体是教师的智慧、思想的源泉；教师集体是一种真实力量，这种力量产生于经常进行的集体思维。教师在集体中交流教育、教学经验，研究教材，研究学生的情况，如对他们的智力、体力、道德和美感等全面发展情况进行观察和分析，为学生设计全面发展的蓝图。教师只有依靠集体的智慧、创造性和劳动，才能教育好学生。一所学校一旦形成了教师集体，自然会产生强大的教育合力。学生会像聆听父母的嘱咐一样接受教师的教育。学生不仅会倾听教师的教诲，而且还会真心实意地把教师的教育要求付诸行动。因此，只有学校建立了教师集体，才会使学生的全面思想沿着社会所要求的方向发展。

（三）教师集体中的矛盾

教育实践证明，只有稳定、坚强、协调一致的教师集体，才能担负起学校思想政治教育的任务。全面实施思想政治教育，要求每一个教师集体都应该是具有创造性的集体，在这个集体中，每个人的个性和才华都能在教育活动中得到表现和发展，并获得集体对他的支持。在一个教师集体中，如果教师相互之间的关系是团结和友好的，那么这种关系是非常有利于实施思想政治教育的。不友好的关系，常常会导致紧张、冲突、顶撞，使教师把太多的精力用于人际关系的纠葛之中，从而影响思想政治教育的实施。

教师之间矛盾的产生主要是因为在我国的社会主义制度下，虽然确立了人们在政治思想、道德标准上的一致原则，但并不排除每个人不同的兴趣爱好和需求。教师集体是由年龄、经历和经验不同，性格和兴趣爱好不同，学科不同，以及教育观点不同的人所组成的。在这个集体里，有已婚者和未婚者，有性格开朗的人和性格内向的人，有不同气质和不同修养的人。这就意味着，在教师集体中，在遵守共同原则的前提下，教师之间可能产生意见分歧，发生冲突，产生矛盾。

（四）教师集体的形成

教师集体的形成，最重要的是全体教师教育目标一致，并为实现教育目标而团结奋斗。在这个前提下，学校的领导和教师要积极提升自身能力和水平，应努力做到以下几点。

1. 坚持为人民服务的宗旨

我们的国家是共产党领导的、人民当家作主的国家，我们的学校是人民的学校，我们的每一个公民，不分民族，不分种族，不分性别，不分财产状况和家庭状况，人人享有平等的受教育权利。因此，教育工作必须一切从人民的利益出发，坚持教育为人民服务。在教育过程中，每个教师都有一些属于个人的天地，都需要根据自己的个性和特长来发展自己，就是说，都有某种个人利益。但是，这种个人利益不能脱离人民的整体利益，更不能凌驾于人民群众的利益之上。在任何时候，处理任何问题，都必须把人民的利益放在首位，个人利益服从集体利益和人民利益。在必要时，为了人民的利益，必须牺牲自己的个人利益。

2. 坚持集体主义

青年学生要在学习期间奠定科学的世界观、人生观和价值观基础，掌握现代科学文化基础知识和基本技能，养成良好的思想作风和道德品质，形成全面发展的整体思想，教师的言传身教和精心培育是极为重要的，因此，教师一定要自立自强，严格要求自己，做到德才兼备，精通业务，成绩卓著。要有高度的责任心和使命感，以实际行动维护教师集体的荣誉和威信。如果有谁不关心学校工作，不尽心竭力地完成本职工作，就是一种失职行为，就有损于教师的集体利益和集体荣誉。可见，关心集体利益，维护集体荣誉，维护教师集体的尊严和威信，是实施思想政治教育对教师的要求，也是搞好教师之间的关系和建立强有力的教师集体的根本条件。

思想政治教育不是教师个体单独可以实现的，而是由各学科教师集体共同完成的，这就需要全体教师目标明确而又协调一致地工作，学校领导要高度重视教师集体在思想政治教育中的决定性作用，要关心和维护建立在教育理念和实践活动一致基础之上的集体团结，与一切损害集体利益和破坏集体团结的错误倾向作坚决的斗争；要把个人为寻求和探索教育改革的努力与整个集体的努力结合起来；要采用集体的教育经验，以集体的经验丰富个人的经验；要耐心地、认真地听取集体对于自己的工作提出的批评意见，经常征求集体的评价，自觉地为集体做出贡献。

实施思想政治教育要靠教师集体的力量，但是，这种集体力量是建立在调动每一位教师的积极性和创造性基础上形成的。因此，必须关心教师集体中的每一个成员的发展，教师的劳动具有个体性的特点，教师个人的独创性是全面实施思想政治教育的关键。因此，在学校思想政治教育工作中，不能片面或过分强调共性而忽视和抹杀个性。教师的劳动主要是脑力劳动，脑力劳动是最复杂、最繁重而又最具有个性特点的劳动，所以，应当从实际出发，允许每位教师发挥其独有的智力才能，展示其个性特点，发扬其个性优势。教师之间要充分尊重每个人的个性。鼓励和支持教师的个性发展，并为教师个性的发展创造最佳环境和条件。教师个性的发挥和积极性的调动，与教师集体意识的形成和集体力量的凝聚是完全统一的，是相辅相成的。教师集体所要完成的任务，只有发挥每位教师的创造性才能得到保证，每位教师都能发挥创造性，这个教师集体就会生动活泼、富有朝气。

3.坚持团结协作

实施思想政治教育，教师要自觉地做到彼此了解和尊重，互相支持和帮助，建立起亲密无间的友好关系，组成精干而又融洽的集体。为此，学校领导与教师应从以下几方面去努力。

（1）思想上互相帮助

实施思想政治教育，教师是学生心目中的楷模。教师不仅向学生传授文化科学知识，而且在政治思想和道德品质上还直接影响着学生的心灵。因此，教师要做到为人师表，就必须思想进步、品德高尚。要达到这一基本要求，主要靠教师本人的主观努力，同时也离不开其他教师的真诚帮助，尤其是在市场经济社会，各种信息在影响着学校，对此，广大教师必须坚持原则，分清是非，明确方向，头脑清醒。教师之间要彼此勉励，克服困难，勇敢地挑起思想政治教育的重担，做好人民教师。党和国家提倡尊师重教，广大教师就应当从师乐教，甘做"春蚕"和"人梯"，不求名、不图利，以赤子之心报答祖国和人民的养育之恩。特别是参加工作不久的青年教师，应当虚心学习，为教育事业奉献自己的青春年华。教师之间要正确开展互相批评与自我批评，做到大事讲原则，小事讲风格，坚持真理，纠正错误。教师之间发生矛盾后，要严于律己，宽以待人。对其他教师的缺点和失误，既不采取自由主义态度，也不无限上纲、伤害别人，而应严肃、热情、实事求是地进行批评帮助。批评与自我批评是搞好教师间团结的保证。

（2）业务上互相学习

教师一般都系统地学习过必要的专业课程，受过高等师范教育。应当说，专业知识和相应的基础学科知识是比较扎实的。但是，不少教师在教学实践中都会感到"书到用时方恨少"，特别是在科学技术日新月异的现代社会更是如此。因此，广大教师不满足于已掌握的知识，在搞好教学工作的同时都在继续努力学习，了解本专业的现状与最新发展，也只有这样才能不断提高自己的业务水平。教师间应提倡互相学习，经常沟通信息，推荐新书，介绍资料，交流学习体会，研究教材、学术问题，合作研究教育科学等。

（3）工作上互相支持

教师应当在工作上互相支持与协作。思想政治教育工作是一项高度自觉和具有极强创造性的事业，每个教师都有自己的个性特点和独到经验。为了取长补短、互相学习、共同提高，教师之间应当经常组织观摩教学，交流经验，合作共事。在个别教师中存在的那种唯我独尊、轻视协作的态度是不合适的，应当加以克服。教师之间只有在教学工作中互相学习、配合默契，才能共同提高。

（4）生活上互相关心

教师之间的彼此关心、互相照顾、互相帮助，是他们安心工作和身心健康的良好条件，也是形成教师集体的一个重要标志。老教师要关心青年教师的学习、工作和生活；青年教师要照顾老教师，尽量减轻他们的负担，使他们劳逸适度。此外，教师间在评职、评优、深造等问题上，要互尊互让。特别是党员教师，更要时时处处严格要求自己，充分发挥先锋模范作用，做广大教师的表率。

4.教师集体中的每个成员要处理好四种关系

（1）与先进教师的关系

在我国社会主义教育事业的大发展中，涌现出许许多多出类拔萃的先进教师，他们有进步的思想、优秀的品格、突出的成绩、成功的经验和重大的贡献，这是十分难能可贵的。教师集体中的每个同志都要为本行业能涌现出先进代表而自豪，对他们应倍加爱护和热情颂扬，并积极地宣传和虚心地学习他们的先进思想和模范事迹。只有这样，才能提高整个教师队伍的威信，并为先进教师保持荣誉、继续进步创造良好条件。同时，还可以通过对比借鉴，使教师们都加强自己的工作责任心，提高教学教育质量。至于先进教师本人，要谦虚谨慎，热情而无私地帮助其他教师改进工作。先进教师要正确对待成绩和荣誉，牢记"虚心使人进步，骄傲使人落后"，在教育实践中虚心向其他教师学习，博采众长，在实施思想政治教育实践中不断取得新的成绩。

（2）与青年教师的关系

在教师集体中帮助教师，特别是帮助青年教师端正对其职业的认识，促进后进教师的提高，对发展教师集体、增强教育力量以及全面实施思想政治教育都具有极为重要的意义。在教师集体中，中老年教师对青年教师首先要有一个正确的评价，并根据他们的具体情况，进行有针对性的工作。对刚刚走上工作岗位的青年教师，中老年教师要加强帮助，让他们迅速适应工作环境，正确处理各方面的人际关系，过好教学关，掌握教育教学规律，早日进入教师角色。

（3）与教授其他学科的教师的关系

教师都希望学生对其所教授的学科重视和感兴趣，这是符合心理规律的，也是教师一种自然的良好愿望。但是，有的教师却以降低学生对其他学科的重视为代价来达到这个目的。他们片面强调自己所教课程的作用，轻视或贬低其他课程的作用。因此，处理好与教授其他学科教师的关系是建立教师集体的基本要求，也是全面实施思想政治教育的重要条件。

（4）与不同教育观点教师的关系

教师在不同教育观点上的争论是正常现象，应该以积极的态度对待。教师之间要互相尊重不同的教育观点，平等地在一起研讨问题。应当允许和支持其他教师在工作中进行实验，对那些被实践检验证明是行之有效的教育观点和教育方法，要采取积极接纳和虚心学习的态度，不能漠不关心，更不能冷嘲热讽、压制伤害。

总之，强有力的教师集体的形成非一朝一夕之事，它需要学校的领导和全体教师不断地为实现集体的奋斗目标而努力才能做到，才能切实搞好思想政治教育。

三、学生群体

学生群体的特点是目的明确、成员稳定、有一定的组织纪律与工作计划、经常开展活动等。学生群体如果组织得好，就能有力地团结、教育、带领全班同学共同前进，在全面实施思想政治教育过程中发挥巨大作用。

（一）学生群体的思想政治教育作用

实施思想政治教育实质上是全面发展学生的各方面的思想，培养社会主义接班人，而这一过程的实现主要是通过教育性的活动与交往进行的。学生在学校主要的交往对象是教师和同学，因此学生群体是构成思想政治教育的基本环境。学生群体的教育作用，主要表现在以下几方面。

1.助手作用

学校中建立学生会、班委会、团支部的根本目的在于把青年学生组织起来，使他们在一定的组织中更好地接受教育，发挥积极、模范、带头的作用。

这些学生群体是学校实施思想政治教育的有力助手。这些群体可以在思想政治教育工作的统一部署下，学会自我管理、自我教育，并协助组织开展全校性、全班性的活动及完成某项工作任务。

2. 保证作用

实施思想政治教育在于培养学生具有坚定正确的政治方向、辩证唯物主义世界观和社会主义道德品质，培养学生道德思维和道德评价能力，培养学生自我教育的能力和习惯，培养学生的创新精神和实践能力。要完成这些任务，仅靠教师的说教和灌输是远远不够的，必须通过学生各种群体组织的各项活动来协助。学生群体既是思想政治教育的对象，又是思想政治教育的主体，在全面实施思想政治教育过程中起保证作用。

3. 激励作用

学生参与到某个组织中，尤其是成为团队组织中的一员，其本身就是对学生的极大鼓舞。团、队、组织的舆论、准则、纪律、目标、活动等，先进组织中的先进人物和先进事迹，直接激励和鞭策每一个学生，不断地调节学生的言行，激励学生不断地努力进取，从而为全面实施思想政治教育创造蓬勃向上的氛围。

（二）学生班集体的思想政治教育意义

一个真正的班集体，必须具备以下条件：有明确的奋斗目标、健全的组织系统、严格的规章制度与纪律、强有力的领导核心、正确的舆论和优良的作风与传统。实践表明，班集体的发展水平不仅影响着课堂教学活动过程，而且实际影响每个学生的学习兴趣、动机、价值观念及行为倾向。班集体良好的心理环境，可以在集体和个体的价值观念、理想、信念的目标的基础上，建立起一种师生间、学生间相互信任与合作、相互激励与促进的班风。这种心理环境作为良好班集体稳定的特征，必然表现于思想政治教育的过程之中。班集体通过直接参与实施思想政治教育，促进学生个体思想的形成与发展。同时，班集体的健康发展又为思想政治教育环境的不断优化创造了条件。因此，良好的班集体就成为实施思想政治教育的基本保证。

四、教师与学生

（一）教师与学生关系的意义

师生关系是一种特殊的社会关系，它是指在学校的特定环境中为完成一定的教育任务，在教育者与受教育者之间形成的一种人与人的关系。师生关系的种类多种多样，一般分为教育关系、道德关系、心理关系等。师生间的多种关系是不可分割地交织在一起的。师生关系是学校中各种人际关系的核心，是学生全面思想形成的一种重要的教育力量。长期的教育实践证明，良好的、协调一致的、健康的师生关系，是思想政治教育任务得以完成的前提条件，对学生具有直接的教育作用，直接影响到学生的世界观、人生观、价值观。在教师与学生的交往中，教师与学生的心理相容是一切教育的基础。只有师生双方在心理上互相接纳，教师才会真诚地、耐心地以平等、民主、友好的态度教育和引导学生，学生才会真正地对教师的教育产生认同感，愿意接受教师的教导。反之，教师在学生中缺乏威信，并居高临下，教法简单粗暴，就不会在学生的情感中产生共鸣，不会使学生接受教师的教育，甚至产生与教育目标背道而驰的结果。

（二）社会主义新型师生关系的特点

师生关系是社会关系的组成部分，它必然受一定社会的政治、经济制度的制约，以及社会文化、风俗习惯、伦理道德的影响，具有社会制约性。在不同社会制度的国家里，不同社会的不同历史时期，学校中的师生关系有着不同的性质和特点。我国社会主义学校的师生关系是以社会主义的政治、经济制度和道德风尚为基础的新型的师生关系。这种师生关系是以师生民主平等为前提，以培养社会主义新人为目标，以社会主义道德规范为指导，以尊师爱生、教学相长为特征的新型的师生关系。这种师生关系既继承了中华民族传统文化的优良传统，又体现了社会主义制度下全体公民在经济、政治、法律和人格上都是相互平等的新型的社会关系。这种新型的师生关系是全面实施思想政治教育的重要条件。尊师爱生，就是学生应该尊敬教师，教师应当热爱学生，这是良好师生关系的感情基础。教师只有真心地去爱学生、关心学生，才能换来学生的尊重。尊师是爱生的结果，爱生是尊师的基础。教师投之以桃，学生报之以李。教师爱学生就会产生巨大的教育力量，甚至会出现教育奇迹。学生只有觉得老师又像师长，又像朋友，又像自己心目中最崇拜的人、最敬佩的人、最可亲的人的时候，他们才会把老师当作知心朋友，才会对老师打开心灵的门窗。因此，教师对学生出于真诚的、无私的、纯洁的爱，才会形成师生间的互相尊重、互相承认、互相谅解、互相激励的氛围，以利于思想政治教育的顺利实施。教学相长是指在教育教学过程中，教师和学生的相互制约、相互促进、共同提高。它是我国古代教育思想中的一份宝贵遗产，也是当代信息化社会中教师应具备的重要品质。由于社会生产力的飞速发展，自然科学与社会科学知识呈几何级数递增，同时信息社会大众传播媒介的广泛使用，因而教学相长的思想在现代教育中将会越来越显示出它的生命力。教育互动性理论、自我教育与他人教育相互转化的规律也有力地说明了这一点。

（三）良好师生关系的建立和发展

从根本上说，良好的师生关系的建设和发展取决于教师的教育水平，取决于教师的专业知识、教育能力、教育机制、思想品德修养等因素。从思想政治教育环境的角度看，关键在于教师的全面思想，一个热爱教育事业、忠于职守、热爱学生、勤恳工作、处事公正、处处能为学生做表率的优秀教师，不仅能给学生留下难忘的印象，而且能使学生的行为受到深刻的影响，也会为良好师生关系的建立和发展奠定情感基础。为此，建立和发展良好的师生关系，教师必须做到以下几个方面：首先，树立科学的学生观，正确地、科学地认识学生和理解学生，正确地对待学生、尊重学生、关心学生、爱护学生；其次，树立为学生服务的观念，努力教好功课，努力为满足学生的求知欲望、开阔学生的眼界、发展学生的个性特长创造一切有利条件，为学生的学习、工作和生活提供方便，全面关心学生的成长；再次，发扬教育教学民主，善于倾听学生的意见和建议，善于与学生沟通与交往，善于与学生一起讨论、研究，善于与学生打成一片；最后，善于控制自己的情绪，坚持耐心教育，勇于批评和自我批评，敢于承认错误，敢于承担责任，正确处理师生间的矛盾。

第四章 新时代高校思想政治教育管理体系构建的要素组成和基本路径

第一节 思想政治教育领导

从结构学和词法学的角度看，"领导"是一个合成词。"领"是带词义的合成体各具内涵和意义的独立词，两者既有区别又有联系，辩证统一。"领导"，作为一个合成词出现。《现代汉语词典》对"领导"一词的定义是率领并引导，这个定义至少包含两层含义：第一个层面是对人的规定性，也就是说这个定义涵盖了两类"主体人"，一类是起带头、率领作用的人，另一类是被率领或者从属地位的人，这类人在地位上虽然不占主导地位，但是发挥主要功能；第二个层面是对事的规定性，也就是一部分人引导、率领另一部分人，为了某个事物完成或者某个目标、预期和愿景实现而开展相关工作。

管理学视角的思想政治教育存在管理的问题。这种管理不仅关注管理的有效性、时效性、科学性与合理性，而且还关注管理的体系化问题。按照这样的逻辑思维，领导或者思想政治教育领导在这个管理的过程中或者管理体制中应该占有重要的位置，因为思想政治教育领导在整个管理活动或者管理体系中具有统领地位、支配地位和主体地位。这在一定层面上规定了思想政治教育领导的效果导向和结构形变。

在管理体系的话语背景下研究思想政治教育领导，不仅要关注其共性的理论特质，还要结合学科实际和工作实际关注领导在特定话语范畴内的内涵界定、要素组成运作程序和基本问题，只有这样，才能保证思想政治教育领导的针对性、有效性和指向性。这也是研究的根本价值归依和诉求表达。需要特别注意的是，思想政治教育领导既有领导理论的共性遵从，也有学科性、边界性和特质性的坚守，这是讨论和研究思想政治教育领导的条件性设定和学理性遵从。

一、高校思想政治教育领导的内涵界定

高校思想政治教育领导是工作实践的必然诉求，其产生和发展有既定的特质性和规律性。理解思想政治教育领导的内涵应该运用具体的、历史的和辩证的思维方法，不能犯机械主义和形而上学的错误。思想政治教育领导在实践中产生，因而要回到实践的论域去考察其内涵。从本体之内的视角观察，思想政治教育在本质上是一项实践活动，同时也是处理各种社会关系的过程。在处理各种社会关系的过程中需要一个组织或者领导组织的出现来统筹协调各种矛盾和问题，这从本体角度提出了思想政治教育领导存在的必要性。从客体方面来说，新时代的高校大学生不仅在思想、观念和思维等方面发生了深刻的变化，而且学生的群体性和时代性等特征较之过去更是发生了深刻的变化，更为重要的是，学生的"价值观念系统"也发生了非逆转性的变化。这就对思想政治教育的领导提出了更为迫切的要求。从主体的角度分析，高校思想政治教育的领导机构是学校的党委，学校党委要加强对学生思想政治工作的领导，把它列入党委的重要议事日程，校系两级都要有一名副书记主管学生的思想政治工作。校党委可以根据具体情况，设立学生政治思想工作的机构，如学生工作部或青年工作部，要把行政、共青团、学生会、工会、教师各方面的力量统一组织起来，共同做好工作。可以说，多年来思想政治教育在学校党委的领导下取得了值得肯定的、突出的和显著的成绩，但在现实层面上仍多少存在领导混乱、管理无序、效果弱化的问题，仍然需要高度重视。这对新时代的思想政治教育领导提出了更高的要求。总而言之，理解思想政治教育领导不能将其置于单体的、一维的环境中去认识和考察，而应在立体的、多元的话语场中去研究和讨论。思想政治教育领导在本质上有以下三层内涵。

（一）作为一种领导者的高校思想政治教育领导

作为一种领导者的高校思想政治教育领导是指作为主体的存在。在高校思想政治教育话语体系中领导有两方面的基本界定，一方面是作为个体而

存在的人，也就是说作为特指的个人。这里的"人"之所以能够成为领导，是因为思想政治教育关系的界定或者由于公权等要素所赋予的职责和职权等。概言之，无论是关系的界定，还是公权赋予而形成的思想政治教育领导，必须在思想政治教育关系网络或者关系体中才能够得以确立。另一方面是作为集体而存在的组织。在高校思想政治教育的现实中，领导任务仅凭个人的职权或者能力是无法完成的，或者说领导目标任务的完成不是单靠个体就能完成的，这就为领导组织或集体的产生奠定了充分的现实基础和合理性基础。

从狭义上来看，高校思想政治教育的领导组织或者集体一般是高校的党委，因为党委在高等学校的教育教学和事业发展过程中发挥定向作用。这种定向作用主要表现在两方面，一方面是保证高校的教育教学和事业发展的方向，另一方面是确保党的教育方针、政策得以顺利落实和实施。无论在过去还是现在，高校党委的定向作用一直存在，从未消失。也正是这种定向作用的存在才从根本上保障了中国特色社会主义事业建设人才的培养。高校的思想政治教育作为学校教育教学的重要任务或者事业的重要组成部分，以党委为领导具有应然性和必然性，学校党委对思想政治工作负有领导责任。要加强党的思想建设和组织建设，会同行政统一协调工会、共青团、学生会等各方面的力量，做好学生和教职工的思想政治工作。保证和监督党的路线、方针、政策的贯彻执行。

从广义上看，高校的思想政治教育领导组织的范围界定不仅限于学校的党委、院系党组织以及班级的党小组等基层党组织，它们除了执行各项决策、计划和任务以外，还具备一定的领导功能，并履行领导职能。

因而，从这个意义上看，除了学校党委以外的各级、各类党组织也属于思想政治教育领导组织。需要强调的是，这个领导组织体系的空间结构既有横向上的排列，又有纵向上的组合，也正是这种平行和垂向关系才形成了思想政治教育领导体系。

（二）作为一种实践的高校思想政治教育领导

作为一种实践的高校思想政治教育领导是指思想政治教育领导的实践或者实践工作。从理论的角度阐释，就是组织者通过指引或者影响被领导者而实现某种目的的过程和行动。作为一种实践的高校思想政治教育领导的理论，界定有三个方面的表达指向：一是领导者工作的指向是思想政治教育工作或者思想政治教育目标的实现，二是被领导者要在领导者的率领或者引导下为了思想政治教育目标的实现而履行相关的工作职责，三是这个实践或者过程要根据思想政治教育工作的实际或者思想政治教育预期目的而界定本体的作用域和能值域。在现实工作中，思想政治教育领导实践的内容包括：形势的分析和研判、目标的研究和设定、方案的制订和执行、机制的建立和调试、任务的确定和部署、组织的建立和管理、人员的管理和考核、体系的建构和完善、结果的跟踪与控制等。需要强调的是，思想政治教育的领导实践定位于思想政治教育工作，而又高于思想政治教育工作。

思想政治教育领导实践在思想政治教育或者思想政治教育管理中占有重要的地位，这个实践工作的成效直接关系到思想政治教育整体目标的实现，同时对思想政治教育各个要素、环境和流程产生重要的影响作用。从这个意义上看，思想政治教育领导或者领导实践是整个思想政治教育或者思想政治教育管理的"中枢"模块。因而，要用科学的思维和方法认识、对待思想政治教育领导实践，不能犯经验主义、教条主义、机械主义和形而上学错误。

（三）作为一种关系的高校思想政治教育领导

思想政治教育的关系主体及其要素比较复杂。从学校层面看，包括学校的软硬件建设、文化氛围和校风学风等；从学生层面看，包括学生的思想、政治和道德状况，世界观和价值观状况等；从环境层面看，包括经济、政治、文化、社会、生态等发展水平和总体状况；从家庭层面看，包括家风、家教、文化和家庭成员的情况等。这种关系主体和要素的多样性决定了思想政治教育关系的复杂性。

产生于实践的思想政治教育关系的类型同样具有多样性和复杂性的特点，具体来看包括领导与被领导的关系、主体和主体的关系、主体和客体的关系、整体和部分的关系、体制和机制的关系、规章和制度的关系、激励和惩戒的关系、管理和控制的关系等。这些关系的主体结构的复杂性和多样性特点不仅决定了关系的多样性和立体性，而且形成了关系的网状结构。

思想政治教育领导关系在本质上是主体与主体之间的联系、沟通和互动。因而，处理思想政治教育领导关系最为重要的是对主体利益的关照和平衡、矛盾风险的管控和化解。主体利益诉求的多样性决定了处理思想政治教育领导关系的技术性和艺术性，也就是要求思想政治教育的领导者在处理各种关系的过程中不能用暴力性的、单向度的、家长式的方式，而应该运用"现代领导理念"研究"领导活动的规律性"，建立平等畅通、协商对话型的关系处理体制和机制。

二、高校思想政治教育领导的机构组成

思想政治教育领导机构是思想政治教育管理和思想政治教育工作的核心，在整个体系中发挥组织、协调、统筹、沟通和管理等作用。这种作用的发挥状况直接对思想政治教育或者思想政治教育管理目标的最终实现产生促进作用或者制约作用。从这样的层面考量，思想政治教育领导机构的组成、建立和运行受到来自本体和客体的多种要素的影响，需要在实践中科学地把握构建机制、空间结构和整体布局，运用最优化的原则和方法实现效能的最大化和最优化。

在高校论域中，思想政治教育领导机构的组成有横向层面和纵向层面的型构表达。在横向层面，主要表现为同级部门的平行关系和结构布局，如党委学生工作部（处）和院系之间；在纵向层面，主要体现为上下级部门之间的隶属、制导关系，如党委、学生工作部（处）、院系学生工作办公室之间的关系等。需要特别强调的是，高校思想政治教育领导机构不是单体化的构成，其他主责部门和工作实施部门在履行执行职能以外也承担一定的领导功能。从整体上看，除了校党委履行主要领导职能以外，其他相关组织或者机构履行领导职能的比重在整体中占有很小的比例。总体来看，高校思想政治教育的领导机构主要包括以下几部分。

（一）校党委：思想政治教育委员会

在新时代，思想政治工作在党的全部工作中的地位不能变，各级党组织坚持不懈地抓思想工作中的任务不能变，不断提高思想政治工作的质量和水平的要求不能变。通过这两段论述我们可以得出如下结论：首先，思想政治工作是党的一项重要的工作，在包括经济工作在内的其他一切工作中占有重要的地位，这种地位不会受到其他因素的影响而弱化。其次，思想政治工作是我们党的政治优势。这也就是说，在革命战争年代里，我们通过思想政治工作最大限度地凝聚了人心、鼓舞了斗志，最终取得了革命的胜利；在改革开放的过程中，我们通过思想政治工作消除了人们的思想困惑，解放了思想、统一了共识，为改革开放的顺利推进发挥了重要的作用；在新时代，我们通过思想政治工作倡导和凝聚各族人民，为实现中华民族伟大复兴的中国梦和建设社会主义现代化强国不懈奋斗。在不同的发展阶段，思想政治工作发挥了重要的作用，这是我们国家的政治优势。最后，思想政治工作的地位、要求和质量根据时代的发展和形势的变化而变化，但不会降低标准。

党委是高校的重要领导部门，要坚决贯彻落实党的方针、政策和工作要求。从这个意义上看，学校党委对思想政治教育的领导具有应然性和必然性。学校党委在思想政治教育中的领导地位和作用是由其本身属性所确定的，同时也是一定时期内根据党和国家对思想政治教育的任务和要求所决定的。也就是说，学校党委作为思想政治教育的领导机构，既有固有的合理性、既定的诉求性，又有实践的规定性。

高校党委的思想政治教育领导的职能定义域主要包括：贯彻落实党的教育方针政策和意识形态建设的重要要求，分析和研判思想政治教育形势，评估本校学生思想政治教育状况和思想政治教育工作，制定思想政治教育目标、任务和计划，组建思想政治教育各级组织部门和机构，构建思想政治教育工作体制和机制，制定实施、控制、跟踪、纠偏、评估和奖惩工作制度，制定思想政治教育指导意见和实施意见，指导各相关部门的思想政治教育工作，听取职能部门思想政治教育汇报并提出意见等。

高校党委是高等学校思想政治教育的核心领导机构，对本校思想政治教育工作的质量、成效等有关键的或者重要的影响。高校党委地位和功能的重要性决定了党委成员需要具备过硬的政治素养和素质、工作水平和能力、领导艺术和方法，特别是党委的主要负责人要具备相当的专业水准、决策水平、领导能力和统筹能力。党委班子按照分工统筹、协调补位和各司其职的要求开展思想政治教育领导工作。

（二）校行政：党委学生工作部（处）

高等学校的学生工作部（处）是党委领导下的学生工作部门和机构，负责全校学生的思想政治教育、管理和服务工作，是连接学校和学生的重要工作机构。党委学生工作部（处）是思想政治教育的重要领导机构和工作部门，既有领导、统筹和协调功能，又有组织、推进和落实功能。

党委学生工作部（处）的思想政治教育领导职能主要是：贯彻落实校党委制定的思想政治教育目标、任务和计划，制订思想政治教育实施方案，制定相关工作办法、工作规范和工作制度，协调各院系推进和开展思想政治教育工作，跟踪全校思想政治教育任务和计划的实施情况，向校党委报告工作，监督各院系思想政治教育工作，制订思想政治教育工作指标体系、考评方案、实施细则和方法体系，组织全校思想政治教育工作评估和考核，对全校思想政治教育工作实施过程实施跟踪和质量监控等。

党委学生工作部（处）是高等学校思想政治教育工作的中坚力量，因而对政治敏锐性、组织能力、协调能力和工作能力都有相当的要求，特别要求具备工作的全局性、系统性、前瞻性能力和水平。党委学生工作部（处）的职能和性质又决定了其工作要有科学性、合理性、公正性和公平性。这些要求对全校的思想政治教育工作产生了至关重要的影响。党委学生工作部（处）是介于党委和院系、班级之间的中间机构，既是"桥头堡垒"，又是"运转中枢"，这种地位决定了其不仅要向上对党委负责，而且要向下对层级组织负责。从这样的层面看，党委学生工作部（处）在思想政治教育管理体系中占有重要的地位、发挥重要的作用，是高校思想政治教育管理的重要部门或者组织机构。

（三）各院系：学生工作科

学生工作科是各院系的重要组成机构和工作部门。这支工作队伍类型较为多元，主要包括主管或者从事学生工作的行政人员、团总支组成人员、辅导员和班主任等，因而是学校学生工作的骨干力量。按科室建制和功能定位，学生工作科的主要职责是：学生的思想政治教育、党团员发展与管理、学生学习跟踪和管理、就业指导和职业生涯规划、心理咨询与辅导、奖助贷勤补等。学生工作科的工作种类繁杂、任务繁重，是学生管理和服务的重要部门。

学生工作科的思想政治教育领导职能主要是：贯彻落实学校党委和党委学生工作部（处）制定的思想政治教育目标、任务和计划，执行学校学生思想政治教育实施方案和细则，分析和研究本院系学生思想政治教育的形势。根据学生的思想状况、政治动向和道德水平，组织和开展思想政治教育工作。开展思想政治教育理论和实践研究，向上报告思想政治教育工作进度和质量。创新思想政治教育工作方式和方法，搭建思想政治教育平台和载体，根据思想政治教育工作的实际向上提出工作意见和建议等。

学生工作科的直接面向对象是学生，是开展思想政治教育最前沿、最直接的组织或者机构，因而对工作人员有专业的规定和要求。根据学生思想政治教育工作的实际情况，学生工作科特别注重对马克思主义理论，尤其是思想政治教育学科专业背景的要求。除了专业方面的要求以外，它还对工作人员的沟通技巧、职业道德和工作能力有一定的要求。这种工作能力和水平要伴随学生群体特征的变化而变化，伴随学生综合素质的提升而提升。

（四）各班级：班委会

班委会是由学生民主推选而形成的基层组织，主要由负责班级事务和团支部事务的学生干部组成，是分布于学生中间的管理机构。班委会是学生和学校之间沟通的桥梁和纽带，是学生工作中不可或缺的一级学生组织。班委会的工作主要是传达学校、院系有关工作任务、要求和规定，了解本班学生的学习、思想政治等情况，组织学生实现自我管理、自我服务，开展有关服务和管理工作等。

班委会的思想政治教育领导职能主要是：在辅导员或者班主任的指导下，了解本班学生的思想政治教育状况，执行院系的思想政治教育工作计划和安排，自主性地开展有关思想政治教育工作，对学校和院系的学生思想政治教育工作提出合理化的意见或建议，负责学校和家长之间的沟通和联系，对特定学生开展帮扶和交流，按照有关工作要求向辅导员或者班主任报告本班思想政治教育工作，负责思想政治教育调查的实施工作等。

班委会在本质上本体是学生，他们受到经验和经历等方面的限制不能完全像专门从事思想政治教育工作的教师等人员一样出色地完成有关工作，因而在工作实践中要加强指导和管理的力度，既要注重锻炼学生干部的能力，又要注重适时跟踪和帮助。由于班委会来源于学生，又服务于学生，因而对本班学生有最直接、最详细的了解，所以在现实的思想政治教育工作中要注重发挥这支队伍的作用。

三、高校思想政治教育领导的运行程式和基本方法

思想政治教育领导运行以机构或者组织的建立为基础，是思想政治教育领导付诸实践的核心环节。从内涵方面看，思想政治教育领导的运行就是

在一定的规则或者制度的约束下开展思想政治教育领导工作，既包括领导组织系统的运行，也包括领导工作的开展。从本质方面看，思想政治教育领导的运行是协调各要素之间的关系，并保障相互协作的过程。从结构方面看，思想政治教育领导的运行是一个包含判断、决策、实施的系统，各要素之间既相互区别又相互联系，在运行系统中发挥重要的功能和作用。在客观上，各要素环节之间既相互独立，又相互统一，因而在思想政治教育领导运行的实践中需要正确处理各要素、各环节和各部分之间的关系，保证系统整体功能的实现。从影响要素方面，思想政治教育领导的运行不仅受到主体因素的影响，而且受到客体因素的影响，因而具有一定的不确定性。这就要求在运行实践中全局性地分析问题，在充分利用积极因素的同时竭力消除负面因素的消极影响，实现运行效率和能值的最大化。从结果方面看，思想政治教育领导的运行最终指向领导功能的实现和领导工作的顺利开展，这个方向是确定性的、主导性的。结果的实现不仅依靠体制机制的运行、规章制度的规约，而且需要健全有力的保障系统和支持系统，这要求在思想政治教育领导运行过程中实施过程管理和目标控制。

思想政治教育领导的运行不是空洞化和经院式的存在，不仅有理论基础，而且有方法遵循。认真研究并科学设定运行程式和基本方法，是高质量完成思想政治教育领导工作的重要前提和基础，也是保证其正常运行的条件和要素，需要特别指出的是，高校思想政治教育领导的运行不仅具有一般领导运行的共性，又因为个体要素、内容、特点、规律等的区别性而具有个性，需要置于特定的话语空间来理解和讨论。

（一）高校思想政治教育领导的运行程式

高校思想政治教育领导的运行程式是运作路径和方式的实践表达，有特定的方法坚守和路径遵循。高校思想政治教育领导的运行程式从理论上看是思想政治教育领导组织系统的运转方式，从实践层面看是思想政治教育领导机构和组织之间的权力层级、制约关系和能级结构。高校思想政治教育领导的运行程式主要包括垂向层面的层级控制模式和横向层面的环体规约模式。这两种模式在运行路径和控制模型等方面存在差异，但在本质上是同一事物的两面性。

1. 垂直层级控制模型

思想政治教育领导层级控制模型运行的基础是层级化的组织体系架构。这种模型要实现运转需要两条通信体系：一条是自上而下的控制体系和信息传导体系，另一条是自下而上的应答机制和通信反馈机制。这是维持运转的根本保障。层级控制模型的实现方式是学校党委、学生工作部、院系学生工作科和班委会四级组织之间通过指令和信息由上而下的传导而实现的。这种运行结构在权力的分配结构方面呈现正三角的分布样态，而在控制受众方面则表现为倒三角的分布样态。这种模型运行的基本要求是指令下达的及时性和准确性、信道运行的通畅性、应答反应的敏捷性。

从运行实际看，层级控制模型的运行规则是权力的渐次分解和任务的递级累加，遵循正向和负向函数变化关系。需要指出的是，在轨迹上权力的分解不是领导职能的消失，而是一个整体细化的过程，履行领导职责的各级组织要结合实际和任务完成思想政治教育的领导工作；任务的递级累加也不是任务下压和推脱责任的过程，而是根据本级所承担的任务和职责对本级任务目标的分解和下达。各级组织不仅要充分履行领导的职责，而且要向下承担监督、检查、指导和跟踪的工作，保证思想政治教育领导任务的完成。

2. 横向环体规约模型

思想政治教育领导环体规约模型在组织结构上仍然由学校党委、学生工作部、院系学生工作科和班委会四级构成，在通信系统方面与层级控制模型有近似之处，所不同的是在指令传递和反馈路径层面实现了环体运行，由线性结构转变为环体结构。环体规约模型在运行上需要两条信道：一条是指令运行环体轨道，另一条是应答运行环体轨道。这两条轨道是其本体功能实现的支撑要素。这种模型在程序设计层面实现了回路控制，能够实时掌握各组成模块和目标任务完成的情况。环体规约模型的优势在于控制的灵敏性、调节的适时性和管理的精准性。

环体规约模型存在权力能级的分配问题和目标任务的分解问题，在权力分配方面有两个层面的规定：一是领导权力的能级呈现递减趋势，二是工作权力呈现递增的趋势。这样的权力和职责分配结构既有利于领导权的集中，进而实现集中统一领导；又有利于扩大下级组织和机构相应的主动权和决策权，便于充分发挥和调动相关人员工作的积极性、主动性，进而实现"简政放权"的目标。工作权力的递增趋势是根据工作任务目标和组织功能权限而对工作内容、边界的设定，是对工作载体运用、方法创新、资源集中等层面的权力的确认和拓宽。

环体规约模型对于信息通信的适时性、畅通性和有效性也有相应的要求，只有畅通的信息通信渠道才能保证这个模型的正常运转和效能的正常发挥。搭建通畅的信息通信渠道需要大力加强保障体制、机制和制度建设，进而促成模型功能的实现。环体规约模型是领导工作运行的一种方式，最终的目标指向还是思想政治教育领导的正常运转和学生的思想政治教育工作。这一点既是环体规约模型的意义确证，也是价值诉求。

（二）高校思想政治教育领导的基本方法

领导方式是一种具有权威性、结果性的组织行为方式和社会行为方式，是领导主体以其特定的作风、习惯、性格、态度、倾向、思想和教育素质在特定的领导环境制约下形成的、对领导客体做出反应并施加影响的基本行为定式。从本质上看，领导方法就是领导者根据任务在职责权限范围内通过一定的方法影响被领导者，引导被领导者实现既定目标的过程行为。思想政治教育领导方法就是各级思想政治教育的领导者，根据一定阶段或者时期的思想政治教育目标、任务和计划，在既定的领导权限之内通过自己的领导方法、艺术、思维、习惯、经验影响下级组织或者个人，引导各级部门和工作人员实现预设效果和目标愿景的过程性行为。在思想政治教育特定话语体系中，领导方法主要包括以下几种类型。

1. 强制型领导方法

强制型领导方法主要是指领导通过下达指示或者发布命令等方式，引导或者要求被领导者完成特定工作任务的方法。这种领导方法的理论基础是领导者的权威或者权力的层级设定。在思想政治教育领导实践中一般用于纲领性、关键性和权威性任务的完成。这种领导方法具有较强的单边性和主导性，有特定的话语背景和使用边界。这种领导方式的优点是有利于提高下级部门或者工作人员的思想认识和执行力，有利于凝聚共识、统一行动；缺点是不利于搜集各方面有关工作的意见和建议，不利于营造民主的工作氛围。

2. 激励型领导方法

激励型领导方法是领导者运用物质或者精神奖励等方式对下级部门或

者人员进行激励，激发下级部门或者人员的工作积极性、主动性和创造性，进而实现任务目标的过程性方法。激励型领导方法是一种柔性的领导方式，在思想政治教育管理实践中一般适用于常规性和长期性工作任务。这种领导方法的优点是有利于营造民主和谐的工作氛围，有利于激发下级的工作热情和激情，有利于工作目标的达成和实现。

3.示范型领导方法

示范型领导方法主要是指领导者通过展示自己的工作方式、方法，领导艺术和技巧，注重以言传、身教、榜样等方式影响被领导者，并以让被领导者揣摩和学习为主要目的的过程性方法。这种领导方式更加注重被领导者学习领导者的习惯、思维、做法和经验，是一个潜移默化的学习过程。示范型领导方式对领导者的综合能力和水平有很高的要求。

4.民主型领导方法

民主型领导方式主要是指在领导者的主导下针对特定的工作与下级部门或者工作人员开展对话、协商和讨论，经过广泛研究和讨论而形成有关结论或者决定的过程性方法。这种领导方法有利于集中各方面的建议，针对特定目标或者任务开展方法性、策略性研究，有利于形成具有可行性或者可操作性的决定和决策。需要特别强调的是，民主不等于自由放任，也不等于推卸责任，而是以集中为理论遵循的民主。

5.服务型领导方式

服务型领导方式主要是指领导者通过解决工作任务推进过程中的困难和矛盾，以提供策略、支持和服务为主要内容，促进工作任务的完成或者目标的达成的过程性方法。这种领导方法在关注被领导者的同时，更加侧重对工作任务和目标效果、对工作人员和工作任务的双重关注，既提高了工作人员的幸福感、获得感、责任感和使命感，又提高了工作的效率和效果，对目标任务的完成具有重要的作用和意义。服务型领导方式要求领导者具备较高的分析判断能力、研究决策能力、资源集中能力和沟通协调能力，这对领导者提出了较高的要求。这种领导方式具有一定的挑战性，但同时也具有较高的说服性、可感性和效率。从理论上看，这种领导方式实现了对人和事双重维度的关注，因而是值得肯定和提倡的领导方法。

四、建立在高校的思想政治教育领导机构应该坚持的基本原则

思想政治教育领导机构是领导工作开展的重要载体，在工作过程中发挥了重要的作用。在思想政治教育话语背景下，领导机构既有一般意义上机构的普遍属性，又有专门化机构具有的特质。从本质上看，思想政治教育领导机构因性质、内容等方面的特殊规定具有定向化、针对性的特点。思想政治教育领导机构的建立有特定的路径遵循，具体而言包括以下几个向度。

（一）人员配备专业化

人员配备专业化是构建思想政治教育领导机构的基本要求。思想政治教育是一项专业性的社会实践活动，有基本的理论遵循、方法遵照和逻辑遵从。虽然思想政治教育有广泛的外延，但遵循专业化的要求是构建其领导机构的核心诉求。人员配备的专业化不仅是对思想政治教育管理工作专门化或者专门从事思想政治教育管理工作的约定，而且是人员专业化的规定。人员配备专业化最理想的状况是各级领导机构的主要负责人甚至工作人员具备思想政治教育或者马克思主义理论学科背景。特别是思想政治教育管理一线的人员对专业化的要求更加迫切。人员配备的专业化不仅可以提高管理队伍的工作能力和水平，而且还可以促进思想政治教育效果的体现和突显。因此，领导人员和工作人员的专业化在思想政治教育管理工作中占有十分重要的地位。

（二）系统运行一体化

各级思想政治教育领导机构是一个互相耦合、相互影响的系统。系统各要素的功能发挥情况都会对整体的领导效果产生重要影响。系统运行的一体化要求各级思想政治教育领导机构和要素按照预设的体制、机制、逻辑和轨迹运行，各构成要素之间保持协同性、互补性和同向性。强调系统运行一体化主要是为了防止和避免各要素、各机构"各自为政"的状态，消除结构方面的相斥因素和张力效应。系统运行一体化有两个方面的规定：一方面是构成思想政治教育领导机构的各要素或者各模块要实现结构化形塑，在结构上形成"共振"效应；另一方面是对指令运行和应答反馈机制的规定，在指令运行方面要保证指令下达后能够快速、精准地到达目标节点，而且得到准确执行，在应答反馈方面要保证指令的回应和落实，形成通信闭环。这两方面的规定性是系统一体化运行的重要保障。

（三）层级制动迅速化

思想政治教育领导机构体系在本质上存在主动和驱动的关系，这种关系的运转需要层级制动来实现。无论是垂直的结构布局，还是环形的结构布局，都会存在层级制动的问题。思想政治教育领导机构之间的制动关系主要表现为两个层面：一个是上级机构对下级机构的隶属和控制关系，另一个是下级机构对上级机构的服从和应答关系。层级制动的迅速化主要包括两方面的规定：一方面是上级部门向下级部门下达指令或者实施制动时，要保证处于低时延状态，也就是指令或者制动行为能够在较短的时间到达目标主体。具体到思想政治教育领导工作中，就是有关思想政治教育的决定、指示、任务和计划安排能够快速传递到信息接收方。另一方面是下级部门向上级部门反馈决定、指示、任务和计划安排的执行情况时能够快速到达目标主体，也有时间和效率方面的要求。具体到思想政治教育实践中，就是下级部门主动或者被动向上级部门报告工作时要在最短的时间内完成。层级制动的迅速化是思想政治教育领导体系高效运转的根本要求。

（四）模块平衡高效化

思想政治教育领导机构之间主要存在领导与被领导关系，但同时也存在平衡和制约关系。这种平衡关系的存在不仅可以有效地规避领导工作随意性、随性化的问题，而且为决策和任务部署的科学性、合理性、合法性及合规性提供了有效的保障。模块之间的平衡关系依靠监督等方式来实现。具体而言，就是在思想政治教育领导工作实践中，下级部门对上级部门的决定和决策负有建议职能。模块平衡的高效化就是监督、反馈或者建议等的快速化和精准化。模块平衡高效化的实现一方面需要民主、和谐的环境氛围，另一方面需要通畅的信息运行渠道。理论上，平衡高效化包括两个方面的内涵：一个是方式有效，另一个是结果有效。方式有效就是指在平衡的过程中通过合理、恰当的方式实现监督和建议效能，结构有效就是指平衡的结果符合相关方的目的预期。概言之，平衡关系和效能是思想政治教育领导组织构建的必备要素。

（五）责权划分明晰化

责任和权力或者权利和义务是思想政治教育领导机构的基本属性和重要内容，是组织或者机构的行为边界。不仅设定了为与不为的内容，而且还规定了行为的幅度。责权划分明晰化是思想政治教育领导机构建设的基本内容和关键要素。在思想政治教育实践中实现责权划分明晰化的关键是领导组织和机构制定权力清单和责任清单，这不仅有利于行使权力，而且有利于履行义务。责权划分明晰化的价值诉求是防止思想政治教育领导工作中的缺位、越位、推诿、扯皮等现象和问题，从根本上在保障组织机构良性运转的同时保障效能的发挥。在思想政治教育领导实践中，领导机构的责任和权力划分的依据是功能属性、能级、能值等决定要素，责任和权力是对等的或者匹配的。明晰的权力和责任是思想政治教育领导工作开展的前置性要素，也是保证领导工作科学性、合理性和有效性的前提。

（六）信道运行畅通化

思想政治教育领导机构功能的实现不仅有要素构成方面的规定性，而且有支持保障方面的规定性，因而，构建高效的思想政治教育领导机构既需要构建结构完整、运行高效的结构体系，又需要构建通畅快速、反应敏捷的信息沟通体系。在思想政治教育工作实践中，信息沟通体系的要素包括电话、会议等传统载体和大数据、互联网、新媒体等新兴媒介，同时需要体制、机制、规章和制度等保障性要件。信道运行畅通化的要求是机构之间互联互通、载体丰富、机制健全和运行高效。信道运行畅通化的价值诉求是提高思想政治教育领导工作的实效性。信息运行通畅的功能性决定了其重要性，因而在构建思想政治领导机构的实践中应该特别重视信息运行渠道和载体的建设，为完成高效率的思想政治教育领导工作提供必要的支撑和支持。

第二节 思想政治教育计划

高校思想政治教育计划是高校思想政治教育管理体系的重要组成部分，是根据一定时期或者特定阶段的思想政治教育目标任务，从全局的角度对思想政治教育工作所做的统筹和安排。从内容方面看，高校思想政治教育计划既包括思想政治教育目标实现的统筹协调和详细策划，也包括促成思想政治教育目标实现的各种支撑要素和保障要素的整合。从程序递进的角度看，思想政治教育计划是思想政治教育工作开展的前置性要素和前提性条件。从结果论的角度看，高校思想政治教育计划最终体现为实践性的操作过程，但在直观意义上体现为一种文本或者文本体系。从过程论的角度看，高校思想政治教育计划又是一个复杂的行为进程，包括形势分析、目标解读、理论研究和实践论证等。

高校思想政治教育计划的内容涉及目标实现的方法策略安排、进程计划安排和要素协调等，每个环节和要素之间互相影响，并且对思想政治教育管理体系产生局部性甚至全局性影响。整体来看，计划是先导和前提，计划的先导会对思想政治教育管理的后续环节和模块产生制导性和衍生性影响，在整体上对思想政治教育管理的效果产生促进或者牵制作用。

一、高校思想政治教育计划的基本内涵

计划（Plan），在语义学上被解释为工作或者行动以前预先拟定的策划或者研究，另一方面是指实施和开展工作的具体步骤和策略。后者侧重强调为实现工作目标而采取的有程序性、策略性的方法或者步骤。从工作实践的层面看，计划是指为了达成或者实现工作目标，而将目标划分成结构性目标的过程。按照这样的逻辑思维，思想政治教育计划就是指为了实现思想政治教育目标而对工作任务、流程和阶段等所做的规划和设计。

思想政治教育计划是高校思想政治教育管理体系的重要环节和组成部分。从结构论的角度看，思想政治教育计划在整个管理体系中既有承接作用，又有过渡作用。在理论层面，思想政治教育计划有两个层面的指向：对于思想政治教育目标而言，其是根据思想政治教育的总体任务或者目标对工作任务和资源要素的统筹和协调，可以理解为目标的具体化过程；对于思想政治教育领导或者领导工作而言，其又是重要的工作环节或者开展工作的策略和手段。

考察思想政治教育计划的内涵需要将其置于不同的学科视野中考辨。在计划行为学的理论视野中，计划是行为意向转化为实际力的过程，着重强调行为态度、主观规范和知觉控制行为对行为产生影响，进而对实际力产生影响。在合理行为理论的视野中，计划是认知要素对行为的影响，强调认知要素对行为进程改变所产生的影响。从思想政治教育学科本身看，思想政治教育计划主要包含文本语境和实施语境两个方面的含义。

（一）文本语境的思想政治教育计划

从表象上看，作为文本语境的思想政治教育计划是指以文本为载体的、

现实化和可感化的实物存在，也就是哲学视野中的客观存在。在思想政治教育学科中，作为文本的思想政治教育计划是指计划的制订主体为了特定时期或者长期的思想政治教育目标的实现所做的工作规划、流程计划和任务安排，并以文本形式体现的任务书、计划表等可感性存在。按照这样的理论规约，可以对这个概念做以下两个方面的抽象。

一是文本语境的思想政治教育计划是文本等可感化的载体。通俗的理解就是包含实现思想政治教育目标的任务分解、进度安排、阶段工作、责任主体、管理运行等方面的规章、制度和办法等。这些文本制订的依据是特定阶段或者一定时期思想政治教育的目标、思想政治教育工作的实际等，根本价值指向是保障和促进思想政治教育目标的实现。从这样的角度看，作为文本的思想政治教育计划具有战略性、预见性、规划性和约束性的特点。

二是文本性的计划具有被实施或者精准执行的诉求。也就是说，通过科学、合理的方式产生的计划文本具有一定的约束效力，要求相关组织或者个人按照计划文本所规范的内容开展工作或者采取行动。从这样的意义上看，文本语境的思想政治教育计划具有实践性和指导性的特点。文本实践方向性要求制订的过程、环节和结果具有合理性、合规性和相对稳定性，这是执行计划或者实施计划的基本前提。

（二）实施语境的思想政治教育计划

从内涵上看，作为实施语境的思想政治教育计划就是执行或者实施思想政治教育计划的过程或者实际行动，也就是把文本的思想政治教育计划转化为执行计划的过程。从一定程度上也可以理解为计划工作。在管理科学中，计划工作是通往结果的桥梁和纽带，居于重要的地位。在思想政治教育管理理论和实践话语中，计划工作也具有同样的作用和意义。从理论领域考察，作为实施语境的思想政治教育计划就是针对特定的思想政治教育目标所采取的行动。这个行动既有目标导向的规约，也有计划文本的规约，因而在这样的层面上看，作为文本语境的思想政治教育计划和作为实施语境的思想政治教育计划是辩证统一的一体两面。对于作为实施语境的思想政治教育计划可以做以下几个层面的理论分析。

一是作为实施语境的思想政治教育计划的导向和遵循是思想政治教育目标，也可以理解为作为实施语境的思想政治教育计划或者计划工作是思想政治教育目标的行为化。从哲学的角度思辨，脱离了思想政治教育目标的思想政治教育计划或者计划工作是没有指向的，同样脱离了思想政治教育计划或者计划工作的思想政治教育目标是经院式的、形而上学的。因而，两者是辩证统一的关系。从实践论的角度看，作为实施语境的思想政治教育计划，就是根据思想政治教育目标确定阶段性或者长期性的工作任务，把工作任务按照时间、内容、主体等属性细化分解，达到逐步突进、渐进实现的目标。

二是被确定的阶段性工作安排应具有体系性、逻辑性和可感性。也就是说，根据既定目标而确定的阶段性工作任务、安排在结构上与计划体系构成呼应关系。或者说，阶段性工作任务是计划体系的构成环节或者要素，在价值层面上诉求于计划体系。阶段性工作的推进方式、节点控制和载体介体等方面，在逻辑上和计划体系构成呼应关系、递进关系和建构关系，在关系机理层面上形成诉求和应答机制。阶段性工作任务是体系性工作计划的一个环节，要通过方法载体的驱动、资源要素的介入才能产生实际效能。这种效能可以通过定性或者定量的方式验证，给目标对象产生直接的、现实的感官体验。

三是实施语境思想政治教育计划要有约束机制的支撑。实施语境的思想政治教育计划在一定层面上看也就是计划工作，更为重要的是在实践的过程中推进或者实现。这就需要约束机制的支撑。约束机制按照要素分类包括主体导向和资源导向，按照功能分类包括激励导向和惩戒导向，按照形态分类包括制度层面和方法层面等。建立有效的约束机制要构建完善的约束流程、环节和要素，也要运用恰当的方式、方法和途径。从结果论的角度看，约束机制在价值和导向层面上服从于或者服务于实施语境的思想政治教育计划或者计划工作。

二、高校思想政治教育计划的类型

思想政治教育计划不仅表现为现实的、具体的存在，而且表现为属类集合或者要素系统。在实践过程中，思想政治教育本身具有客观性、现实性等特点，因而思想政治教育计划在体现思想政治教育本质特征的同时，也表现出多元化、立体化的属性。按照要素标准的不同，思想政治教育计划可以划分成不同的类型。如果以时间为参照要素，思想政治教育计划可以分为长期性计划和阶段性计划；以时间、空间结合为参照要素，思想政治教育计划可以分为战略性计划和战术性计划；以内容为参照要素，思想政治教育计划可以分为指导性计划和具体性计划。每种类型的计划都因属性、内容、功能等的不同而体现出特殊性和异质性。

（一）长期计划和阶段计划

长期计划和阶段计划是按照时间或者时间跨度为参照要素而划分的思想政治教育计划类型。时间的跨度不同，思想政治教育计划的功能也就不同。按照惯例，长期计划是指规定了目标和要求等要素在内的，时间跨度在五年以上的计划。长期计划更加注重目标和规划的远景性和蓝图性。阶段计划一般是指时间在一年以上三年以下，规定近期或者一段时间的工作任务、重点目标和安排等要素的计划。阶段性计划更加注重功能性和效果性。从具体内容方面来看，长期计划主要包括《思想政治教育五年规划》《思想政治教育中长期规划》《思想政治教育远景发展规划》等，阶段计划主要包括《思想政治教育年度计划》《思想政治教育三年行动计划》等。需要特别强调的是，思想政治教育长期计划和阶段计划不仅仅是时间方面的不同，更为重要的是功能、效果、内容等要素的区别。

长期计划和阶段计划虽然相互区别，但不是相互割裂的关系。从区别来看，长期计划是管长远的，而阶段计划是管短期的；长期计划较多地体现为方针、规划等，阶段计划较多地体现为推进计划、实施计划和实施细则等。从联系的角度看，长期计划规定或者约束阶段计划、阶段计划体现或者指向长期计划，阶段计划是长期计划的发展阶段，长期计划是阶段计划的发展目标，两者在功能和结果层面上是相互统一的。

（二）战略性计划和战术性计划

战略性计划和战术性计划是以时间和空间相结合要素为参照而划分的思想政治教育计划类型。战略性计划是应用于思想政治教育整体的，是为思想政治教育未来较长时期的发展而设定目标、要求和任务，并且决定思想政治教育地位的计划。战略性计划既具有长期性的特点，又具有系统性的特点，是时间和空间的有机结合和统一。战术性计划是指助力于整体目标和长远目标实现而规定推进方法、实施方案、具体策略的计划。战术计划更加注重短期性、技术性和实践性。在实践过程中，战略性计划通常具有主导性、指导性，战术性计划具有现实性和具体性。

战略性计划强调目标的预见性和前瞻性，战术性计划强调要素的协作、协调和实施，从现实层面上促成目标的实现，战略性计划和战术性计划是思想政治教育计划的重要内容，对思想政治教育目标的预设和实现具有重要的作用。

战略性计划和战术性计划是辩证统一的关系，从相互区别的角度看，战略性计划具有系统性、导向性和长远性的特点，主要是对长期目标的发展预设；战术性计划主要是对实现特定的目标而做的方法、策略安排，具有较强的实践性。从相互联系的角度来看，战略性计划是战术性计划的根本目的，战术性计划是战略性计划的现实阶段。两者辩证地统一于思想政治教育计划的本质属性和价值诉求之中。

（三）指导性计划和具体性计划

指导性计划和具体性计划是以具体内容为参照要素而划分的思想政治教育计划的类型。指导性计划就是有关部门制订的，关于目标实现和任务推进等，包含基本原则、实施意见等要素的计划。从功能和作用层面看，指导性计划一般不会规定具体的操作路径和具体方法，一方面是体现其导向性和宏观性，另一方面是为了有关部门在执行指导性计划的过程中有更多的自主权和决定权，充分发挥有关部门的积极性、主动性和创造性。具体性计划就是规定了具体目标、详细任务和操作流程、方法等要素的计划；从属性和本质来看，具体性计划具有清晰的任务主导性和具体的实践应用性。通常具体性计划规定的内容是明确的、详细的、具体的，一方面是为了促进目标实现的需要，另一方面是为了明确有关责任和任务等的需要。具体性计划通常以执行为主要目的，在实践过程中一般不要求更改和变化，也就是说，操作者或者实践者在具体工作过程中没有充分的自由裁量权，更多的是执行权。

指导性计划和具体性计划虽然在性质、内容和功能方面有所区别，而且各有其价值诉求，但并不是说两者是割裂的关系体，相反地，两者是相互联系、互相统一的关系。指导性计划是具体性计划的预期设定，能够增强具体性计划的科学性与合理性；具体性计划是指导性计划的现实体现，是为了推动指导性计划的整体实现。从另一个侧面看，指导性计划和具体性计划在强调内容要素的同时，也侧重关注对计划执行者的约束程度。

三、高校思想政治教育计划的制订路径

制订思想政治教育计划的过程就是把理论转变为实践的过程。思想政治教育计划具有引导性和方向性的特点，对思想政治教育目标的实现发挥重要的作用，因而制订思想政治教育计划应该注重理论性和实践性、原则性和灵活性、方向性和具体性的统一。在现实工作过程中，制订思想政治教育计划受到主体、客体和介体等多方面要素的影响，因而要强化科学性与合理性论证。思想政治教育计划有特定的本质和属性，因而制订思想政治教育计划也有特定的规律和途径。从普遍性的层面看，制订思想政治教育计划主要包含科学研究目标、认真分析当前形势、全面考察历史状况、充分制订备选计划和合理形成最终计划等环节步骤。从过程论的角度看，主要包括研究历史、分析现在和预测未来等主要环节和要素。从现实层面看，制订思想政治教育计划主要遵循计划制订的一般规律。

（一）研究任务目标

思想政治教育目标是制订思想政治教育计划的基本遵循，思想政治教育计划是思想政治教育目标具体化的实践过程，从一定层面上看，思想政治教育目标决定思想政治教育计划。思想政治教育目标是一定时期思想政治教育的预期设定，也是思想政治教育效果的衡量标尺。研究和分析思想政治教育目标需要正确分析思想政治教育在当下的情况和形势，研究历史发展的基本脉络、过程和规律，预测未来发展的基本状态、现实要求和特征属性。

研究思想政治教育目标要科学分析思想政治教育目标的现实性、导向性、价值性和可操作性，只有体现时代要求、过程规律和现实诉求的思想政治教育目标才具有科学性与合理性，才能更好地引导思想政治教育工作。同时，还需要研究思想政治教育目标的结构性、层次性和逻辑性，为制订全面性和创新性的思想政治教育计划提供必要的支撑和支持。从辩证法和实践论的视角看，思想政治教育目标要规约思想政治教育计划，思想政治教育计划要体现思想政治教育目标，这是制订思想政治教育计划的逻辑前提，也是初始性要件。

（二）分析当前形势

研究当前形势是制订思想政治教育计划的逻辑基准和必要前提，这在相当程度上决定了思想政治教育计划的适当性和合理性。置于现实话语考

察，层次低于当前实际的思想政治教育计划是没有实际意义的，而层次高于当前形势的思想政治教育计划又是没有实现可能的，游离于当前形势之外的思想政治教育计划是形而上学的。这就要求制订的思想政治教育计划必须建立在当前形势的基础上，不能脱离实际，也不能背离实际。

研究当前形势就是要研究当前思想政治教育的现实要求、整体情况、基本经验、现实问题、难点重点、堵点痛点，工作规范、体制机制，人员构成、队伍结构和能力水平；面向对象的思想状况、政治状况、世界观、人生观和价值观，政治能力、水平和敏锐性；环境的性质、质量和影响力；载体的类型、属性和建构力等。概言之，研究当前形势就是要研究思想政治教育本体和环体构成要素的当前状态和发展趋势，为制订思想政治教育计划提供理论依据和实践支撑。

（三）考察历史状况

历史代表过去，但从未割裂与现在的联系。事物在当前的形体、结构和状态既包含当前的时代性要素，也包含历史的过程性要素。从逻辑发展的角度看，事物的历史状况、当前状态和未来走向遵循线性相关的原理，体现出本质贯通的性质和特点，思想政治教育也遵循同样的规律。思想政治教育历史发展的基本规律构成了思想政治教育的当前状态，并对未来发展产生决定性和塑成性作用。如果没有基本规律的规定和约束，思想政治教育的发展就会表现出明显的异质性和他体性，就产生了"异化"问题。

在制订思想政治教育计划的过程中考察思想政治教育或者思想政治教育目标的历史状况，就是要考察思想政治教育或者思想政治教育目标在历史发展过程中的样态特征、整体状况、基本规律和特定表现等要素，认真研究其合理性要素和发展性特点，为制订思想政治教育计划提供合理的借鉴和必要的支持。需要指出的是，考察思想政治教育或者思想政治教育目标的历史状况需要树立历史思维、辩证思维和回归思维，只有如此，才能保证思想政治教育计划的科学性和有效性。

（四）制订备选计划

制订备选计划就是根据实际情况制订的、可供选择的计划。从逻辑过程看，制订备选计划通常是在科学分析历史状况、当前形势、研究未来发展之后和在形成最终计划之前，是介于两者之间的中间环节。备选计划在性质特点上应该具备合现实性、合规律性及可操作性的特点，同时在形式上应该具备多样性和可选择性的特点。在工作实践中，备选计划是最终计划的来源和基础，因而在制订过程中要关注前后逻辑关系。

制订备选计划要吸纳思想政治教育学科、领导学、组织行为学、系统学和控制学等领域的专家参与，以体现专业性、保证科学性。在制订备选计划的过程中，要充分并综合运用集思广益法、头脑风暴法、实证研究法和致函求证法等方式，保证备选计划的价值性和实践性。在备选计划制订结束后，要建立分析模型开展可行性论证，避免其游离于实际问题和状况之外。

（五）形成最终计划

形成最终计划是制订计划的最后环节，是在对大量备选计划分析、论证的基础上选择最优方案的过程。在分析论证的过程中不仅要研究计划的特征、本质和价值，而且要研究计划的预期效果。被选定的计划在具备可操作性的同时还应具备效率性和结果性。概言之，被选定的最终计划不仅要与思想政治教育目标保持高度契合，而且要便于计划的组织者、实施者和管理者开展实际工作。计划的结果导向要求最终计划要体现一定的可评价性和易度量性，这是由思想政治教育的实践决定的。

从普遍意义上看，最终计划应该包含性质、内容、方法、时间。思想政治教育计划的基本方向、任务内容、实施过程和对象主体等是思想政治教育实践的基本遵循和参照要素。从效果论的角度看，被选定的最终计划应该具有较高的性价比和结果优势。符合效能最大化要求是被选择的充要条件和基本依据。

四、高校思想政治教育计划的主要实施方法

从本质上看，思想政治教育计划虽然具备了实践层面的诉求，但仍然具有理论的或者文本的基本特征。这就要求在实践过程中把计划转换成具体的实践活动，只有被执行、实施的思想政治教育计划才具有现实的价值和意义。因而，思想政治教育计划含有被实践化的内涵规定。思想政治教育计划的指向性和现实性决定了实施方法的多样性。从实践的角度看，思想政治教育计划的管理方法主要包括零度管理法、隐性管理法、目标管理法、柔性管理法和能本管理法五种类型。这些管理方法各有功能侧重和结果体现，但在本质上统一于思想政治教育计划的管理和实施。

（一）零度管理法

在管理学领域，零度管理法着重强调将管理的成本降到最低限度，一方面是为了充分调动被管理者的积极性和主动性，另一方面是为了增强被管理者的归属感和获得感。零度管理在思想政治教育计划实施中的运用，主要包括以下几个方面的规定性。

一是建立快速行动机制。零度管理中的零时间管理要求在思想政治教育计划实施过程中遵循节约时间成本的理念。建立快速的行动机制，就是在实施思想政治教育计划的过程中要把握时机，在合理的时间节点快速开展相关工作，防止拖延时间、散漫无序等问题的出现。要把思想政治教育计划的实施置于特定的时间区间内，在规定的时间区间内完成规定的目标任务。

二是建立迅捷通信机制。零度管理中零障碍的管理要求在思想政治教育计划实施过程中要保持信息通信的动态性和畅通性，一方面是要健全和完善通信节点，保障信息通信的全过程性和全覆盖性，打通信息通信节点；另一方面是通过建立通信保障制度把各个运作节点的基本状况、现实问题和进程进度等信息适时传递到控制终端，实现精准控制和动态控制。

三是建立动态管理网络。零度管理的零排斥管理要求在思想政治教育计划实施过程中建立动态管理网络，其根本要求是管理网络运行的动态性。思想政治教育计划管理部门要建立动态管理机制，全面掌握计划的推进情况、目标完成情况和制约因素等。在全面掌握情况的基础上开展动态监督管理，确保计划按期实现、达到预期目的。

（二）隐性管理法

隐性管理是与显性管理既相互区别又辩证统一的管理方式，两者在作用机理、方式方法、途径载体和形态表征方面存在理论和实践的不同。隐性管理更加注重非权力的影响，并且通过情感、认同、渗透和感化等方式与被管理者产生共鸣，实现管理预期和效果。在思想政治教育计划实施过程中运用隐性管理，就是要突出人本管理理念，更加注重管理的人性化和内嵌化，使得管理工作在隐含的方法和载体中运行。把隐性管理融入思想政治教育计划实施过程中，主要是采取以下工作方法。

一是运用语言影响法。思想政治教育管理者通过与被管理者谈心、谈话，运用鼓励、建议和商讨性的语言分析问题、提出要求和研究对策，使得被管理者转变思想、改进工作方法，实现预定的目标。语言影响法使得管理者和被管理者处于平等对话平台，缩短了对话距离、增强了实际效果。

二是运用行为示范法。思想政治教育管理者通过自身的行为举止、态度方法、品行作风和风格特征等要素对被管理者施加影响，使得被管理者在潜移默化中学习管理者的工作方法、态度和风格等，达到"润物细无声"的效果。思想政治教育管理者的行为示范在本质上是非权力因素，这就要求思想政治教育管理者在实际工作过程中不断提升自身综合素质、德行修养和领导艺术，在工作实践中要率先垂范、自立标杆。

三是运用载体渗透法。思想政治教育管理者通过制作宣传海报和横幅、任务时间表和路线图、管理看板等形式，使得被管理者切实感受任务的目的意义、进程线、预期目标和功能作用，形成紧张、活泼、有序的工作氛围，切实达到感染人、引导人、激励人的目的。

（三）目标管理法

在思想政治教育计划实施过程中运用目标管理法就是把计划目标细化分解并形成目标体系，对目标设定责任人、完成时限和质量要求，根据目标完成情况实施奖惩。具体而言，目标管理法包括以下几个方面。

一是建立目标体系。思想政治教育管理者或者管理部门把思想政治教育计划的总目标依次细化分解成宏观目标、中观目标和微观目标，三级目标之间形成衔接和对应关系，组成目标体系。目标体系的层级之间相互实现、相互促进。

二是设定目标管理内容。思想政治教育计划的管理者根据目标体系为每个层级的各个目标设定完成时间、主要责任人和完成人、质量评价指标、效果考核方式等内容，保证任务按时保质完成，同时为目标考核奠定基础。

三是开展目标考核。思想政治教育管理者或者考核管理部门根据预先设定的考核指标，通过考核责任人和质量效果相结合的方式，对目标完成度、质量、效果等开展定性和定量考核，并以此作为奖惩依据评价思想政治教育计划的目标责任人、实施者的目标完成质量效果。

（四）柔性管理法

柔性管理是与刚性管理相区别的管理方式，是"人本思想"的理论和方法，注重尊重被管理者的主体功能和价值意义，重视人的潜能的调动和发挥，其具有灵活性、针对性的优点，但也具有滞后性的缺点。在思想政治教育计划实施过程中运用柔性管理方法就是遵循尊重人、依靠人和塑造人的基本理念。在工作实践中要注意以下几个方面的问题。

一是切实尊重人的主体地位。在思想政治教育计划管理的过程中秉承"以人为本"的工作理念，激发思想政治教育计划的实践者在工作中的主体性、价值性和功能性作用，发挥积极性、主动性和创造性，积极在工作内容和工作方法层面开展创新，从而更好地达到预期效果。在工作实践中，切实尊重人的主体地位就是要突出对人的情感、思想、价值的关注，突出思想引导和人文关怀，通过温暖人的情感和心灵来激发工作的热情和激情。

二是采取灵活多样的管理方法。柔性管理是一种侧重人文关怀的管理方法，有其特有的优越性，但也有一定的局限性，这就要求在工作实践中采取更多样化、组合化的管理方式，使得柔性管理在其他管理方式的驱动和塑成作用下能更好地发挥本体功能。一方面要采取刚性管理，发挥其导向作用和约束作用，为柔性管理提供基本前提；另一方面要采用目标管理，发挥其引导作用和定向作用，为柔性管理提供基本方向。在管理工作实践中，要根据具体情况和现实表现采取不同的管理方法，为柔性管理提供载体和介体。

三是创新途径和载体。思想政治教育管理者要主导营造健康向上的文化环境、温馨暖人的人文环境、宽严相济的制度环境和和谐的工作环境，通过环境的渗透力、影响力和感召力激发思想政治教育计划实践者的创造力和发展力，为更好地完成计划目标提供驱动力和牵引力。

（五）能本管理法

能本管理是"人本"管理理论发展的新阶段、新样式，既有"人本"管理的理论顺承，又有"人本"管理的方法借鉴，是在本质上强调以人的"能力"为主体要素的管理方法。能本管理中的"能力"包括人的智力、技术能力、知识和创新能力等，路径遵从是通过各种方式和手段激发人的内在潜能、实现个人能力的最大化，为实现工作目标发挥重要的作用。能本管理建立在人的能力具有层次性、客观性和外溢性的假设基础之上，这使得理论本身在具有合理性的同时也具有一定的局限性。在思想政治教育计划实施过程中运用能本管理法，最为关键的是建立科学的工作体制和机制。

一是建立能力识别机制。在工作实践中，思想政治教育管理者或者主责部门通过能力测试、技能比赛、工作评价等方式对相关工作人员的知识储备、能力素质、业务专长和发展创新等能力进行识别，根据结果实现对工作人员的属类划分。能力的识别要避免机械主义、教条主义和形而上学的问题，要根据部门、岗位、性质、工作内容等的不同有所区别、有所侧重，要增强识别工作的灵活性和精准性。

二是建立能力运用机制。思想政治教育计划管理部门在对思想政治教育计划的实践者开展能力识别的基础上，要进行个人能力、素质、水平与工作内容、岗位、职级的匹配，达到"人事相配、岗责相符"的目的。通过制定激励措施调动和激发工作人员的能力和潜力，在人员和岗位相契合的基础上实现预定目标和预期目的。

三是建立能力发展机制。思想政治教育管理部门通过业务学习、技能培训、交流锻炼、继续教育、联合培养等方式对思想政治教育管理从业人员开展能力提升和业务培训，不断提升其工作能力、创新能力和发展能力，为完成任务目标提供支撑和保障。从长远来看，思想政治教育管理从业人员的能力和水平要形成长效机制，为管理的健康发展提供人才资源支持。

五、高校思想政治教育计划的作用

思想政治教育计划是根据思想政治教育的总目标和阶段目标所做的计划安排，是把目标分解到具体时间区间，设定任务负责人和总责任人，规定具体工作要求和质量标准的实践过程，通过思想政治教育计划实现了人、财、物的匹配和责、权、利的统一，为思想政治教育目标的实现奠定了良好的过程基础和要素保障。从思想政治教育管理体系的全局看，思想政治教育计划具有承上启下的功能。从逻辑方面看，思想政治教育计划位居思想政治教育领导之后，是领导机构和人员确定后为实现思想政治教育目标而确定的不可或缺的环节和步骤；位于思想政治教育预警之前，是思想政治教育控制的前置性要素和充要性条件。从功能方面看，思想政治教育计划不仅是思想政治教育领导的确证，还是思想政治教育控制的路径遵循。整体而言，思想政治教育计划管理的作用主要表现在以下两个方面。

（一）高校思想政治教育计划是思想政治教育目标实现的根本途径

思想政治教育目标具有规定性和导向性的特征，但在本质上是一种尚未被实践化的愿景或者理想，而思想政治教育目标要具备具体化和实践化的特征就必然要通过实践路径催化，思想政治教育计划就是实践路径的重要环节。思想政治教育计划是思想政治教育目标的具体化和实践化，思想政治教育目标是思想政治教育计划的理论化和抽象化。思想政治教育计划通过具体的工作部署、任务进程的控制和质量的监管，细化并实现了思想政治教育目标的实践要求。

从实践过程看，思想政治教育计划规定了方案制订的具体过程、实施方法、进程控制和结果评价，实现了人力、物力和财力的协调、统筹和配置，实现了路径、平台、载体和介体的创建和完善，对工作开展做了充分的研究和策划，完成了工作要素的匹配和管理，在根本上促成了工作计划和任务目标的完成，进而促进了思想政治教育目标的实现。从这一点看，思想政治教育计划完成了其本体的逻辑功能和价值使命。

（二）高校思想政治教育计划是思想政治教育预警工作的基本遵循

思想政治教育计划在促成思想政治教育目标实现的同时，为思想政治教育预警提供了理论依据和逻辑遵循。思想政治教育预警是对思想政治教育目标和实践运行情况的预先警示，为思想政治教育管理者掌握思想政治教育管理工作的实施动态和进行适时管理提供重要的依据和参考，也是对思想政治教育管理工作进行适当干预、纠偏和矫正的重要方式和途径。思想政治教育预警的基本依据是思想政治教育计划。

思想政治教育预警的内容包括工作的进程、指标的实现度、质量的保证度、效果的实现度等方面，预警面向的对象就是思想政治教育计划的目标体系、实施体系和结果体系。从这一点看，思想政治教育预警与思想政治教育计划之间具有契合性。思想政治教育计划对思想政治教育预警的指导作用主要体现在思想政治教育预警机制的建立以思想政治教育计划为基本前提，思想政治教育计划在理论上和逻辑上对思想政治教育预警产生规制作用和制导作用。

第三节 思想政治教育预警

思想政治教育预警是以思想政治教育运行为主体，对于运行中的偏值现象和问题及时发现、快速警示、科学研判的工作机制。思想政治教育预警的主要功能是强化思想政治教育工作以及思想政治教育管理工作的及时性、主动性和有效性，价值意义是把思想政治教育运行中的矛盾、问题和负面表征消除于萌芽之中，避免系统性、关键性和决定性矛盾对思想政治教育运行产生根本性和全局性的影响。

思想政治教育的运行需要思想政治教育预警。思想政治教育是一个开放系统，其运行不仅受到内部要素的制约，而且还受到外部环境的影响。从思想政治教育内部运行看，各构成主体、运行环节和结构要素的运行受到现实要素的制约表现出不同程度的不确定性和不稳定性，影响了思想政治教育本体的正常运行，这使得思想政治教育预警具有迫切性和必要性。从思想政治教育面对的环境看，在思想政治教育和外部环境交互的过程中，外部环境的复杂性、多样性和风险性加剧了思想政治教育运行与既定轨迹相背离的可能，这使得思想政治教育预警具有必然性和必需性。

思想政治目标的实现需要思想政治教育预警。思想政治教育目标是对一定时期思想政治教育愿景的设定，其实现离不开实践过程和实际行动。思想政治教育预警不仅能够对结果进行检视，而且能够对过程进行观察，当偏值出现时通过纠偏和干预保证思想政治教育活动在预定的区间内运行，在根本上保证了思想政治教育目标的实现。从这一点上看，思想政治教育目标和思想政治教育预警具有功能层面的契合性和互构性。

思想政治教育运行关系的复杂性需要思想政治教育预警。思想政治教育运行既是一个过程又是一个关系网络。从思想政治教育运行的内部要素看，涉及人员和人员之间、组织和组织之间、人员和组织之间、人力物力和财力资源之间、协调与配合之间的关系等。这些关系既有互补性又有互斥性，当负面要素的影响过量外溢就会对思想政治教育运行构成影响。从思想政治教育运行的外部要素看，思想政治教育还涉及与社会、家庭、企业、组织、团体和机构等方面的关系。这些关系不仅具有多样性和复杂性的特点，而且具有利益互诉性和需求排他性的特点，使得思想政治教育运行处于更加不稳定的状态之中。内部和外部关系的复杂性要求及时地掌握动向、合理地规避风险、正确地研判形势。在这一点上，思想政治教育预警具有功能对应性输出的特质。在功能补位的基础上，思想政治教育运行中关系风险的规避与思想政治教育预警的本体价值之间能够实现统一。

一、高校思想政治教育预警的内涵和功能

思想政治教育预警作为一种工作机制和工作方法，有其特定的理论基础、建构思路和运行方法，不仅具有质的特殊性，而且具有性的异质性。思想政治教育预警在思想政治教育管理中具有特殊的功能和价值，为了弄清其作用，首先要厘清其基本内涵、基本原则、运作程式和风险规避，只有科学把握其理论机理，才能实现模型构建和作用发挥。

（一）高校思想政治教育预警的内涵

从语义学的角度看，机制有四层含义：一是机器的构造和工作原理，如计算机的机制；二是机体的构造、功能和相互关系，如动脉硬化的机制；三是指某些自然现象的物理、化学规律，如优选法中优化对象的机制，也叫机理；四是泛指一个工作系统的组织和部分之间相互作用的过程和方式。在思想政治教育话语背景下的机制是第四层面的意思，指思想政治教育系统内部各要素之间相互作用、相互影响的过程和方式。

预警（Early Warning）一般是指在灾害没有发生以前，根据各种现象和规律发布紧急信号，最大限度地减少灾害所造成损失的行为。预警机制就是以危机管理为理论基础而构建的，由相关组织、机构和工作程序等组成的有机系统。从理论的角度看，预警机制具备科学性、合理性、预见性、系统性、敏锐性和及时性的特点，各种特征都有具体的内容。

思想政治教育预警是预警机制在思想政治教育领域的嫁接和运用，从本体意义上看，是思想政治教育管理部门在突发事件、紧急问题和偏轨现象发生前根据掌握的具体情况和基本规律发出警报信息，从而避免系统性、全局性问题发生的行为。思想政治教育预警的机制意义在于通过快速检视、分析、研究和判断问题和形势，做出快速反应，防止负面问题发生。从要素构成看，思想政治教育预警主要包括主体要素、通信要素和机制要素等模块。

1.思想政治教育预警的主体要素

本质而言，思想政治教育预警是一个有机系统，离不开构成要素作用的发挥。思想政治教育预警的主体要素包括三个层面：一是观测层，主要由分布于思想政治教育运行各个节点和模块的观测站点组成，检测站点的布局可以根据检测任务的实际而定，布局的基本要求是全过程、全方位和全覆盖；二是研判层，主要由信息接收模块和分析研判模块组成，这是思想政治教育预警的核心部分，其不仅承担信息接收的任务，而且承担分析、研究、判断和发布信息的功能；三是发布层，是思想政治教育预警运行终端，也是可感层，主要是由预警发布机构组成。

2. 思想政治教育预警的通信要素

信息通信是思想政治教育预警的重要保障因素。从通信的渠道看，信息通信主要包括观测站点向接收信息主体的信息传递、接收信息主体向分析研判主体的信息输入和分析研判主体向预警发布主体的信息输出三个方面；从通信的类型看，信息通信主要包括信息传递、信息输入和信息输出三种形式。思想政治教育预警要求信息传递具有通畅性和及时性的特点，信息通信延迟会影响预警的效果和质量。

3. 思想政治教育预警的机制要素

思想政治教育预警机制要素包括运行机制、制导机制和保障机制三个部分。

（二）高校思想政治教育预警的功能

高校思想政治教育是一个开放的体系，在和外部环境、载体等要素互动的过程中，外部风险也在向思想政治教育体系渗透，使得思想政治教育的风险性和不确定性逐步增加。不仅如此，内部要素的互动和交流、利益的表达和诉求、主体的协调与配合等，都带有一定的偶然性和随机性。这也在一定程度上增加了思想政治教育运行的风险。这就需要思想政治教育预警发挥重要作用，及时预判风险，防止矛盾和风险的发生。总体而言，思想政治教育预警的功能主要包括以下几个方面。

1. 预测功能

思想政治教育预警管理部门可以通过布局于思想政治教育运行过程中的各个环节和节点的观测站点，监控思想政治教育管理或思想政治教育的运行情况，通过搜集、掌握动态的运行资料研究基本规律，预测这些影响因素可能的发展方向、产生的影响及影响程度，进而对思想政治教育运行的趋向和性质实现预测，在源头上预防重大问题和矛盾的出现。思想政治教育预警的预测功能是其基本功能之一，也是最为重要的功能之一。

2. 警示功能

思想政治教育预警管理部门能够在充分掌握各种表象的基础上开展分

析和研究，根据思想政治教育运行的目标要求，对可能发生、即将发生或者大概率发生事件进行预判、评估和警示。警示的内容包含引起不良反应的事件的属性、影响方式和程度等。思想政治教育预警的警示功能会发挥导向功能，在及时干预的前提下可避免风险和突发事件的发生。

3. 防范功能

思想政治教育运行管理部门在收到预警系统的预测结果和警示内容后会及时地采取干预措施，对有关环节和部门的工作进行指导和纠偏。这就在很大程度上防止了不良现象发生的概率，为思想政治教育和思想政治教育管理的健康运行提供了重要的基础和保障。预警的价值在于防范和规避风险的发生，从这一点看，防范功能是思想政治教育预警的核心功能。

二、建立高校思想政治教育预警机制的基本原则

高校思想政治教育预警在本质上是一个工作系统和机制，因而其建构组成、运行机制和功能发挥等有其特殊性和异质性。构建思想政治教育预警机制不仅要关注其本体内涵，而且要关注其延展阈值，因而其基本原则应该包括本体和介体两大属类。从思想政治教育预警运行的现实看，其基本原则包括以人为本、注重时效和反应灵敏三个方面。

（一）以人为本原则

思想政治教育预警，从主体意义上看，是为思想政治教育管理健康运行和实现思想政治教育管理的预期目的而服务的；从价值意义上看，其最终目的是为开展思想政治教育和接受思想政治教育的人而服务的，因而人本原则是思想政治教育预警的核心关键。思想政治教育预警的以人为本原则主要包含两个层面的内涵：一是服务于思想政治教育管理的人，二是服务于被管理的人。服务于思想政治教育管理的人，就是在其可操作性等方面要便于人的管理，成为管理者有效的管理方式和途径；服务于被管理的人就是在其目的性、价值性和导向性上面向被管理者，而且在运行的过程中更加突出对人文关怀、人的主体性和价值性的尊重。思想政治教育预警的以人为本原则突出了"为了什么人"和"服务什么人"的理论内涵，是重要的价值导向之一，只有厘清了这一点，才能在实践过程中达到良好的目的和预期。

（二）注重时效原则

思想政治教育预警的核心功能是能够及时有效地对突发事件和重大风

险进行预测和警示。预测和警示的结果可能会在危机发生之前产生，这就对时效性有了约定和要求。思想政治教育预警的时效性贯穿于其运行的全过程，主要内容包括以下几个方面。

一是搜集信息的及时性，也就是各个观测站点所观测的信息要第一时间发出，并传递给信息接收部门。

二是分析研判部门的时效性，也就是分析研判部门在接收到有关信息以后，要及时地对信息的性质、类型、影响力、衍生结果等方面开展精准分析和研究，并形成分析结果，为发布预警信息做准备。

三是预警发布部门发布预警信息要具有时效性，也就是在第一时间把问题可能导致的结果和影响程度等信息向有关管理部门报告和通报。从其基本内容看，时效性的要求贯穿于思想政治教育预警工作过程的始终，这不仅是由其本体的价值属性所规定的，而且是由其价值相对方的诉求所决定的。思想政治教育预警的时效性与管理部门的决策和执行部门的行动干预息息相关，是思想政治教育管理体系中的重要环节和内在要求。

（三）反应灵敏原则

在思想政治教育的实践过程中，有些因素或者事件表现出随机性、任意性和不确定性的特点，这就在一定程度上对思想政治教育预警提出了关于灵敏度的要求。思想政治教育预警的反应灵敏原则主要包括以下几个层面的内涵。

一是思想政治教育预警的过程要灵敏，也就是从观测站观测信息到信息接收处理再到信息发布，这个过程要体现出较高的灵敏度，同时相关运作节点的工作要反应灵敏，这是保证整个预警系统灵敏性的必要前提。

二是思想政治教育预警的工作机制要灵敏，也就是支撑思想政治教育预警运行的动力形成机制、体系保障机制、系统制导机制等要体现出较高的灵敏度，这是思想政治教育预警系统高效运转的重要支撑和保障。

三是思想政治教育预警的构成主体要反应灵敏，也就是各观测站点、信息接收部门、分析研判部门和预警发布部门的工作要表现出较高的灵敏性，工作主体的灵敏性是工作过程灵敏性的核心性元素。总而言之，反应灵敏原则是思想政治教育预警的重要原则，它不仅对预警工作产生重要影响，而且对思想政治教育管理运行和思想政治教育目的的实现产生重要影响。

三、高校思想政治教育预警机制的构成与运行

思想政治教育预警作为一个系统或者工作机制而存在，其工作运行离不开构成模块的相互协作和体制机制的充分保障。构成模块发挥主体功能作用是思想政治预警机制的核心要求，体制机制发挥驱动和保障作用是思想政治教育预警机制的本体诉求。这两部分要素相互影响、相互作用，共同构成了思想政治教育的本体结构。从理论和实践角度看，思想政治教育预警的构成要素主要包括：及时的信息接收系统、科学的舆情研判系统、迅捷的信息通信系统和有效的行为干预系统。其运行方法和路径主要包括线性和环体两种类型，线性运行路径主要体现为组织之间和系统之间的协作和运转所呈现的线性结构，环体运行路径主要体现为组织之间和系统之间的运转和协作在功能上和关系上呈现出环形结构，线性结构和环形结构是根据预警机制运行而建立的关系结构，各有其不同的作用域。构成要素和运行机制是思想政治教育预警机制的本体要素和价值承载，是思想政治教育预警机制运行的核心要求和前置条件。

（一）及时的信息接收系统

信息接收系统是思想政治教育预警机制的基础性和关键性要素，对思想政治教育预警机制的运作产生系统性的重要影响。信息搜集系统的目的是通过搜集信息，可以全面、系统地掌握各个运作环节和主体的运行情况和状态，保证思想政治教育管理健康运行，防止负面因素产生消极作用。建立信息接收系统主要包括以下几个方面的内容：

一是通过设定观测站点，实现"点对点"式信息传递。一方面，在思想政治教育管理各环节建立观测站点，通过定向通信的方式将各环节的运行情况定向传输到信息接收部门。另一方面，通过在思想政治教育管理各部门建立观测站点，信息传输介体把信息传递给信息接收部门。"点对点"式通信的介体选择面较广，以信息到达为最终目的。

二是通过多点互动实现"多点循环"式信息传递。在思想政治教育管理系统的各构成要素和模块间建立观测站点和信息输出机构，各站点和机构间实现信息互联互通，形成网状通信结构，保证信息搜集的多样性和全面性。

三是以信息源为主体，实现"单点单向"式信息传递。这主要包括两条渠道：一条是思想政治教育管理部门根据工作需要，通过工作体制和机制

向下掌握各运作环节的基本情况，主动搜集信息；另一条是思想政治教育管理的构成主体按照管理部门的要求和工作的实际向上传递本体的运行情况，主动向上传递信息。各种信息传递方式所选用的介体不仅包括电话、短信、文件和会议等传统媒体，还包括微信、互联网和应用程序等新兴媒体。信息接收系统不仅包括观测站点、信息输出源等主体通过电话、微信和网络等方式所构建的传输信道，还包括信息接收系统运行的工作机制和保障机制等要素。信息接收系统对时效性有较高的要求，因而无论是站点的布局还是信息的传递都要以低时延为基本要求。

（二）科学的风险研判系统

风险研判系统是思想政治教育管理的中枢模块，其主要功能是对所搜集的信息开展定性分析和定量分析，进而确定信息的性质、影响范围和程度等。定量分析主要研究信息的规模和数量，进而确定其与思想政治教育管理的相关关系。从理论上看，研判机制的工作过程是从具体到抽象、从表象到本质的过程。研判系统的主责部门一般是领导决策系统的专设机构，通常由决策咨询委员会等部门承担。从研判系统工作的程序看，风险研判系统主要包括以下几个环节。

一是信息的分类整合与汇总。把信息接收部门或者各观测站点传递的信息按照类型、属性、紧急程度、影响度等要素进行分类，并对信息进行初步加工，一般以专题报告或者情况简报的形式予以发布或者上报决策管理部门。

二是对信息开展深入研究，形成研判结论。以确定信息的有害性、无害性、影响范围和程度为标准，对信息进行深入研究，重点研究有害信息的程度、广度、内容、涉及部门等。在研究过程中科学运用定性定量研究、归纳演绎和模型建构等研究方法，最终形成研究报告或者决策咨询报告。

三是针对特定主体发布预警信息。主责部门根据工作实际向主管部门或者相关部门通报研判结果、发布风险预警，并说明风险的等级，提醒相关部门重视并采取相应干预措施。风险研判系统的组织架构设计比较简单，主要是由专职研判机构或者部门完成。其工作机制框架设计比较复杂，主要涉及工作机制、责任分担机制、保障机制等的制定和运行风险研判系统的结果运用会对思想政治教育管理产生影响，因而有时效性和精确性的要求，这是对风险预判工作最为根本的要求。

（三）迅捷的信息通信系统

信息通信系统是思想政治教育管理预警机制的重要组成部分。信息传递的速度和质量对于预警结果会产生局部性乃至全局性的影响，因而从这一层面看，这个系统具有重要的功能性和价值性。从理论上看，信息通信系统主要由输出、传递和接收三个模块组成，这三个模块是信息通信系统架构的基础和核心。按照这样的逻辑，信息通信系统主要由信息输出模块、信息传递模块和信息接收模块组成。信息输出模块主要指的是信息源，在思想政治教育预警机制中主要是布局于各环节、各要素和各主体的观测站点，以及主动输出信息的机构和组织。信息传递模块主要是信息传递的媒介载体和工作机制。

从媒介载体层面看，主要包括通信方式和通信终端等设备和工具；工作机制主要包括信息传输机制、工作程序和办法、主体和关系的权责界定以及奖惩办法等。信息接收模块主要是负责信息接收并对信息开展进一步分析的相关机构和组织。

从运行实践看，信息通信系统的各要素、各环节之间要构成闭环管理的运行方式，这是由其本体的价值和功能所决定的。

从组织架构看，信息通信系统主要包括两个核心模块：一是信息通信控制模块，主要是通信系统主管部门所设定的包含相关主体和工作程序的控制单元，重点是对通信工作、质量和系统运行所做的规定。这个模块主要涉及相关主体、工作程序和办法等。二是保障模块，主要是为保障信息通信系统的运行而设定的主体、工作程序和办法，主要包括人力和物力资源等。信息通信系统一方面要求相关主体反应的灵敏性，另一方面要求通信的畅通性，这是该系统最为重要和基本的要求。

在现实工作中通信保障系统的框架设计比较灵活，以时效性为核心要求，也要求通信方式的现代性和科技性。总而言之，应将信息通信系统的设计和建构摆在十分突出的位置，只有这样，这个系统才能高效地发挥作用。

思想政治教育管理预警机制作为一种机制而存在，在本质上是指作为一个系统，基于内部构成要素之间的有机关联性以及同外部诸因素之间的有机关联性而形成的因果联系和运转方式。从这样的视角看，思想政治教育预警机制不仅是一种协同运行的组织架构，而且还包括对运作机制和工作原理的规定。行为干预系统作为思想政治教育管理预警机制的重要组成部分，契合而又服务于这个机制。行为干预系统是思想政治教育管理预警机制的衍生部分，具有独特而不可缺少的价值。

从行为逻辑层面看，思想政治教育预警机制的信息接受系统、风险研判系统和信息通信系统已经实现了本体的价值表达，但从思想政治教育管理的目的来看，还需要实现预警结果的应答和回应，这是行为干预系统存在的理论和现实依据。

从组织架构层面看，行为干预系统由思想政治教育主要负责人和有关部门的负责人构成，主要就干预的形式、内容、方法和要求等进行安排和部署，确保行为干预的有效性和负面影响的最小化。"行动体系"主要由高校的思想政治教育管理的执行机构和学校保障部门组成。思想政治教育管理执行机构包括党委学生工作部和院系学生工作办公室等，学校保障部主要包括保卫处和后勤服务公司等。"行动体系"主要根据行为干预工作的具体要求提供人力、物力和财力方面的支持和保障。

从工作机制的层面看，行为干预系统应该建立两大机制：一是行为干预决策机制。决策部门根据有关部门发布的预警信息及风险等级，决定采取干预行为的方式。决策机制一般包括预警信息分析、方案预案制订和论证、工作任务部署等环节，重点就风险应对做深入的研究。二是行为干预执行机制。行为干预执行机制包括重点任务的分解落实、人员调配、部门联动、保障资源统筹和干预行为实施等环节和要素。整体而言，行为干预系统的最终目的是防范负面事态的发展和扩大，减少消极因素对思想政治教育管理的影响，以确保思想政治教育管理的健康运转和运行。

第四节　思想政治教育评估

高校思想政治理论教育评估是高校思想政治理论教育评估主体按照既定标准，对高校思想政治理论教育的过程、环境和状况进行价值判断的活动。评估基于教育，评估依赖体系。高校思想政治理论教育的高质量发展需要教育评估体系的改革、创新与优化，这就必须正确认识和阐析教育评估体系。

一、高校思想政治理论教育评估体系要义

高等学校思想政治理论教育评估体系主导高校思想政治理论教育发展。科学的高校思想政治理论教育评估体系，能够克服高校思想政治理论教育健康发展的制度阻力，营造创新环境，提升高校思想政治理论教育质量和整个高校教育质量，为实现高校教育高质量发展提供动力保障。

高校思想政治理论教育评估体系是关于高校思想政治理论教育的评估系统及运行体制，是高校思想政治理论教育评估主体根据一定要求和指标，对高校思想政治理论教育的过程、效果诸方面实行全面评估的活动系统和运行机制。主要涉及评估主体、评估客体、评估环体、评估介体、评估载体、评估内容、评估方式和评估效果等问题。

高校思想政治理论教育评估体系来自教育又高于教育，它与教育息息相关。教育评估体系至关重要，其运作引领并驱动教育进步。评估体系建设是高校思想政治理论教育发展的内在诉求。

评估体系以教育过程和效果作为评估对象。评估更看重过程而不是只重结果。既全神贯注达成目标，又念念不忘运作质量。评估体系既定性也定量，既局部也整体，既具体也抽象，既是即时性的也是历时性的，既是结论性的也是过程性的，既是阶段性的也是综合性的。

高校思想政治理论教育评估体系紧扣教育质量，指向性和目标性一目了然。指向性是指它心无杂念，专心致志，只关心、针对和评估高校思想政治理论教育，而不大包大揽、涉及其他领域。目标性是指评估体系的诉求与思想政治理论教育的培养目标相向而行、高度契合，而且助力目标达成。

高校思想政治理论教育评估体系内涵的解读如下。

（一）宗旨要求

发挥高校思想政治理论教育功能，立足培养合格人才，为社会主义建设服务。提高教育的方向性、实效性和可控性。教育学生坚定共产主义信仰，培养科学的世界观、人生观、价值观。形成良好品德、崇高理想，正道而行，健康成长。

（二）主体客体

主体有内（部）主体高等学校、外（部）主体政府教育部门和社会中介组织。主体包括管理主体、教育主体、学习主体、服务主体、用人主体。

客体是高等学校及其内属党政团部门（如宣传部、教务处、马克思主义学院等）工作人员、思政课教师和大学生的工作、学习和表现。学校领导、教师、学生主客一体。

（三）内容结构

教育评估体系主要包括制度建设、体制建设、队伍建设、课程建设、教材建设、学科建设、社会实践、经费保障与实际效果。

评估体系有内外（部）两个评估体系。内（部）评估体系是高等学校独立组织评估的体系，是高校对所属部门（主要是宣传部、教务处、马克思主义学院、总务处、财务处）领导、组织、开展、协助与保障思想政治理论教育状况定期进行的检查和评估，具有计划性、经常性特征。外（部）评估体系是政府教育部门、社会中介组织等外（部）评估主体对高校思想政治理论教育活动进行的检查和评估，具有阶段性、指导性特征。两者相辅相成、关联互应，内主外辅、内督外促、一体并立、殊途同归，共同组成一个完整的评估体系。

高校思想政治理论教育评估体系主要由水乳交融、相互贯通的主体、客体、环体、介体、载体、过程及效果评估组成。"体系"比"系统"更丰盈、动态。

二、高校思想政治理论教育评价体系内容

高校思想政治理论教育评估应该理论联系实际，知、情、意、行融合，内化外化过程循环往复。评估体系内容丰富。

评估内涵认识。高校思想政治理论教育评估体系是关于高校思想政治理论教育评估的主体框架及运作状态，是评估者按照教育目标和指标对教育内容、方式、方法、组织、制度、生态、效果和影响进行评估的整合系统和运作状态。

评估功能界定。评估功能不一而足，辐射教育教学全过程、全领域、全方位，涉及多层次、多视角、多界面，既有传统的检查、考核、制约功能，又有先进的激励、指导、创新、发展与建设功能。评估要保持基本的检查、测定与制约功能，突出激励、创新与发展功能。

评估指标设计。评估指标应分级分类、一体多维。围绕教育要素、过程和结果三大方面，对应体制、制度、队伍、课程、教材、学科、管理、保

障与生态建设诸多领域及具体目标、任务、态度、方式、方法、设施、条件、生态、行为、效果，设定一、二、三级指标及权重标准。

评估体系确定。评估主体多元并存，不同评估交叠影响。正确处理学生与教师、督导与领导、业内与业外、个人和组织、上级和下级评估等关系，追求评估实效，突出专家、督导评估，淡化、弱化学生评估，合理确定评估量化体系，使评估回归正道，体现教师主体价值。

评估方式选择。评估要静态动态、理论实践、线上线下、主观客观、单一复合，领导督导、专家同事、教师学生相结合。加大动态、实践、线上评估比例，提高督导、同事评估权重，突出客观、复合评估。将管理部门、学生、督导、同行评估有机结合，鼓励创新评估。

评估方法改进。夯实评估平台，完善评估制度，改进评估方法。转变观念、推陈出新、贯通融合。教师学生评估、领导督导评估、专家同行评估、学部学校评估、上级下级评估、校内校外评估、中介社会评估、线上线下评估多种方法并行不悖，灵活运用，实现评估效能。

评估生态优化。学校领导高度重视，部门之间相互协作，学校内外同心协力，上级下级团结一致，教师学生顾全大局，各方整合，全校一盘棋，从而生成良好的评估环境。建章立制、科学谋划、有效领导、精心组织、充分保障、依法实施、有效治理，全面营造良好的评估生态。

评估原则捍卫。理论实际同步，思想实践并重，内化外化共生，守正创新一体，变与不变交融，过程效果兼顾，坚守评估，捍卫教育。激发活力，以清除障碍为原则，以学生为本、实事求是、持之以恒、灵活机动、务求实效，督促教师真教真讲真懂，学生真学真听真信。

评估理念转变。评估不是目的、形式，评估只是手段、工具，要以评估为抓手、为动力。坚持服务至上，以评促教、促学，激励教师愿教善教会教，学生愿学善学会学。评估要有温度，关心、尊重教师，体现人文关怀。用考核功能重视创新发展功能，促进师生健康发展。

评估内容整合。教育评估要高屋建瓴，系统整合评估内容，顶层设计和画面布局协同一致。以知情意行、全面培养人的目标体系为标准设定评估内容，主要在基本理论、基本情感、基本信仰与基本道德培养等方面有所作为。评估内容全面广泛，评估体系动态多变。

评估时间设定。解放思想、更新观念，适当进行教育评估时间的调整和改革，有的课程在统筹安排、科学论证的基础上，根据教育教学规律和课程实际情况改变本学年度、本学期评估的传统做法，允许另学年度、另学期评估，以有效提高评估质量，实现教育效果。

三、高校思想政治理论教育评估体系特性

高校思想政治教育评估体系以科学性、实效性、目标性为评价导向，具有鲜明的特性。高校思想政治理论教育是马克思主义理论知识教育基础上的立场观点方法教育。评价必然超越一般的知识评价而实现知识性评价与价值性评价有机融合，并以价值性评价统摄知识性评价。这是高校思政评价最基本的特征。从这个意义上来看，评价是知识评价与价值评价、内在评价与外在评价、个体评价与社会评价、精确评价与模糊评价的辩证统一。具体来说，高校思想政治理论教育评估体系有如下特性。

（一）评估目标的统一性

评估目标的统一性表现在：一是评估目标要瞄准国家教育目标，保持统一，唯国家教育目标是从，不能我行我素；二是评估目标与具体活动目标保持统一，在国家教育目标规范下，根据不同类型、不同学校、不同专业教育活动目标有的放矢地制定教育评估目标，从而能够有效影响和引导具体教育活动，而不是泛泛而谈，脱离实际。统一性还表现在必须围绕学生学习效果进行评估。学生学习效果是检验教育质量的最核心要素，必须以学生学习效果为核心标准。

（二）评估内容的全面性

高校思想政治理论教育评估体系贯穿于教育全过程，囊括各方面。教育评估贯穿教育目标、教育内容、教育方法、教育制度、管理体制、保障机制、运行状态、教育生态、政治认同、道德素养和教育效果等方面。首先，评估高校思想政治理论教育目标、内容和方法；其次，评估内部系统及运行状况；再次，评估学生的政治认同、理性思维、公民素养，即对思想政治道德、观念、理想、信仰、认识和知识掌握、内化的实际情况；最后，评估高校思想政治理论教育效果。

（三）评估方向的科学性

高校思想政治理论教育评估体系要深刻认识和科学把握教育目标、内容、方法、本质和规律等，对各影响因子作用进行合理的权重设定。

（四）评估领域的广泛性

评估领域广泛，从内容到形式、从制度到体制、从管理到服务、从主体到客体、从环境到保障，无不涉及。评管理、评教及评学紧密结合，促进学生全面发展。评估教与学、结果与过程、学生知识认知与非知识认知、校内教育与校外影响统筹兼顾，范围极其广泛。

（五）评估主体的多元性

评估主体多元并存，由内而外。学校领导、部门主管、教师、学生及政府机关、中介机构皆为主体。教师和学生兼具评估对象与评估主体双重属性，督促师生对教与学活动审视自省、查漏补缺，以求至善至美。教育评估采取教师、学生、学校与社会等多种方式。教育评估不能置主体多元于不顾，单纯以学生评教或者督导评教为主，甚至无视评估规律，只推崇学生评教。

（六）评估方法的多样性

实行过理论领会、思想觉悟、道德升华和行为美化。高校思政理论教育评估体系需要相应的深刻性表现。评估体系要科学、深刻评估学生马克思主义世界观、人生观和方法论的掌握、运用情况，以及共产主义信仰和社会主义道德的养成情况。

（七）评估过程的动态性

思政教育不同于单纯知识教育，过程相对漫长，效果呈现并不同时，评估具有更加明显的阶段性、动态性，不能急于求成、一锤定音，要有耐心，善于等待。评估的动态性见证教育的艰难和规律性，只有静、动态相结合，过程性与结果性相一致，才能真实评估，有效指导。过程评估注重对教学效果的动态测评。主体对作用于教学质量和效果各主客体因素进行阶段性考量。

（八）评估功能的服务性

评估体系服务性功能贯穿始终，评估可以及时给教师反馈信息，使其针对性地开展教育教学活动，提高为学生发展服务的质量。教育要有效启发大学生觉悟，指点迷津，帮助学生发现和纠正错误认知。在大学生陷于迷茫、困惑时，利用思想政治理论教育评估体系给予扶持。

（九）评估活动的客观性

教育活动是客观的，而不是主观臆想的，教育活动的开展要有明确、客观、切实可行的目标、标准和方式，没有明确、客观、务实的目标、标准和方式的规范和指导，凭主观意愿办事，脱离实际，教育将寸步难行。评估要有客观、精准的目标、标准，以客观性引领科学性评估。

（十）评估标准的多维性

高校思想政治理论教育评估标准多向多维，要全面动态把控。评估标准必须同时兼顾理论知识、家国情怀、理想信念、道德品质与文明素质等方面，进行多维考问，围绕政治信仰这个点，为党育人、为国育才。大学生思想意识评估，更应该多向多维而不应是单一的。

（十一）评估效果的深刻性

高校思政理论教育立德铸魂。教育内容需要大学生有深刻的知识认知、情感认同，评估体系应当高度灵活，既坚持原则又随机应变。大学生思想道德素质外在表现千姿百态，实际接受情况因人而异，评估不确定性因素很多，完全按标准评估往往既不可能又不可靠，既不现实又不合理。因此，高校思想政治理论教育评估体系应灵活机动，不能固守教条。

（十二）评估结论的可调性

高校思想政治理论教育评估结论不是最终性结论，而是形成性结论，具有可变性、可调性。要重视评估又不能迷信评估，评估结论只是阶段性依据而不是决定性标尺，不能一成不变一评定高低，要用发展的眼光看待评估，在评估中发展，在发展中评估。大学时代是大学生思想意识逐步成熟而仍飘动不定的阶段，评估要有包容性、大局观。因此，高校思想政治理论教育评估应该因势利导、定而可变。

（十三）评价体系的导向性

高校思想政治理论教育评估体系评估导向为科学性、实效性、目标性的三位一体。教育评估体系完整统一、协同创新，科学指导、推动评估有效实施。教育评估体系由外部评估子体系和内部评估体系组成。外部评估体系如上级教育主管部门、校外中介机。内部评估子体系如学校党政领导决策、制度支持、部门协同、指标设计、队伍建设及评估应用体系。内外部评估体系之间相互关联、照应、互动，全面指导高校思想政治理论教育评估，有效推动高校思想政治理论教育发展。教育评估体系有对结果的关切，更有对引导的诉求。教育体系既是评价工具，又是理念引导。引导关注思政理论教育系统效果。

（十四）评价应用的可行性

在科学阐析高校思政理论教育评估体系要义、内涵、特性基础上，高校思政理论教育评估应该坚持以学生为本、全面系统和灵活机动的原则，充分发挥教育评估体系的检查、考量、引导、规范、制约、保障、激励、驱动、整合、协同、创新、发展与建设功能，建立科学、合理与可持续的高校思想政治理论教育评估体系。

教育评估更加注重教育者的教育态度、教育理念与教育质量，而不单纯是教育形式与教育表象。高校思想政治理论教育更注重学生祖国意识、政治信仰、道德观念及担当品质的养成，要围绕教师、学生和管理者，通过对各教育因素的考量革故鼎新，建构科学的教育评估体系。科学阐析高校思想政治理论教育评估体系，系统考虑问题，高起点回应困惑，形成科学、合理的评估格局，改变评估形式主义、华而不实的倾向，克服评估不科学、不合理的现象，提高教育评估的科学性、合理性、系统性，增强评估的价值力、信服力与指导力，有效为实现评估功能奠定基础，从而以科学化教育评估体系促进高校思想政治理论教育高质量发展。

第五章 新时代高校思想政治教育管理体系的创新

第一节 思想政治教育管理体系创新的基本概念

高校思想政治教育管理属于管理科学的一部分，在本质上是人的社会实践活动。在管理活动中，人既是管理的主体，也是管理的客体。我们也可以将管理理解成主体和客体之间的关系。思想政治教育管理体系作为一个系统而存在，具有开放性、动态性和发展性的特点。从理论和现实层面看，只有与时俱进的管理方法和管理体系才能适合发展的思想政治教育的需要。

高校思想政治教育管理体系的创新既是本体的行为自觉，也是客体的诉求引致。从思想政治教育管理体系的本体看，管理体系的构建和管理实践的作用域是有时空条件规定的，也就是说，一定形态的思想政治教育管理体系在特定的时期、条件和话语背景下是有效的，但这并不意味着当时空条件变化，思想政治教育管理体系仍然能够发挥效能，这就造成了条件转换范式下的"功能失效"问题。应该说，思想政治教育管理或者管理体系伴随思想政治教育存在和发展的始终，思想政治教育实践本身具有被管理的需求和属性。这种被管理的需求或者属性的指向一定是价值性。从这个角度看，思想政治教育管理体系为了契合思想政治教育的发展和变化，自身也存在变革和创新的需求，只有在这样的认识维度上，思想政治教育管理体系和思想政治教育才能在价值层面上实现"同频共振"。

按照这样的逻辑，我们可以得出结论：思想政治教育管理体系创新是一种自为和自觉行为。在新时代背景下，思想政治教育的要素发生了深刻的变化，在教育主体层面上，表现为思想政治教育的施教主体和受教主体在思想上和行为上受到社会进步、发展的影响而包含全新的内容；在教育环境层面上，进入新世纪以来，国际形势风云变幻、世界政治经济格局和秩序深度调整，经济全球化、全球一体化、社会信息化进程不断加快，传统政治经济格局逐渐瓦解，国际局势更加复杂，世界处于大变局、大变革和大调整时期。

我国经济社会快速发展并取得了举世瞩目的成就，国际话语权、主导权和影响力进一步提升。我国正在由边缘走向世界舞台的中央，思想政治教育面临的内、外部环境也发生了深刻的变化。在教育要素层面上，伴随我国的飞速发展，互联网、大数据、自媒体、微媒体已经深入社会的每一个角落，对人们的思维方式和行为范式产生了重要的影响，这在给思想政治教育的途径、方法和模式带来机遇的同时也形成了挑战。此外，思想政治教育的内容和载体等要素也发生了深刻的变化。这些变化对思想政治教育管理体系产生了重要影响，要求其实现相应的创新，以适应思想政治教育的新形势、新任务、新阶段和新目标。从这样的视角看，思想政治教育管理创新又是客体引致行为。

思想政治教育管理体系创新既有理论遵循，又有方法依据，是理论和方法的辩证统一。研究和讨论思想政治教育管理体系创新就要厘清其理论内涵、基本原则和方法路径，只有遵循这样的思维进程，才能完成其理论诉求和价值实现。

从现实角度看，思想政治教育管理体系创新涉及施教主体管理、受教主体管理、硬件资源管理及大学生网络思想政治教育管理机制建设等要素，通过这些要素的创新在整体上推动思想政治教育管理体系创新和发展。

从功能价值的角度看，思想政治教育管理体系创新不仅有利于自身的功能实现和价值凸显，而且有利于纠正和改进思想政治教育管理体系在理论、实践方面存在的问题和不足，具有利己和利他的特点和属性。

厘清基本概念是讨论和研究思想政治教育管理创新的前提和基础。思想政治教育管理体系创新的基本概念不仅包含高度凝练的理论内涵，而且有现实性的方法指导。创新这个词在各学科、各领域、各行业较为多见，但在思想政治教育，特别是在思想政治教育管理体系创新话语背景中研究创新的基本理论和方法，需要厘清其特定的基本内涵和理论边界，重点突出其异质性的特点和属性。概言之，在思想政治教育学科中，管理体系创新的概念主要包括两层含义。

一、一般意义上的高校思想政治教育管理体系创新

创新，在语义学上有两层含义，一是指抛开旧的，创造新的；二是指创造性。从这个层面看，创新是指在原有事物基础上的发展和创造。

从一般意义上看，创造是指坚持以有别于常规和他人的思维和观点为导向，充分利用现有条件和基础而改进、创造新事物的实践活动。这个意义上的创新有两个逻辑要素：一个是创新要以思维创新为前提、当前客观存在为基础，以新事物产生并发挥预期目的和作用为价值诉求；另一个是创新的体现形式多样，可以是一种思路、思维和方法，也可以是全新的事物。

思想政治教育管理体系创新是指思想政治教育管理主体充分运用现有客观事物和条件，发明或者创造新理论、新思维、新方法和新事物的实践过程。从目的论的角度看，思想政治教育管理体系创新要以本体价值外化和满足相关主体的利益诉求为根本导向。从思想政治教育学科论的角度看，思想政治教育管理体系创新要正确把握守正和创新的关系，守正就是坚守事物的本质和价值使命，是创新的根本方向和目的归依；创新是对事物的新发展，是对守正的传承和创造，两者是辩证统一的关系。

二、哲学意义上的高校思想政治教育管理体系创新

创新主要是一个经济概念，主要是指引进新产品，引用新技术，开辟新市场，控制原材料新的供应来源，以及实现工业的新组织形式。这个概念把创新看作行为。哲学层面上的创新和经济学意义上的创新有共同点，但也有本质的区别。哲学上的创新主要是指事物的量变和质变，通过量变实现质变，最终演化为另一种质的过程。思想政治教育管理体系创新在哲学层面上是指人的社会实践活动，主要包含以下三方面的理论要点。

从认识论的角度看，思想政治教育管理体系创新是一个本体认知和价值求证的实践过程。思想政治教育管理体系创新是通过自我检视发现本体的问题和矛盾的过程，在化解矛盾和解决问题的过程中通过分析现象而发现本质，在对立中实现统一，又在新的统一中发现新对立，最终实现新统一。遵从从认识到实践，再从实践到认识，最后回到实践的马克思主义认识路线中。认识具有无限性和广泛性的特点，这就要求把认识论运用到思想政治教育管理体系创新的过程中，在反复认识的过程中实现创新，认识的无限性决定了思想政治教育管理体系创新的无限性。

从实践论层面看，思想政治教育管理体系创新就是把具有创新性的思维和思路转变为实践的过程。这个规定性主要包含两个层面的内涵：一是思想政治教育管理体系创新本身就是一项实践过程或者实践活动，也就是说创新的思维和方法来源于实践，而创新的结果一定反映并服务于实践；二是思想政治教育管理体系创新是一项具有价值性的实践活动。如果创新的成果不产生价值或者不能满足相关主体的价值需求，那么创新的过程和实践就没有意义。在具体的工作实践中，思想政治教育管理体系创新不是一蹴而就的，而是需要长期的认识和实践过程，通过对问题和矛盾进行深入细致的研究才能为创新提供思想、理论、实践和方法基础。因而，思想政治教育管理体系创新的过程符合马克思主义的实践论。

从辩证法的角度看，思想政治教育管理体系创新包含矛盾运动规律和否定之否定规律两个理论要素。思想政治教育管理体系创新的根本动因是矛盾或者矛盾发展达到了不可调和的地步，在解决矛盾的过程中系统不断改进和优化要素或者整体的功能，在对立统一过程中实现本体创新和要素创新。

从矛盾运动规律的角度看，思想政治教育管理体系创新就是在对立中寻求统一，在统一中寻求对立，而后又实现统一的辩证过程。思想政治教育管理体系创新的另一个动因是对自我的否定，在从肯定到否定、从否定到否定之否定、从否定之否定到肯定的过程中不断实现对本体的审视、解构和建构，从而发现新的思维、方法和路径。

第二节 思想政治教育管理体系创新的主要内容

高校思想政治教育管理体系创新既关注实践的诉求又服务于实践的发展，在本质上是对实践的客观反映。从动机视角看，思想政治教育管理体系创新既是一个主动行为，又是一个受动行为。把它看作主动行为，是指思想政治教育管理体系通过本体机能的调整而实现自我的修正和发展；把它看作受动行为，是指思想政治教育管理体系是在外界作用的驱动下发生质、量和形体的变化。也就是说，思想政治教育管理体系的创新是在外部因素的影响下进行的。人们的观念、观点和概念以及人们的意识，随着人们的生活条件、社会关系、社会存在的改变而改变。通过这个论断可以看出，生活条件、社会实践和社会存在对人的思想、观点和概念的发展产生了重要作用。思想政治教育管理体系创新也是如此。从这样的层面看，思想政治教育管理体系创新的内容、要素和结构有现实的、具体的实践遵循。

从思想政治教育管理的实践看，思想政治教育管理体系创新的主要内容包含局部创新和整体创新、理论创新和实践创新、制度创新和模式创新、载体创新和内容创新。

一、局部创新和整体创新

思想政治教育管理体系是由各种要素根据一定的关系而形成的稳定结构，并在结构构建的基础上实现的体系化构建，这是思想政治教育管理体系构建的理论逻辑和方法逻辑。从辩证唯物主义的角度看，思想政治教育管理体系创新有量的遵守，正是在从量变到质变的过程中实现了目的预期。从规模的角度看，思想政治教育管理体系创新包括局部创新和整体创新两部分。

（一）局部创新

局部创新也称为微观创新，是指对思想政治教育管理体系构建的理念、方法、途径中的某个要素进行创新而形成新功能、产生新影响的过程和实践。按照这样的逻辑思维，局部创新是对思想政治教育管理体系的某个模块的某个要素所进行的创新，而没有改变模块和系统的功能、属性和本质，这是界定局部创新的重要标志。局部创新的规模和幅度虽然局限在一定的范围之内，但其通过个别要素的创新而对模块和系统所产生的影响却是广泛的。

（二）整体创新

整体创新也称为系统创新，是指通过对思想政治教育管理体系的理论体系或方法体系的创新而形成新理论、新方法的过程和实践。从概念看，整体创新在吸纳本体积极要素的基础上，将本体通过实践转变为具有新质的另外事物，也就是改变了原有事物的本质、属性和功能。整体创新具有继承性、互动性、联系性和协同性的特点，因而有广泛的涉及面和深刻的影响力。

从创新的范围看，整体创新大于局部创新。从创新的维度看也是如此，但在本质上两者都是对本体合理性要素的继承和局限性要素的抛弃，并实现新事物构建的过程。在思想政治教育管理实践中，整体创新和局部创新都有其特定的作用域和价值场，在范围和幅度层面有所区分，但在本质层面上统一于思想政治教育管理体系的优化和管理效能的凸显。因而，两者是相互独立而又彼此联系的辩证统一体和关系建构体。

二、理论创新和实践创新

思想政治教育管理体系创新不仅有规模和要素的规定，而且还有层面之别。外界影响要素的变化和影响的具体程度决定了思想政治教育管理创新的方向和方法。从这样的角度看，思想政治教育管理体系创新是以实践为根本导向的，实践的需求决定创新的方向和价值。从内容的角度看，思想政治教育管理体系创新主要包括理论创新和实践创新两个部分。这两个部分的方向不同，功能和价值自然也就不同，但在本质上是统一的。

（一）理论创新

理论创新是对原有理论内容、结构和框架的突破、修正和发展，并进行全新探索和发现的实践活动。思想政治教育管理在本质上是"做人的工作，做群众的工作"。因而，做好思想政治教育管理工作需要以科学的理论为指导，这是理论创新的因素之一。思想政治教育管理体系理论创新，就是对基本理论、方法理论等的全新探索和发现的实践活动，一般是指新理论的产生。管理理论创新对于思想政治教育管理实践的发展和效能的提升具有积极的促进作用。

（二）实践创新

思想政治教育管理实践既是管理理论具体化的过程，也是管理方法具体运用的过程。思想政治教育管理体系的实践创新主要是指构建方法、运行方法和调控方法的新探索、新实践，目的是更好地发挥体系的功能和管理的效能。实践创新的来源和动力是思想政治教育管理体系建构和运行过程中的矛盾和问题，因而实践创新不仅是对实践的优化，也是对理论的检验和提升，在实际工作中发挥积极重要的作用。

理论创新和实践创新是思想政治教育管理体系创新的一体两面，其实践创新互相影响、互相促进、辩证统一。具体而言，理论创新是实践创新的先导，实践创新是理论创新的检验标准，它们互为基础和前提，不存在主次和从属关系。两者辩证地统一于思想政治教育管理体系构建和发展的实践过程之中。

三、制度创新和模式创新

思想政治教育管理的核心性要素主要是人的思想和行为。人的思想具有稳定性、复杂性和历史性的特点。人的行为是在长期的生活、学习和工作过程中所形成的，具有复杂性的特点。这就对思想政治教育管理产生了挑战。为了有效应对人的思想和行为的变化，思想政治教育管理要因势而变，才能发挥正向、积极的作用。从结构的层面看，思想政治教育管理体系创新主要包括制度创新和模式创新两个部分。

（一）制度创新

思想政治教育管理体系的制度创新主要是针对建设层面、发展层面和运行层面的制度所开展的探索、创新和实践。思想政治教育管理者是制度创新的关键要素。思想政治教育管理体系的制度创新要体现前瞻性和可操作性的特点。这在一定程度上决定着制度创新的价值。

（二）模式创新

模式创新主要是对思想政治教育管理体系的建构方式和运行模式进行探索和创新的过程和实践，主要目的是优化和提升管理体系的建构形态和效果能值。模式创新的动力来源于现有模式的问题和短板。思想政治教育管理模式的创新不能靠主观臆想，而要结合实际、贴近实际、服务实际。

制度创新和模式创新是思想政治教育管理体系创新的两个重要方面，具有不同的功能域和价值域。两者不仅具有异质性，而且具有统一性。制度创新为模式创新提供理论借鉴，而模式创新又为制度创新提供实践支持，从这样的关系层面看，两者是互为辩证、相互统一的。

四、载体创新和内容创新

思想政治教育管理体系的建构和发展是内部主体和要素在自身发生变化的基础上推动系统整体发生渐次变化的过程。如果以要素为标准，可以将思想政治教育管理体系创新划分为载体创新和内容创新两个部分。

（一）载体创新

载体创新就是对思想政治教育管理体系建构、运行和发展的承载体进行探索和创新的过程和实践。在传统模式和背景下，思想政治教育管理体系的载体主要是从事思想政治教育管理的人和常规事物，也就是说，人在思想政治教育管理体系话语中既是主体也是载体。新时代背景下，伴随科学技术的快速发展，新兴媒介对思想政治教育管理体系产生了重要影响，这就要求把传统载体和新兴媒介的要素结合起来通过创新产生新载体。总之，思想政治教育管理体系的载体创新要充分借鉴和运用新学科、新技术和新媒介。

（二）内容创新

内容创新就是对思想政治教育管理体系的构成要素进行发展、创新的过程和实践，从纵向的角度看，思想政治教育管理体系的内容包括领导、计划、控制、预警和评估等；从横向的角度看，思想政治教育管理体系的内容包括主体、客体和环境等。从不同视角考察，思想政治教育管理体系的内容都会有不同类型的呈现。对这些内容进行创新就是结合管理实际和各要素模块的功能价值，对局部要素或者关系要素进行优化、提升和重构的过程。内容创新是思想政治教育管理体系创新的重要内容，对体系的整体效能产生重要作用。

载体创新和内容创新是思想政治教育管理体系创新的两个重要方面。这两个方面都会对思想政治教育管理、管理体系和功能价值产生聚合或者消解作用，因而单独使用或者组合运用这两种方法要具体问题具体分析，要根据思想政治教育管理体系的发展实际和客观实际而确定。载体创新和内容创新一方面要结合高校思想政治教育工作和管理工作的实际，另一方面要实现与社会发展进步的同频共振，只有在这样的基础上才能积极发挥功能，切实服务实践。

第三节 思想政治教育管理体系创新的基本原则

思想政治教育管理是实现和提高思想政治工作效益的重要手段。要实现这样的效果，在逻辑层面上至少有两个方面的规定：一方面是要有科学、合理、适当的思想政治教育管理方法作用于管理对象，并引起目标对象发生积极变化，达到预期目的和效果；另一方面，思想政治教育管理要实现体系化建构，这个体系在思想政治教育管理实践中切实发挥实际效能的同时，还具有创新性和发展性的特点，能够契合思想政治教育管理的发展。

从理论层面看，思想政治教育管理体系的创新遵循马克思主义的辩证法。思想政治教育管理体系的要素和要素之间、要素和整体之间存在着客观联系，同时和外部主体、要素之间存在直接或者间接的联系。因而思想政治教育管理体系创新要按照事物普遍联系的要求，把要素、主体和关系作为创新的核心要素。思想政治教育管理体系的变化要与思想政治教育发展同步，这既是理论的要求，也是实践的诉求，因而，在思想政治教育管理体系创新实践中，要按照事物永恒发展原理的要求审视思想政治教育和思想政治教育管理的价值实现。

从实践层面看，思想政治教育管理体系的创新又是一项实践活动，是创新主体运用科学方法将创新性的思维和思路运用到实践过程中，产生新事物的过程。思想政治教育管理体系创新作为一种有目的、有计划的社会实践活动，不仅有科学理论的指导，而且有既定的方法遵循，这个方法遵循或者行为准则就是创新原则。从创新的现实要求看，思想政治教育管理体系在创新的过程中要坚持科学性、发展性和实效性原则。

一、科学性原则

科学性原则是思想政治教育管理体系创新需要坚持的首要性原则。在思想政治教育管理体系创新实践过程中坚持科学性原则主要有三层含义和要求。一是要以客观事实为依据。思想政治教育管理体系创新要以思想政治教育管理的事实为根本依据，把解决和处理管理中的现实性、迫切性和重要性问题作为创新的动力和方向。同时，创新的目的要回归到解决现实问题、推动实践发展的层面上。二是要以科学的理论为指导。思想政治教育管理体系创新是思想政治教育的一个构成要素，因而其创新要以马克思主义和思想政治教育学科的基本原理为指导，同时要充分借鉴管理学和其他学科的理论，在学科层面上推动思想政治教育管理体系创新。三是要体现思想政治教育管理的基本规律。思想政治教育管理体系创新不是对思想政治教育管理的解构和否定，而是再次建构和发展，因而思想政治教育管理体系创新要体现思想政治教育管理的发展规律和实践规律。

二、发展性原则

思想政治教育管理的主体、对象、环境和条件都处于发展和变化过程中，在不同时期、不同阶段上都会表现出新的、不同的特点和表征。同时，受到各种要素的影响而带有明显的时代性和社会性特点。不断变化的思想政治教育管理实践要求与之相对应的思想政治教育管理体系，为满足这样的要求就要实现创新。在思想政治教育管理体系创新过程中坚持发展性原则主要有两个层面的要求：一是思想政治教育管理体系本体的发展性，就是经过创新以后所形成的思想政治教育管理新体系要体现出相异于本体的特点、功能和优势，也可以理解为，创新前后的思想政治教育管理体系存在本质的区别；二是思想政治教育管理体系服务于客体的发展，思想政治教育管理体系创新要把服务于管理对象和要素的发展作为基本方向和目的。整体来看，发展性原则不仅是思想政治教育管理体系创新的根本价值诉求，也是思想政治教育管理实践的现实要求。

三、实效性原则

实效性就是实际效果性，主要关注主体价值的实现和对客体需求的满足。实效性原则是思想政治教育管理体系创新的重要行为准则，也是在实践过程中应该坚持的重要方向。思想政治教育管理体系创新的有效性，最为重要的体现是促进管理过程的优化和提升、管理效果的突出和显现、管理方法的改进和创新。对于其自身而言，创新的有效性就是促进思想政治教育管理体系价值的实现。发挥创新的实效性就是要求创新具有针对性，通过理论和方法的研究、探索提高解决问题的精确性和精准性。在思想政治教育管理体系创新过程中坚持实效性原则，就是要把实效性作为问题导向和目标导向，在实践过程中把两者结合起来。需要特别指出的是，在思想政治教育管理体系创新过程中坚持实效性原则，就是要以价值实现为逻辑归宿，摒弃实用主义和功利主义。

第四节 思想政治教育管理体系创新的思维方法

思维和存在的关系问题是哲学基本问题，思维来源于客观存在，而又反映客观存在，这是思维和存在的辩证统一关系。思维方法是思维活动的范式和路径，在本质上属于思维的范畴。

思维的原型要建立在客观存在的基础上，而不能超越客观存在。在思想政治教育管理体系创新的过程中需要运用科学的思维方法，但要处理好思维方法和客观存在的关系，建立在思想政治教育管理体系创新基础上的思维创新可能会发挥积极的功能和作用，如果偏离或者脱离了这个实际，往往就会起到相反的效果。从大量实践看，思想政治教育管理体系创新的思维方法主要包括扩散思维法、收敛思维法和联想思维法三种。

一、扩散思维法

扩散思维法的一般理论模型是思维主体以某个事物或者事物的某个特征为逻辑起点，针对事物或者事物的某个特征所表现出来的方向进行思考，以发现问题的解决方法的实践过程。从逻辑进程看，扩散思维是一个由点及面的发散性和辐射性的思维过程，也是从多个角度和方位寻找问题解决对策的实践活动。在思想政治教育管理体系创新的实践中坚持扩散思维方法，就是以创新中的问题和矛盾为起点，多方面寻找矛盾和问题的解决方法的过程。思想政治教育管理体系创新的扩散思维方法的类型主要包括理论扩散法、实践扩散法、过程扩散法和载体扩散法等。这些方法针对某个问题或者问题的某个方面开展探究，并提出应对之策，这几种类型的思维方法是针对不同的主体进行的。除了按照这个要素所划分的思维方法以外，还有两种方法值得关注，一种是反向否定法，另一种是多主体发散法。反向否定法，就是以思想政治教育管理体系创新为原点，对存在的问题和矛盾做反向推论，并对提出的对策进行否定，然后进行再论证、再否定的思维方法，通过不断反向思维和否定的过程寻找解决问题的路径的过程。通过这个方法所得出的结论可能与问题的解决方法相反，但是在转换方向后就会产生正面的、积极的作用。多主体发散法，就是把不同领域、类型和专业的人员聚集在一起，针对一个问题进行讨论，寻找问题解决对策的方法。扩散思维法是思想政治教育管理体系创新的重要方法，对于问题的解决发挥了积极作用。

二、收敛思维法

收敛思维法是与扩散思维法相反的思维方法，不仅路径和过程不同，方式和方法也不同。收敛思维法是以某个事物或者事物的某个方面为中心，从尽可能多的角度寻找解决思路和对策的方法和过程，具有聚集性、连续性和闭合性的特点。通常来看，思想政治教育管理体系创新的收敛思维法主要包括锁定目标法、层次递进法和多次聚焦法。

锁定目标法，就是全面审视、研究、观察和分析思想政治教育管理体系创新中的矛盾，按照从次要矛盾到主要矛盾再到关键矛盾的思维方式。抓住问题的根本，以此为核心寻找解决路径和对策，最终实现矛盾和问题的系统性解决。

层次递进法的原理是透过现象看本质，在实践过程中首先分析思想政治教育管理体系创新的特征和表现，进而发现现象背后所隐藏的规律和本质的过程。思维路径是由外向内、由表及里。

多次聚焦法，就是把寻找解决思想政治教育管理体系创新对策的过程分为几个阶段，对各个阶段进行重新检视和观察，从而发现关键信息点和思维点，以此为基础寻找解决问题的途径和办法。这三种方法虽然形式和过程都不同，但在本质上统一于收敛思维的方法及其功能的实现。

三、联想思维法

思维指理性认识，即思想。或指理性认识的过程，即思考。是人脑对客观事物间接的和概括的反映。思维包括逻辑思维和形象思维。由此看来，思维不仅是主体和客体产生关系的过程，而且和不同要素之间存在直接或者间接的关系。以某一事物或者事物的某一方面为主体，对与其相关联的主体和要素进行思维的方法就是联想思维法。思想政治教育管理体系创新的联想思维法，就是以创新的某一个方面，或者某一个方面的某一个要素为起点，研究这个事物和其他事物、这个要素和其他要素之间的关系和联系的过程。比如，以效果创新为起点，通过研究与过程、方法、要素、主体之间的关系和联系，从而发现效果创新路径的方法等。思想政治教育管理创新的联想思维法具有持续性、具体性和归纳性的特点。在现实实践中，思想政治教育创新的联想思维法包括相似联想、相近联想、类比联想等。每种方法都有各自的特点、优势和功能，根据实际情况运用恰当的思维方法才能较好地实现预期目的。

第五节 思想政治教育管理体系创新的现实意义

思想政治教育管理体系创新通过对构成要素、构建模块、体制机制、价值机能等的分析和研究，对思想政治教育管理效能的优化和提升产生重要的影响。思想政治教育管理体系创新的指向是多元立体的，但就本体而言，其效能主要外化为思想政治教育效能的提升和学科发展两个层面。就思想政治教育管理本体来看，这两个层面虽然方向不同、价值也不尽相同，但在本质上都是服务于思想政治教育理论和实践发展的，这是思想政治教育管理体系创新的重要价值。

一、高校思想政治教育管理体系创新有助于思想政治教育效能的实现

思想政治教育在本质上是人主导的和关于人的社会实践活动。在这个实践过程中施教主体通过一定的方式方法，用特定思想和价值观影响受教主体，使受教主体的思想和行为发生施教主体所期望的变化，从另一个方面可以理解为将一个团体中的语言、价值、利益、观念及目的等转换成不同群体可接受的内容。效能的实现和价值的凸显是思想政治教育的目的，但实际上，效能的实现受到多种要素的影响，如施教主体的方法恰当与否、载体健全与否、环境的消解作用和构建作用等。因而，提升效果就要优化管理、健全体系，这是两者在价值层面上的共识。思想政治教育管理体系创新对管理体系的构建、系统的运行产生推动和促进作用，在优化体系结构和要素的同时也提升了整体的功效和效能。思想政治教育管理体系创新对思想政治教育效能的提升发挥了促进作用。

二、高校思想政治教育管理体系创新有助于思想政治教育学科的发展

思想政治教育学科体系是由基础学科、衍生学科和分支学科构成的学科综合体。在几十年的发展过程中，思想政治教育建立了相对完善的学科群。但是，时代在进步、社会在发展，思想政治教育面临的形势和任务也在不断发生变化，这就对思想政治教育的效果和价值提出了新要求，同时对思想政治教育学科发展也提出了新的要求，需要通过新兴学科来解决现实问题。

思想政治教育管理体系创新的内容既包括理论创新，也包括实践创新。这两个方面的创新成果为建立新的分支学科奠定了重要的基础，同时在进一步与其他学科和理论对位嫁接和协同创新的过程中，完善了学科建设的基本要素。如此看来，思想政治教育管理体系创新推动了思想政治教育学科的发展，思想政治教育学科的发展也需要思想政治教育管理体系的创新，一方面是价值对需求的满足，另一方面是需求对价值的诉求，两者构成了互诉关系。

从辩证法的角度看，思想政治教育管理体系创新是一个由量变到渐次质变的过程。在这个过程中，思想政治教育管理体系内部各要素和客体需求、外部环境等之间的关系发生了由不适应到适应、再由适应到不适应的往复循环变化，内部各要素之间的关系也发生了由矛盾到统一再到矛盾的变化。这两种关系的变化既是思想政治教育管理体系自身完善、优化和调整的过程，也是内部各要素逐渐完善、优化和调整的过程。通过管理体系创新功能发挥，有效解决了思想政治教育管理过程中存在的问题和矛盾，优化了管理的主体功能和价值，进而推动了思想政治教育科学的发展。这是思想政治教育管理体系功能价值镜像式发挥的路径。

第六节　思想政治教育管理体系的发展

思想政治教育管理体系在本质上是客观存在，要伴随条件和要素的发展而发展。在实践中，思想政治教育管理体系的发展受到本体诉求、客体要求和介体力求三个层面要素的驱动，因而是自为和他为的统一体。当内部要素和外部条件发生变化时，思想政治教育管理体系也将随之变化，因而思想政治教育管理体系的发展不仅是能动的过程，而且是受动的过程。

思想政治教育管理体系发展是指思想政治教育管理体系由不完善到完善、由不科学到科学的变化过程，在实质上是新体系代替旧体系的过程。思想政治教育管理体系发展在理论和方法层面上都遵循发展的共性要求和规定。在辩证唯物主义论域中考察思想政治教育管理体系发展，主要包括三个方面的理论抽象。

一是思想政治教育管理体系发展蕴含马克思主义的联系观。马克思主义认为，联系是指一切事物、现象之间及其内部诸要素之间相互影响、相互作用、相互制约。思想政治教育管理体系之间也是如此，组成思想政治教育管理体系的主体、机构和要素之间存在着必然联系，同时思想政治教育管理体系与社会、家庭、学校等外部环境之间也存在直接或者间接的联系。思想政治教育管理体系在与内部和外部要素互动的过程中形成了关系的综合体。这些要素和关系之间互动、影响和制约，推动了思想政治教育管理体系发展。

二是思想政治教育管理体系发展蕴含着马克思主义的发展观。马克思主义认为，世界不仅是联系的，而且是发展的。我们所接触到的整个自然界构成一个体系，即各种物体相联系的总体。这些物体处于某种联系之中，这就包含了这样的概念：它们是相互作用着的，而这种相互作用就是运动。可见，事物的发展是建立在运动和变化的基础上的。思想政治教育管理体系受到各种因素的影响，时刻处于主动或者被动的变换、调整和运动过程中，其在运动和变化的过程中逐渐变化自身的状态，通过逐渐量变实现质变，这就构成了思想政治教育管理体系发展的基本过程。

三是思想政治教育管理体系发展蕴含着马克思主义的矛盾论。马克思主义认为，矛盾是事物内部或者事物之间的对立统一关系，是推动事物发展的根本动力，是普遍现象。任何事物内部都有这种矛盾性，因此引起了事物的运动和发展。事物内部的这种矛盾性是事物发展的根本原因，一个事物和其他事物的互相联系和互相影响则是事物发展的第二位的原因。这样，唯物辩证法认为外因是变化的条件，内因是变化的根据，外因通过内因起作用。事物的矛盾引起了发展和变化，并且推动事物不断完善和发展。对于思想政治教育管理体系而言，构成体系的各个部分和要素在运行过程中，当条件发生变化时，各个要素的运行不一定按照预设的状态和路径运行，会对其他要素产生影响和制约作用，这就为矛盾的形成提供了原初动因。当矛盾达到一定的临界点，就会以一定的方式表现出来，从而引起事物的变化，最终以新的方式调和矛盾，在新的条件下实现统一。在这个过程中，思想政治教育管理体系就实现了发展。

思想政治教育管理体系发展受到环境要素的影响。在现实中，内、外部环境都会对思想政治教育管理体系的创新产生促进或者限制作用。同时，环境的构成和质量也会对思想政治教育管理体系发展的方向、模式和质量等产生直接或者间接的影响。在新时代背景下，国际和国内环境较之过去都发生了新的变化，对于思想政治教育管理体系发展而言既是机遇也是挑战。因而，思想政治教育管理体系的发展不仅遵从特定的理论约定，而且体现时代和社会发展的新要素，在回应新诉求、解决新问题、完成新使命的过程中提升自身的价值性和功能性。

思想政治教育管理体系发展的范式是关于型构和模式的外化表达，其走向是指思想政治教育发展变化的趋势和方向，在内涵和外延层面上要体现时代性、开放性和价值性。思想政治教育管理体系的范式走向既是一个自变量，也是一个因变量，不仅受内部要素调整的制约，而且受外部环境变化的影响。在我国所处的新历史方位和新发展阶段上，思想政治教育管理体系要实现与社会、文化、科技等要素的结合，实现融合化、互动化、立体化和开放式发展。按照思想政治教育管理体系发展的理论逻辑和实践镜像，其未来发展的范式主要体现在信息化、现代化、内涵化和常态化四个向度上。

一、信息化方向

伴随着计算机和互联网技术的快速发展，信息技术已经渗透到社会发展的方方面面，不仅对社会的生产方式产生了重要影响，而且对于人们的思维方式也产生了重要影响。总体看来，社会信息化的进程不断加快。思想政治教育管理体系的发展要实现与互联网、物联网、大数据、区块链和通信技术的充分融合，实现本体的信息化转型。

互联网与传统各个行业有效融合发展，创造出一种新的发展生态，与物理空间相对的互联网空间，对现实产生了深远的影响。思想政治教育管理体系发展的信息化方向，就是思想政治教育管理体系在方法、途径和模式等方面充分运用现代信息技术，在体系架构、运行过程和实践操作等层面融合理念、运用载体，完成信息化型构的转变。思想政治教育管理体系发展的信息化发展方向是由管理的主体要素和发展变化的社会要素共同影响的。思想政治教育管理体系发展的信息化方向主要包含两个层面的内涵，一个是本体建构的信息化，另一个是实践过程的信息化。建立在这两个层面之上的思想政治教育管理体系发展的信息化才是理论和实践相统一的现代化，也只有如此，才能适应未来思想政治教育管理实践的需要。

二、现代化方向

"现代"（Modern）一词在本质上包含两层含义：一层指的是时空内涵，主要是指时间和空间定格在当前，与过去形成对比或者对立；另一层指的是事物的质的形态或者样态，主要是指当下的事物和传统相比，在长期量变的基础上已经发展成了另外一种事物。现代化是指人类对自己的自然环境和社会环境的合理性的控制的扩大。

理论视角下的现代化主要包括三个层面：一是指国家、民族和社会发展的历史过程，是指通过内外因素共同影响，使得主体的位移发生变化，这种变化通常是指积极的、正面的变化；二是工业社会特点的别称，是指发达国家或者发展中国家通过工业化的进程推动社会从农耕文明时代发展到工业文明时代，是经济基础和上层建筑的变化；三是指一种世界观和价值观，主要是指人在社会发展过程中所形成的关于世界、生命、生产、生活、价值等的思想和观点。

思想政治教育管理体系发展的现代化主要解决三个层面的问题。首先是本体由"工具理性"向"价值理性"的转变，也就是思想政治教育管理体系不仅仅关注工具、主体和客体之间的关系，而且更加关注其本体价值和社会价值。其次是目标由"实用主义"向"人本主义"的转变，思想政治教育管理体系关注实用主义是由其本体价值所规定的，但过于追求实用主义就会导致其畸形发展，因而在本质上要实现向"人本主义"的转变，更加关注"人"的要素，强化对人的主体、价值和权利的尊重。最后是导向由"线性封闭"向"离散开放"转变，现代社会是开放的社会，人与人之间、人与环境之间、环境和环境之间交流、互动的空间更加广泛，频率日渐增加，因而线性的、单向度的、封闭式的思想政治教育管理体系已经不适合现实的需要，要走出"本体"，融入"他体"，实现离散式、开放式和多维式的发展。思想政治教育管理体系的现代化发展方向是实践变化的根本诉求。

三、内涵化方向

在逻辑学层面上内涵和外延是相互区别的一对基本范畴，两者在理论和方法上具有不同的规定性。从一般意义上看，外延是指事物的范围、规模、数量、结构等，侧重于空间层面的规定性；内涵是指事物的本质属性，是质的规定性。外延的变化往往比较明显，在较短的时间内就会发生明显的变化；内涵的变化过程往往比较漫长，从内部的某个要素的质变开始，逐渐引起整体的或者系统的质变，最终成为另外一种事物。从源头看，事物的矛盾往往是内涵变化的基本要素和根本动力。外延和内涵的变化过程存在区别，结果也不尽相同。

内涵化发展，就是追求以新质为主要内容的发展方式和途径，在根本上区别于旧的发展方式和路径，在功能、结构和价值层面上表现为不同的路径、范式和作用区间。对内涵化发展的考察应该坚持对立统一的研究视角，内涵化发展不是单一的变化过程，而是内涵和外延、量变和质变的统一作用的变化过程。也就是说，内涵发展的基础和前提是外延变化，内涵化发展是外延变化过程的最终结果，两者辩证统一。

思想政治教育的内涵化发展是指思想政治教育在特定的时空境遇下，其本质、结构、特性等的发展。

思想政治教育内涵发展的核心是教育质量的提高。由此我们可以推断，思想政治教育管理体系的内涵化发展，就是思想政治教育管理体系在一定的时空和要素条件下，其本质和性质等的变化和发展。通过定义可以看出，思想政治教育管理体系的发展以追求新的模式、方法和途径等为主要诉求，以推动思想政治教育管理体系发展为根本目的。思想政治教育管理体系的内涵化发展主要包括三个层面的规定性。

一是效能提升。经过量变和质变最终成型的思想政治教育管理体系在作用域层面上具有更广泛的适应性，在解决具体问题层面上具有更强的针对性，在价值突显层面上具有更好的效能性。

二是特质鲜明。思想政治教育管理体系在实现内涵式发展以后，体系本身或者主要构成要素的标志性特征更加明显，在特定结构或者层面上具备有别于旧体系的鲜明特征。

三是构建科学。思想政治教育管理体系内涵化发展的结果在结构层面上体现为有别于旧体系的构建路径、范式和行为进程。这三个方面的规定性是思想政治教育管理体系内涵化发展的主要表征，也是思想政治教育管理体系内涵化发展的根本要素和诉求。反面观之，思想政治教育管理体系只有在这三个方面实现发展以后，才能推动其自身的发展，进而才能更好地服务于思想政治教育管理实践活动和效能的发挥。

四、常态化方向

常态化是与经常化、日常化相近的概念，一般与非常态化相互区别、彼此联系。从过程的角度看，常态化是由非常态化向常态化发展变化的过程。从本质上看，常态化是一种状态，是一种相对于不稳定的稳定状态。在理论上，常态化有两个本质规定，一方面是时间的规定性，另一方面是频率的规定性。在时间方面主要是指一段连续的、不间断的时间位移，在频率方面主要是指相区别于偶然性的一贯性和持久性。常态化还具备运动性和静止性相统一的规定性。运动性是指常态化是一个发展的、变化的过程，静止性是指在特定的时空条件下而表现出来的固定性和稳定性。总之，常态化包含多重逻辑和范畴，从不同视角观察具备不同的内涵。不同的行动有不同的效益，而行动者的行动原则可以表述为最大限度地获取效益。由此我们可以看出，在价值层面上，常态化发展是为了解决事物发展的驱动因素和制动要素问题。

　　思想政治教育管理体系的常态化发展就是指思想政治教育管理体系发展要形成一种稳定的、连续的、立体的和系统的状态。这种状态不仅要体现时间和空间层面的规定性，而且要体现运动和静止层面的规定性，从根本上解决发展动力缺乏、制导不足和方法不利的问题。思想政治教育管理体系的常态化发展主要是为了应对不确定性、非经常性和不连续性的问题。

　　思想政治教育管理体系的常态化发展是事物常态化发展的一个分支和组成部分。从现实层面看，思想政治教育管理体系常态化发展主要包含理念发展、方法发展和目标发展三个层面的规定性，这三个层面的规定性引导了思想政治教育管理体系常态化发展的基本方向，规定了思想政治教育管理体系常态化发展的基本内容。

　　一是理念发展的常态化。理念是行为的先导，对行为的发展产生重要的指引作用。实现思想政治教育管理体系常态化发展首先要考察体系各要素和外部主体的联系。改造自己的主观世界也就是改造自己的认识能力，改造主观世界同客观世界之间的联系，通过改造主观世界提高对客观世界认识的客观性和科学性，全面把握客观事物之间的普遍联系，同时发挥主观能动性，实现主观世界和客观世界的统一。具体而言，实现思想政治教育管理体系理念发展的常态化，一方面要考察理念发展的主体要素。从理论上看，思想政治教育管理体系常态化发展理念的主体要素包括建构理念、方法理念、目标理念和机制理念等。另一方面要求思想政治教育管理体系常态化的理念发展保持相对稳定性、连续性和系统性。只有实现这两个方面的统一，思想政治教育管理体系理念发展才具有实际价值和意义。

　　二是方法发展的常态化。方法就是手段或者行为方式，在本质上是指人们认识世界和改造世界的途径和方式。思想政治教育管理体系论域的方法包括建构方法、发展方法和思维方法等。这些方法从根本上优化和完善思想政治教育管理体系，服务于思想政治教育管理体系的功能发挥和价值发挥。

思想政治教育管理体系方法发展的常态化，就是把思想政治教育管理体系的建构方法、发展方法和思维方法转变为一种经常性的实践活动，并保持实践的一贯性和连续性，切实追求效果的体现和作用的发挥。

三是目标发展的常态化。目标是对预期效果的设想，在本质上是一种主观意识活动。在现实中，目标是主观和客观的统一体。在思想政治教育管理体系话语背景中，目标，即思想政治教育管理性和满足程度。思想政治教育管理体系目标发展的常态化，一方面是要求思想政治教育管理体系的发展与新形势、新任务和新要求相适应，切实服务于目标和使命的实现，在根本上解决其价值性和功能性的问题。另一方面是本体的目标要体现发展性的要求，这是由本体的功能定位和价值设定所决定的。这种发展性既来源于对外界诉求的"感知"，又来源于本体的行为"自觉"。人的发展不仅是目的性、主体性、价值性和规律性的统一，而且体现全面性的要求，因而思想政治教育管理体系目标的常态化发展要体现全面性、发展性和系统性的逻辑。思想政治教育管理体系目标发展的常态化不仅要求内容发展的常态化，而且要求实践过程发展的常态化，是两者在实践基础上的辩证统一。思想政治教育管理体系目标的常态化发展的根本诉求有机统一于其本体价值外化的过程和实践中。

理念、方法和目标的常态化发展是思想政治教育管理体系常态化发展的三个重要诉求和内容，不仅辩证地统一于思想政治教育管理体系的本质之中，而且外化于思想政治教育管理体系发展和功能发挥的实践之中。这三个要素通过发展和变化而实现自身优化，为思想政治教育管理体系本体的优化和发展提供动力，同时也为思想政治教育管理实践的发展和能值的塑造发挥积极而重要的作用。

思想政治教育管理体系的发展是本体和客体相互作用、相互影响、相互制约的过程，因而，在实践中表现出较大的随机性和不确定性。现代化、信息化、内涵化和常态化是思想政治教育未来发展的重要方向，但不是绝对方向和唯一方向。未来的思想政治教育管理体系发展要根据社会的发展、内外环境的变化、主体要素的调整和任务目标的制约而体现出相应的时代性、社会性、规律性和价值性的特点。因而，思想政治教育管理体系的发展不是主观意识臆想的产物，而是要来源于和契合于客观实际和现实实践。

　　思想政治教育管理体系发展方向或者趋向的多元性和具体性，受制于客观现实而又服务于客观现实，因而研究思想政治教育管理体系发展需要树立立体思维、全面思维和系统思维，运用辩证唯物主义和历史唯物主义的世界观、方法论开展实践活动，深入研究思想政治教育管理和思想政治教育管理体系建构的基本原理和基本规律，从对象出发、从实践出发，充分考量对象、主体和要素的实际情况，考察思想政治教育管理体系构建、创新和发展的范式、方法和路径，思想政治教育管理体系从根本上服务于价值的实现和思想政治教育管理效能的发挥。

　　思想政治教育管理体系的范式不会一成不变，也不会有固定的模式遵循，实践的要求和现实的诉求是思想政治教育管理体系构建的逻辑起点和现实遵循。在高校话语背景下，构建的包含领导、计划、控制、预警和评估要素的思想政治教育管理体系，来源于大学生思想政治教育和思想政治教育管理的客观现实，在特定的时空条件下具有特定的功能性和价值性，而这并不代表该体系可应用于所有场景和对象。思想政治教育具有领域性、层次性、目标性和对象性的特点，因而思想政治教育管理体系也具有相应的区别性、适用性和有限性的表征。同时，思想政治教育管理体系的本体和客体是一个发展和变化的客观存在，只有在实践的基础上才能考量其形体样式和体系建构。思想政治教育管理体系构建的理论、方法、目标和价值根植于实践而又服务于实践，必将根据实践的发展而不断完善和发展，镜像实践而又复归于实践。

第六章 新时代高校思想政治理论课教学方法创新

2019 年 3 月 18 日，习近平总书记在学校思想政治理论课教师座谈会上指出，"推动思想政治理论课改革创新，要不断增强思政课的思想性、理论性和亲和力、针对性"，要坚持政治性和学理性相统一、坚持价值性和知识性相统一、坚持建设性和批判性相统一、坚持理论性和实践性相统一、坚持统一性和多样性相统一、坚持主导性和主体性相统一、坚持灌输性和启发性相统一、坚持显性教育和隐性教育相统一。"八个统一"为思想政治理论课创新教学方法指明了方向，将具有主体性、学理性、实践性和启发性等特点的教学方法运用到高校思想政治理论课教学中，是创新高校思想政治理论课教育教学方法的有益探索。

第一节 情境式教学：实现主导性和主体性的统一

情境式教学在思想政治理论课中的运用具有积极性，它在激发学生学习的主体性、满足学生自我实现的需求、培养学生的创新能力等方面发挥着重要的作用。

一、情境式教学方法的内涵与特征

习近平总书记在全国高校思想政治工作会议上指出："高校思想政治工作关系高校培养什么样的人、如何培养人以及为谁培养人这个根本问题。"我国高校人才培养的总目标是"培养德、智、体、美、劳全面发展的社会主义建设者和接班人"。也就是说，高校要对大学生进行政治素质、人文素质的培养，这自然离不开思想政治理论课程的主渠道作用，发挥思想政治理论课程主渠道的显性作用，提升教育水平、增强教育效果显得更为重要。

（一）情境式教学方法的内涵

情境式教学是我国近年来在高校思想政治理论课上较多采用的一种教学模式，它适应时代发展潮流，符合大学生身心发展要求，是学生积极主动学习的过程，强调以学生为主体，强调学生在学习的过程中实现对所学理论的认同，并将其转化为价值认同。

情境式教学作为一种新的教学理念的教学设计，是为了达到特定的教学目标，而对学习什么、怎么教学，达到一种教学效果的教学策划与构建。所谓情境式教学，指的是在教学过程中为了达到既定的教学目的，从教学需要出发，制造或创设与教学内容相适应的场景或氛围，引起学生的情感体验，帮助学生迅速而正确地理解教学内容，促进他们的心理机能全面和谐发展。它是一种特定的师生交往方法，主要是以师生之间或学生之间的互动参与行为作为其基本教学活动方式。

情境式教学方法是在强调学生主体性和个体差异性的原则上倡导学生参与教学过程，鼓励学生积极主动地为教学设计出谋划策，实现教学设计多样化与互动化，进而提升教学效果，力求达到提高学生综合素质，促进学生健康和长远发展的一种教学设计。情境式教学通过问题情境或现实情境的创设，帮助学生在探究实践或解决问题的过程中自主地理解知识、建构意义，运用具体生动的场景，以激起学生学习兴趣、提高学习效率的一种教学方法。

也就是说，情境式教学使学生更加注重学习的步骤、学习的方法和过程，注重学生获得知识的途径和能力的培养。这种教学方法不是不注重结果，只是更加强调在过程中获得结果。教师在教学过程中对于学生起到引领、帮助、促进的作用。情境式教学的根本特征是主体性，它的运用既符合现代教学理念的创新，同时也符合思想政治理论课教学的本质认识，更符合学生思想的认识发展规律。

必须指出的是，思想政治理论课情境式教学对于转变思想政治理论课教师教学观念和学生学习观念，对于激发学生学习兴趣，获得具有吸引力的思想政治理论课教学效果，提高大学生的综合素质、提升高校教师的教学水平，以及增进高校师生之间的情感交流具有十分重要的现实意义。因此，思想政治理论课要想成为深受学生喜爱的课程，实现教学目标，情境式教学无疑是一种创新的教学方法。

（二）情境式教学方法的特征

情境式教学相较于传统教学方法有着明显的特征，其表现为：

第一，教学主体由单一的教师主导转移到师生互为主客体。在情境式教学背景下，由原来传统教学过程中以教师为主体转向了师生相互平等，共同参与教学的主客体。学生可以敞开心扉、沟通交流，实现理论知识内化于心。教师依据教学目标和教学内容，对整个教学过程进行组织设计，教师需要思考在教学过程中如何更好地引导和启发学生进行学习，激发学生的学习兴趣和热情，不断促进学生朝着教学目标的方向发展。

第二，教师由单纯的知识传授转变为组织引导。在情境式教学中，教师不仅仅是知识的传授者，更是教学的组织者和调控者。由于思想政治理论课具有严肃的政治性和意识形态性等特殊性，因此，决定了教师依然是教学的主导者，教师的教学责任依然十分重大。教师在情境式教学中，要根据教学目标和学生在互动中反馈的信息，自觉地、适当地调整教学内容和教学环节，引导学生按照预先设计的教学过程参与学习，避免课堂教学管理失控。

第三，学生学习由被动灌输转变为主动参与。情境式教学方法最主要的特征即鼓励学生积极主动地融入教学活动，参与到教学过程中来，成为教学的主体，从而体会自主学习的乐趣。在情境式教学中，学生通过沟通交流、分享体会学习经验，会激发浓厚的学习兴趣，获得满满的成就感。同时，通过情境式教学的互动，不仅能使学生善于发现问题、解决问题，还能使学生的实践能力得到锻炼和提高，培养了他们合作学习的团队精神。

二、情境式教学方法应用于思政课教学实践的逻辑前提

（一）顺应高校思想政治理论课教学改革的趋势

在全球化的大背景下，在社会转型中出现的一些消极现象和西方各种社会思潮的冲击下，高校青年学生思想中出现一股历史虚无主义、个人主义、利己主义暗流。长期以来，我国高校思想政治理论教育形成了较为固定的授课方式，即"以教师为中心、以课堂为中心、以教材为中心"的"一言堂"的传统教学方法，但随着时代的发展变化，传统教学方法的弊端日益凸显。在新形势下，为提高教学质量和教学实效性，就要对教学方法不断改革，不断创新和发展。思想政治理论课对培养当代大学生成长成才承担着重要的责任，因此思想政治理论课的教学改革势在必行，情境式教学方法给高校思想政治理论课的教学方法改革带来了全新的思维视角。高校思想政治理论课历来受到国家的高度重视，高校投入了大量的时间和精力，通过各种手段进行教学改革，试图提升教学质量，增加学生的获得感，但传统教学以"教师为中心"的教学方式，已经不能满足学生的多元化需求，"填鸭式"的灌输教学方法单一，缺少师生互动，课堂缺乏吸引力，学生在思想政治理论课堂上参与度不够，热情不高，很难与教师产生共鸣。另外，思想政治理论课大多数采用大班授课，课堂教学缺乏针对性，教师对学生的思想状况一以概之，忽略学生的差异性，同样的教学内容用于不同专业的学生，缺少实效性，很难提升教学质量和学生的获得感。因此，采用情境式教学可以突破传统教学方法，为思想政治理论课教学方法改革提供新的视角，提供一种可选择方案。

（二）培养高素质学生的必然要求

在新形势下，国家和社会对人才的综合素质的要求不断提升，尤其要求大学生应具有良好的思想政治素养。当代大学生是在改革开放事业走向深入，在国家经济社会快速发展，同时各种矛盾冲突凸显，价值观念不断碰撞，网络信息突飞猛进的时代成长起来的新一代大学生，他们是有思想、有个性，但又存在着信仰迷失、思想迷惑的一代人。面对这样的群体，如果还是简单运用传统教学方法是远远不够的。同时，在社会发展过程中，大学生会接触到各种新的思想和观念，当学生接触越来越多的不同观念时，面对良莠不齐的社会现象和观念，学生如果没有良好的素质很难明辨是非。思想政治理论课具有鲜明的阶级性、意识形态性和价值取向性，它通过理论的学习，对学生的思想和心理施加影响，引发学生认知的变化和思想境界的提升，形成正确的思维方式、价值取向和独立的人格，使学生具有符合国家意志的思想政治素养。思想政治理论课不止是知识的简单记忆和重构，而是在知识学习的基础上，构建学生精神世界，这个过程不会自然形成，也不会在外力作用下被迫形成，而是内心世界对外界信息刺激的接受和认同。因此，在教学过程中教师采用情境式教学设计，组织一些教学活动，有目的地引导，需要教师在教学的各个环节中坚持理论联系实际，使学生以主体的身份参与教学过程，激发学生学习的积极性和创造性，调动学生学习和思考的兴趣，用学习的理论和原理发现问题、分析问题和解决问题。这些问题能够让学生在思想交流、交融甚至碰撞中明辨是非，形成独立的思想、批判的思维和独立的人格，从而提高学生素质，这是培养高素质人才的必然选择和要求。

高校思想政治理论课是对大学生进行马克思主义理论和思想政治教育的主渠道和主阵地，在高校思想政治理论课教学中，实效性是其生命线，而作为传播、宣传马克思主义理论意识形态和理论成果的思想政治理论课教材体系，有严谨的甚至是枯燥的"文件语言"表达方式或"模式化"和"权威性"的话语体系，所以在传统的教学体系中，我们一直比较盲目乐观地夸大理论理性的力量，并相信只要凭理论的科学性、真理性，就能解决学生面对的精神动力不足的问题，但事实上，仅凭空洞的说教，哪怕是很高明的、权威的说教，都不能够使学生对思想政治理论课产生学习兴趣。

同时，当前我国高校思想政治理论课教学普遍存在合班讲大课的授课方式，课堂教学效果大打折扣，由此可见，高校思想政治教育的实际情况并不能满足新形势下国家和社会的迫切需求，对学生长远发展也有较大影响。特别是随着全球化的不断发展，越来越多的思想意识形态和价值观念不断涌入，影响着大学生的思想意识，各种鱼目混珠的社会信息通过日益强大的媒体不断传播，不断冲击着社会大众的心理，在一定程度上也对大学生的思想和价值观念造成影响，思想政治理论课的实效性面临着严峻的挑战。因此，教师通过在教学中采用情境式教学方法，能够增强思想政治理论课程的知识性、新颖性和趣味性，给枯燥、刻板的理论教学带来灵气，真正使得教育者与受教育者融为一体，使马克思主义理论真正走进学生头脑和内心，使思想政治理论课成为学生真心喜爱、受益终身的课程。教师用"晓之以理"的方式把正确的认知传授给学生，学生心灵才能受到感触，学生才会接受认知，才会坚定意志信念，追求正义和真理，把内在的品德化为自觉的行动。学生主动参与、亲身参与，通过讨论、交流、审视、比较、辨别和理性选择，从而形成正确认知和观念，实现教学效果。

（三）提高思想政治理论课教师素质和教学质量的必然选择

教学质量是教学的生命，提高教学质量的关键是教师的能力和素质。在高校思想政治理论课开展情境式教学改革，对教师的知识素养、管理能力、信息化水平等提出了更高的要求。通过思想政治理论课课程情境式教学设计的运用和实践，可以让教师拓展知识和能力的发展空间，提升教师的业务素质，充分调动教师的教学积极性。同时，教师在情境式教学工作中不断总结和推广成功经验，并对教学工作中存在的不足及时纠正和改进，从而促使教师不断探索和尝试新的教学方法，积极推动思想政治理论课课程教学方法的改革，营造一种积极的、注重教学、热爱教学、追求卓越的氛围，促进思想政治理论课教学质量和水平的不断提高。

情境式教学方法作为一种新生事物，强调大学生积极主动地学习，目的在于提高学生的学习兴趣，这就要求教师要重新定位角色，由知识的传授者变为学习的引导者、促进者。加强人文关怀，体现思想政治理论课立德树人的本质要求，这也使得高校思想政治理论课教师面对巨大的挑战，教师要顺势而为，积极提升自身综合素质，满足教学对象的需求，"打铁还需自身硬"，高校思想政治理论课教师要有时代使命感，注重自身教学能力的提高，从而确保教学的高质量、高效率。

三、情境式教学方法在思政课教学实践中的正向效果

（一）增强了教师主导性

在教学过程中，教师的作用是非常重要的。思想政治理论课的教学效果如何，教师起到关键的作用。情境式教学模式的特点是教师应注重拓宽学生的视野，激发学生的学习兴趣，最大限度地提高学生的学习能力。因此，教师应改变传统教学理念，改变"教师讲学生听"的灌输式教学方式。在课堂教学中，教师平等对待学生，以学生为本，以教学内容为核心，引导学生思考并积极参与教学，师生共同交流讨论。同时，教师要引导学生关注时事和社会问题，并通过对时事政治以及社会问题的了解与思考，做到具体问题具体分析，将理论与实际相结合，树立学生历史思维和国际思维，分析、感悟问题的真正意义，从而培养学生的辩证、客观、理性的分析和解决问题能力。与此同时，思想政治理论课教师在开展教学时，要学会用人文教育与人文关怀教学理念来创设思想政治课教学情境，营造良好的教学氛围，更好地吸引和集中学生的注意力，让学生们感受到教师的真挚情感，引导学生树立积极、正确的思想道德观念和政治观念，增强大学生的集体荣誉感和爱国主义情怀。

（二）激活了学生自主性

教学过程中，学生是学习的主体，是教学的对象。情境式教学模式改变了旧的传统教学方式，创新了教学方法。这一教学方法要求学生必须具有

一定的自主学习能力，课上、课后积极配合教师工作，积极查询资料、组成讨论小组，完成各项任务。

情境式教学方法的运用对提高学生学习思想政治理论课具有针对性和亲和力。如果实施方式得当，教师与学生都会体会到共同学习、共同进步的乐趣。为激活学生的学习自主性，应创新考核评价方法。对大学生思想政治理论参与意识的考核，思想政治理论课教师应做到学生自我评价与任课教师评价相结合，学生个体评价与学生之间互评相结合，课堂表现与平时操行相结合，从而调动学生积极性和主动性。思想政治理论课的教学内容比较抽象、理论性较强，如何在教学中提高学生学习思想政治理论课的积极性、主动性，激发他们的学习兴趣和自主性是非常关键的因素。

四、情境式教学方法在思政课教学实践中的创新路径

传统的思想政治理论课教学方法缺乏实效性的一个重要原因在于教师向学生实施单一向度的教育，缺乏一种平等的双向交流与沟通。情境式教学方法能够实现师生间的交流与沟通对话，只有师生能向对方敞开心扉、彼此接纳、无拘无束地互动交流，才能切实解决学生的实际思想问题。

（一）情境式教学方法创建的"三个原则"

1. 开放性原则

当前大学生在思想政治理论课学习中最突出的困惑是"为什么学"。以学生为本，就是要以情境式教学为切入点，从学生的思想实际和需要出发，"在行中学"与"在学中行"相结合的素质教育与科学育人模式的教学活动，使学生在学习过程中感受理论学习的魅力，认识到马克思主义理论学习对其社会适应能力的影响，对个人成才的重要性，从而提高其学习积极性。

2. 交互性原则

有效的学习是教师和学生、学生和学生之间的交流过程，也是教师、学生、教学资源三者之间交互促进的过程。教师、学生、教学资源三者的相互促进能够促使学生不仅收获了理论知识，而且在能力上也得到了极大的提升。情境式教学方法的运用必须为学生提供相互交流的、协作的学习环境，如鼓励学生通过小组讨论、知识共享、经验交流、协作对话等完成互动，同时教师应充分研究和利用教学资源提供讨论主题，提供互动途径，引导学生积极参与讨论，教师及时提供反馈信息完成互动。

3. 主体性原则

思想政治理论课课程教学资源不仅仅是信息的堆积、展示，也不仅仅满足学生的被动学习，而是希望学生能够主动学习，从而达到思想政治理论课教学内容入脑入心。通过设计各种教学情境来满足学生的学习需求，做学习的主人。要达到这一点，就必须创设各种丰富多样的学习情境，进而营造浓厚的学习氛围，引导学生沉浸其中，达到较好的教学效果。

（二）情境式教学方法创建的"三个情境"

1. 创设虚拟情境

所谓创设虚拟情境就是在教学过程中模拟某种具体的或典型的场景，让学生对这模拟情境中展示出来的问题情境进行思考、评析，从而通过创设问题情境，把知识与学生的日常经验互联，引发学生在新旧思想观念上的碰撞，并激发学生的好奇心和求知欲。当前中国处在社会转型期、改革攻坚期、矛盾凸显期，学生对社会转型期社会现象和矛盾的思考会形成很多问题和困惑。正确认识和理解这些问题，直接关系到学生对思想政治理论课的认同度和思想政治理论课的实效性。因此，思想政治理论课要通过创设问题情境，让学生有问题意识，并参与其中展开教学。例如，教师可以通过设问、提问、讨论等方式。设问就是教师设计问题情境，让学生带着问题随着理论的展开寻找答案，学生由迷惑到明白的过程，就是学习和掌握马克思主义理论的过程。提问就是针对讲授的理论向学生提出相应的问题，再引导学生正确地认识矛盾和问题，有针对性地解决学生的思想困惑和错误认识。讨论就是针对热点问题，通过专题讨论，让学生在争辩中加强正确认识，纠正含糊认识，改正错误认识。学生在情境式教学中，通过查找资料学习了理论知识，通过争辩形成了辩证的思维方式，通过思考形成了正确的世界观和方法论。创设虚拟问题情境还营造了学生参与民主教学的氛围，提升了教学效果。

2. 再现真实情境

所谓再现真实情境就是把已经发生的事实经过组织重新呈现出来的教学过程。这种呈现不是简单意义上的举例说明或者完整复述事情的经过，而是要求教师必须将各种细节以恰当的方式，比如语气的变化、动作的配合，还要加强多媒体手段的渲染，引起学生的重视，让他们有身临其境的感觉，从而让学生对事实的始末有较为详细的了解，并能做出合理的判断和对事情的剖析，达到更高的理论上的要求。之所以强调再现情境，不仅仅因为它有助于学生了解事实，而且因为精彩的呈现能够吸引学生的注意力，这在日常课堂教学中十分重要。因为在教学中教师常会举一些古今中外的事例来论证某个观点，如果教师能够对这些事例和故事进行精细加工，并以各种手段进行讲述，必然会取得好效果，甚至会吸引上课不注意听讲的同学重新关注课堂教学内容。

3. 构建现场情境

所谓构建现场情境就是课堂中以组织活动的形式或以突发的情况作为事例来进行教学的一种设计。现场情境的设计考验着教师的组织能力和应变能力，如果这个手段和设计能够运用得当，它既能活跃课堂气氛，拓展教学内容，又能训练学生的思维能力，提高学生分析和解决问题的能力。教师在课堂中对于创设现场情境可以采用以下几种形式设计。

（1）课堂辩论

课堂辩论就是教师根据课程教学内容，联系现实生活中的实际问题列出辩论题目，让学生在班内以小组为单位选择辩论主题，通过小组成员课后查阅资料、小组讨论、撰写辩论提纲，在规定时间进行辩论。这种教学设计一方面考核学生对基本理论知识的掌握状况，引导学生主动运用所把握的基本立场、基本观点，认识、分析、思考和解决问题；另一方面又考查了学生的自学能力、采集和处理信息能力、分析判断能力、语言表达能力、合作交流和创新能力等综合素质。

（2）学生模拟教学

学生模拟教学设计就是选取教材中的某一个专题或某一章节的部分内容组织学生开展模拟教学的一种形式。在教学专题及教学内容的选择上，教师应充分考虑学生的实际状况，选择理论与实际相结合的教学内容，让学生可以用自己切身体会的事实和案例等，启发学生积极思考，教师须提前把这项工作布置给学生，让学生有充分的时间收集资料、准备课程，同时教师要进一步设计好引导问题和总结环节，以利于学生更加深刻地理解教学内容，深化理论上的理解。通过这样的教学模拟活动，可以强化学生学习理论的主动意识，从而达成思想政治理论课"三进"的教学目标。

（3）分析课堂现场的突发情况

在我们日常教学过程中会有突发情况，比如有学生提出的问题教师没有任何思想准备，一时无法回答。针对这一情况，教师应避免仓促回答，可以首先承认自己暂时无法提供合理答案，并适时地把问题引向其他同学，让大家围绕这个问题来进行讨论。即使没有获得答案，但是这个讨论过程本身就是一次有趣的思想经历，学生在这个过程中会碰撞出精彩的思想火花。

（三）情境式教学方法创建的"三个实现"

1.完善情境式教学设计，实现思政课育人有温度

关注热门话题和学生特点，以当下最热门的话题及时事热点为话题设计规划教学内容，并要充分了解学生的知识程度与接受能力，选择适合学生的课题展开讨论，使每一个学生参与其中。教师既要让学生了解到更多书本之外的知识，又要调动学生学习的积极性，充分表达自己的所思所想，达到参与思考的目的。根据学生的个性及专业特点，合理安排课程讨论学习内容。根据学生的性格特点，合理安排学习小组，尽量让性格偏内向的学生与性格外向的学生组合在一起，增强学生团队意识，合理分工讨论学习内容，互帮互助，取长补短，达到学生参与学习的目的，力求教学效果最大化。

2.拓展情境式教学内容，实现思政课育人全方位

第一，细致设计教学内容。在课堂上，教师应结合教学内容，细致设计教学方案，突出重点难点问题。例如，可以通过提问的方式复习上节课所学内容，进而引入新的教学内容。或引用名人名言、哲理故事等阐释相关教学内容。根据不同的教学内容，具体问题具体分析，选择不同的教学方式，例如专题参与、辩论参与、案例分析参与等，多角度切入，多方式设计。

第二，掌握课堂节奏。根据教学内容的具体情况，掌握课堂节奏。学生是学习的主体，教师是学生学习的引导者。在课堂上，教师要针对教学内容认真设计教学参与和研究的论题，引导学生思考，使其更加准确理解学习内容，耐心指导，掌控课堂教与学的节奏，使其更好地认同与理解思想政治理论课的教学意义，从而达到优良的教学效果。

3.提高教师能力素质，实现思政课育人主动性

在教学过程中，教师既是教学的组织者，又是参与者，教师应不断提升自身能力，通过不断加强理论知识学习和研究，将自己的实践经验与理论

学习研究的成果相结合，并对教学内容进行合理的整理与分析，以扎实的理论为基础，分析研究教学内容要求。以丰富多样的教学形式，将教学内容展现在学生面前，以促进学生更容易进入学习状态，更加彻底地接受教学内容，将抽象深奥的理论转变为深入浅出、通俗易懂的学习内容，这需要教师具备多方面的综合素质能力。思想政治理论课教师只有对有关理论有深入的研究才能真懂，只有真懂才能真信，只有真信才能真用，只有真用才能把思想化为日常的言语行动，把理论转化为自身的政治素质，才能潜移默化地影响学生。同时，为不断提升思想政治理论课教师的能力素质，还应建立长效的思想政治理论课教师能力提升机制，加强教师能力培训。如进行理论培训、专题培训、心理学和教育学培训和信息化培训等。

在思想政治理论课教学中，单纯的理论教育形式严重缺乏学习趣味性，对于学生的学习兴趣培养、提高学习效果，具有非常直接的影响。因此，在教学形式上，要求教师应当建立有趣味性及情境式的教学模式，鼓励学生发展成为学习上的交际型人才，教师在鼓励学生参与课程学习中，可以锻炼学生的团队合作、语言表达等能力。通过理论与实践相结合的教学方法，在设计的模拟情境中，通过教师适当引导，使学生在理论学习过程中能够自发进行学习和深层的分析，使学生真切体会理论的吸引力和感染力，其效果要比教师的一味讲授好很多。因此，应当把鼓励学生主动参与学习作为重点教学目的，通过教师的合理设计参与论题，平等交流，沟通学习经验和方法，更好地提高学生的学习积极性和互动性，激发学生学习理论的热情和兴趣，从而全面提升教学效果。

五、情境式教学方法在思政课教学实践中实施应注意的问题

思想政治理论课情境式教学方法的运用，有利于教师和学生进行交流、沟通，会让整个课堂活跃起来，有利于激发学生的兴趣，吸引他们的注意力，有助于他们的思维能力的训练和培养，更有利于提升思想政治理论课的感染力和吸引力，但运用思想政治理论课情境式教学还应注意以下相关问题。

（一）教学设计要有针对性

情境式教学设计必须要根据教学内容的要求，针对不同的教学条件和不同专业、不同班级学生的不同要求，有选择地安排不同的情境式教学设计形式和活动，教学的内容设计要针对现实，突出时代性。由于社会的发展性、现实的复杂性和学生的差异性，教学内容每年都要发生变化，这就要求教师必须精心策划和设计每一次教学活动，要求教学活动内容必须紧扣时代主题，紧密联系现实生活和社会中的热点问题。同时，情境式教学设计的教学内容还要充分考虑不同专业、不同班级学生的不同要求，在教学目标一致的情况下突出选择性。虽然实施起来有一定的难度，但由于思想政治理论课一般都是大班授课，学生人数多，学生的需求差异性较大，为了突出教学效果，教师必须打破常规，要和学生共同商量、讨论，确定能够贴近、关注学生的选题供学生选择、参与。

（二）教学设计要强调理论与实际的联系

思想政治理论具有抽象性、理论性，但同时又是关于社会、现实等问题，具有时代性和现实性的特征，因此进行情境式教学设计时必须做到理论联系实际。现在的大学生多是"00后"，这个群体有思想、有个性，不愿意或者厌烦枯燥的理论说教，因而在情境式教学设计时，在内容安排、资料选取方面要注重联系实际，特别是学生实际。通过运用现实的、真实的案例来为他们解疑释惑，使学生切实感受到理论的魅力和价值，使思想政治理论课"活起来""火起来"。

（三）教学设计要突出学生的主体地位

长久以来思想政治理论课教学形成了单向的、机械的灌输，挫伤了学生学习这门课程的积极性。同时，思想政治理论课讲授的内容中不少是学生已经了解或似曾相识的内容，如果教师仍在不厌其烦地介绍，会造成知识的重复，会使学生提不起兴趣。另外，有的教师讲授的内容和学生的实际以及学生关心、关注的问题不一致，使得教学失去吸引力和活力。因此，为了讲好这门课，教师必须在教学设计上实现角色的转换，要让学生参与到教学的过程中，教师要由原来的控制者向引导者转变，积极发挥学生的主体意识，真正让学生成为教学的主角。这需要教师了解学生的知识结构和思想特征，在情境式教学设计上以学生积极参与为出发点，增强学生在教学中的参与程度，增加师生之间的交流互动，在教师的组织和引导下，让学生主动思考、分析、讨论、研究，从而达到教学目标。

（四）教学设计要有情感因素的融入

思想政治理论课程不同于自然科学类课程，讲授这门课程不仅是传授知识的过程，而且是培养情感、充满人文关怀的过程，思想政治理论课的教学设计除了要以理服人，还要以情感人，要注重情感因素在教学中的运用。

情境式教学设计实现了师生之间的互动教学，营造了一定的情感情境。因此，情境式教学设计活动需要教师加强情感投入，要对学生有热爱之心和关怀之心，要做到在教学中对学生情感梳理、引导以及对可能出现的问题提出预案，使学生能够在情感层面上理解、接受、感悟和内化教学内容。

综上所述，针对情境式教学设计的策略实施及其应注意的问题得到的启示是：只有在充分了解思想政治理论教学设计特殊性的基础上，在全面研究教材和学生的前提下，教师才能对教学做好整体规划、构想和设计，才能形成一个思路清晰、系统全面、具有可操作性和实效性的设计方案，才能真正调动学生参与的积极性，使思想政治理论课成为学生们真心喜爱、终身受益、毕生难忘的课程。

第二节 研讨式教学：实现建设性与批判性的统一

造就未来社会需要的知识、能力、素质兼备并具有开拓创新、积极探索精神的人才，不是一蹴而就的，而是有一个逐渐培养、成长的过程。在思政课教学中运用研讨式教学方法可以为学生提供发挥的空间和舞台，引导学生探索和求知，有利于学生形成批判性思维，对提高学生综合素质具有显著效果。

一、研讨式教学方法的内涵及特征

（一）研讨式教学方法的内涵

研讨式教学是一种基于互动教学理论，注重发挥学生批判精神的教学方式。它指在教师教学实践过程中根据教学大纲的基本要求和"00后"大学生身心特点和思想需求深耕教材，提炼出教材重点、社会热点和大学生关心的焦点问题，把问题研究、讨论贯穿于教学过程，引导学生进行深入研讨，强调学生要主动参与问题探究，提出自己的观点，运用理论分析和解决问题的一种教学方法。

思想政治教育理论课研讨式教学方法打破了传统教学中授课的方式，具有针对性、开放性和探究性的特征，是一种重在培养学生自主能力和创新、批判精神的教学方法。研讨式教学能够使学生在知识积累的基础上进行积极的独立思考，是具有引导学生独立深刻思考功能的教学方法。

（二）研讨式教学方法的特征

研讨式教学方法与原有传统教学方法相比较，具有明显的优势与特征，其表现为如下。

1.针对性

以往的教学过程中，特别强调教材和教学计划内容的一致性，偏重知识传授的完整性、系统性，加之某些高校思想政治教育课理论教学内容多，课时较多，很难做到对一个问题进行深入全面的解读，直接削弱了教学的实效性和针对性。而研讨式教学在教学内容上重点突出、主题鲜明，对一个研讨问题和专题从不同侧面多层次、多角度进行教学，也可以根据社会热点重新构建教学内容，体现出教学的针对性。

2.探究性

研讨式教学的探究性主要体现在教学目标中。思想政治教育是分阶段、分层次开展的，需要根据受教育者知识结构的不同，调整不同的教学目标。比如，中学阶段思想政治教育理论学习，其目的侧重知识的掌握，但是高校思想政治教育面对的群体是大学生，教学的目标不仅仅在于知识的传授，更在于探索精神、研究精神的培养，也就是要培养学生不仅"知其然"，更要"知其所以然"。因此，研讨式教学不同于传统横向教学结构，而是从纵向角度开展教学活动，用连贯性、统一性的思维讨论分析这个问题，反而赋予了这个理论抽象性以外更为具体、更为丰富的时政内容，使理论同现实更好地结合。在教学过程中，教师备课思路清晰明了，学生学习易于消化、吸收，从而大大提高了课堂效率。同时通过结合启发讲解、探究讨论以及课堂讨论的教学方式，让学生能够摆脱书本，真正懂得道理、学到知识，最终提高学生的思想政治水平。另外，对于教师而言，研讨式教学可以兼顾科研和教学，将科研成果融入教学。研讨式教学不仅仅局限于思想政治教育理论学科中，而是要综合其他课程，如经济学、社会学、生态环境等，因此需要将繁杂的知识内容在各个学科之间穿插渗透。

3.开放性

研讨式教学具有很强的开放性，首先体现在教学方法上，研讨式教学并非单一的教学方法，而是一个多方法的综合体。依据研讨式教学的教学方法和手段的灵活多样，根据不同的专题内容，教师可以在教学过程中选用主题式演讲、社会热点问题分析、课堂师生互动、场景教学等不同的方法，这样可以激发学生的参与热情，促使学生积极思考，还可以运用多媒体技术组织学生观看历史影像资料，加深学生对特定时期理论形成的认同。其次体现在教学主体上，研讨式教学能够打破"教师满堂灌、学生被动听"的传统模式，使教师充分发挥自主权和创造力，调动学生学习的积极性。教学主客体的开放以及思想政治教育专题式教学，能够实现师生主客体适时变换。学生课前自主学习、查阅资料，课中教师引导学生，在讨论的过程中教师不仅是教师，同时也是学生的朋友，和学生成为良师益友的关系以达到师生互动，最后在总结环节实现教师学生主客体再次转换。

二、研讨式教学方法应用于思政课教学实践的逻辑前提

（一）教师观念的转变

当前的思想政治理论课教学不同于传统的教学模式，教师不能像传统的教学那样靠一支笔、一块黑板进行教学。在网络信息化时代，教师的角色更像是学生的引导者而不是主导者，教师不是高高在上而是要做好服务，为学生更好地答疑解惑，教师只有明确了自身的角色定位，才能更好地发挥作用。另外，信息化社会的高速发展，知识更新的速度不断加快，新的知识不断补充，这就需要教师不断地学习，转变观念，不断提升自己的专业素质，只有这样才能把最新的理论知识传授给学生。

（二）坚持以学生为中心，建设课程教学资源

学生是课程资源的使用者，只有他们认为教学资源是可用的、易用的、好用的，才能更好地利用教学资源体现出思想政治理论课的价值。因此，在课程资源建设中，要以学生为中心。首先，要明确教学目标。要让学生在较短的时间内，了解课程"为什么学、学什么、怎么学"等学生最为关心的问题。其次，将教学目标细化。要突出教学难点、重点，将教学理论内容分解为"了解""掌握"等标准，使学生能够把握学习的重点，从而合理掌握学习内容。最后，合理设置学习流程。用案例或是问题导入教学内容，创设学习情境，激发学生的兴趣，让学生带着问题去主动学习。

（三）注重课程教学的情感性

在课程学习中，在设置认知目标、行为目标的同时，情感目标也要表现出来，尽量做到量化。教学过程中，教学资源不仅要有文字的形式，还可以通过视频、图示等更为生动的形式表现出来，或是结合现实生活中的热点问题、实践中的焦点问题以故事、案例的方式出现。这种生动、贴合实际的教学，才能让学生有强烈的情感体验，感觉这就是发生在身边的事，从而更乐于学习。另外，情境式教学还会通过交互实现情感的交流。通过学生之间的合作学习，学生不仅可以取长补短，共同进步，还可以加深学生之间的相互理解、相互熟悉，减少学习的孤独感，增进友谊，满足归属感。在学习交流合作中，学生是情绪感受、认知学习的主体，使整个学习过程中充满了浓厚的情感。

三、研讨式教学方法在思政课教学实践中的正向效果

（一）提升了思想政治理论课师生能力

首先，学生在研讨式教学中提高了自主学习能力。学生自主学习能力的提高是这种教学方法作用于教育客体最显著的效果。学生在研讨式教学的各个环节通过总结、分析、实践、质疑、批判、创新等方法整合自己收集的资料，提高了自主学习能力，特别是提高了思维能力。

其次，教师在研讨式教学中提高了教学能力。研讨式教学方法的应用增强了学生的自主学习能力，同时对教师教学能力的提高也起到了促进作用，在同一教学过程中实现师生能力的提高。对于思想政治理论课教师而言，除了需要掌握基本的教学能力，还需要具备"八个相统一"的能力，即"政治性和学理性相统一、价值性和知识性相统一、建设性和批判性相统一、理论性和实践性相统一、统一性和多样性相统一、主导性和主体性相统一、灌输性和启发性相统一、显性教育和隐性教育相统一"，"八个相统一"既是教学方法，更是教师需要具备的能力。

（二）增强了思想政治理论课的教学实效性

思想政治理论课实效性的提高是多种因素综合作用的结果。研讨式教学是一次重要的教学方法改革，它突破了传统思想政治理论课教学存在的"外在灌输式"的教学方法。"外在灌输式"的教学方法不能从根本上解决学生对世界观、人生观和价值观的认同问题。因为学生只是在被动接受知识的教育而没有形成自己的独立思考，未经自身独立思考的世界观、人生观和价值观，学生是很难在思想上认同的，这就是思想政治理论课教学实效性差的根本原因。研讨式教学方法更加注重学生在教学过程中的主体作用，更加突出问题导向，能够最大限度地调动学生的主动性和独立性的思考，引导学生主动思考问题，而不是被动接受。学生通过积极认真地思考，认为教师传达的价值不仅符合自身的经验感受和理性认知，而且达到了情感上的共鸣，从而愿意主动认同。思想政治理论课实效性的提高应该通过学生积极思考来完成。因此，研讨式教学方法具有引导学生独立思考的功能。

（三）实现了思政课"八个相统一"教学方法的拓展

传统思想政治理论课教学在方法上比较单一，从而呈现出学生学习参与性不高、课堂活跃度低、学习效果差等弊端。单一教学方法无法完全激发学生学习的积极性，也不能引导学生较好地进行思考。虽然为了提高学生学习积极性和课堂活跃度，以往教学活动中也引入了视频、音频、图片、实践课程等辅助教学手段，然而这只是在细节上延伸了教学手段，并没有改变教师讲、学生听的状态。研讨式教学方法的引入实现了思政课教学方法的拓展，主要在于教学环节实现了主体改变，从"单一教师主体"转变为"教师和学生双主体"模式，这一转变使得功能也发生改变。教师的功能由原来的知识传播功能转变为知识传播加引导学生思考的功能，同时学生也由被动接受转变为主动认同，从而促使思政课的效果发生很大变化，实现了"以育人为本"的教学理念和目标。这种教学方法的应用对学生成长成才的影响是长远的，甚至是终身的。

四、研讨式教学方法在思政课教学实践中的创新路径

（一）研讨式教学方法创建的"三个原则"

研讨式教学方法的设计是教学实施的重要基础和前提条件，同时也是其重点和起点，这要求教师不仅熟悉教学内容，同时还需要对教材进行再整理和再创造，认真设计研讨专题和问题，达到突出重点、化解难点、解析热点的研讨式教学目标。研讨式教学方法的设计应遵循如下原则。

1.坚持整合性和系统性原则

研讨式教学方法设计是对教材和教学内容进行二次创新、重新整合的过程。一方面，要在把握教材的基础上突破原有的内容框架，重新对教材内容进行梳理、提炼和凝结，体现出对教材内容的整合性。另一方面，还要不脱离系统性，在搭建知识结构时同样要注重研讨专题内外部的逻辑性和完整性，注重学科知识的条理性与关联性。因此，可以说研讨式教学方法设计要坚持整合性和系统性原则，立足教材又高于教材。

2.坚持时代性和针对性原则

思想政治教育理论课程是一门需要随着思想政治教育环境变化和青年学生主体意识变化而不断发展更新的课程。所以，研讨式教学方法应该紧跟时代步伐，反映时代诉求，做到立意新颖、紧扣学生的思想变化，问题设置要有吸引力和说服力，突出时代精神和社会发展趋势，这样才能让研讨专题内容更具鲜活性，才能吸引学生，提升学生的学习热情，从而增强思想政治理论课的实效性。当然，在设计研讨专题内容时，还需要注意个性化差别，尤其是学生的专业背景。专业背景不同，学生思想政治教育理论的学习基础就有所不同，因此需要考虑到学生的接受能力，因材施教，具有针对性。

3.坚持实践性和应用性的原则

思想政治教育课程最终落脚点是指导学生的未来活动，因此不能光停留在理论层面，而是要具有应用性和实践性。所以，教师在选择研讨专题内容时要避免单纯从书本到书本、从理论到理论的做法，而应将课程的重点内容涉及热点问题，例如如何认识和解决社会不公以及全球化等，这样就能够理论联系实际，结合现实生活中案例来解读理论的具体应用，突出学以致用。

（二）研讨式教学方法创建的"五个环节"

以学生为中心的研讨式教学方法要通过教师精讲内容、师生探讨交流、教师点评引导、学生撰写心得、师生回顾总结等各个环节完成教学和学习任务。具体环节如下所述。

1.教师精讲内容

主要是教师重点讲述课程主要内容或串讲教学内容，让学生了解思想政治理论课的主要内容。这是研讨式教学方法得以成功的前提。教师要充分把握教学大纲，深刻领会教学内容，准确把握课程内容体系的逻辑关系及其要点的转换承接关系，同时要求教师在上课之前就搜集大量新鲜素材，精心选取有代表性的案例作为课堂教学的有力支撑和旁证，并强化材料的思想性和趣味性。在研讨教学过程中，教师切勿照本宣科，要与学生有情感交流。

2. 师生探讨交流

这是研讨式教学方法得以成功的重要环节。教师根据学生掌握本课内容的情况，为激发学生学习思想政治理论课程的兴趣，需要提出几个跟课堂教学内容相关且学生感兴趣的热点问题或案例供学生研讨。学生以几个人为一组，有组织地集体思考与讨论，在此过程中将自己的真实想法讲出来，并对其他学生的观点予以评论，使学生在分析讨论解决某些问题的过程中学习思想政治理论内容，接受思想教育。

3. 教师点评引导

在第二个环节探讨交流完成后，教师应就第二个环节探讨交流的情况做必要的点评，并对学生的思想和认识进行正确引导，以增强学生学习思想政治理论课的效果。这一阶段是研讨式五环教学法得以成功的关键。教师在总结时，应指出学生讨论中的正确认识和不足之处，并给予学生实事求是的评价，指出学生应该进一步努力的方向。教师做点评引导时，要做到点评目的明确，思路清晰，推理步步深化，点评简明；分析有理有据，语言博喻善引；方法循循善诱，循序渐进。通过教师的点评，使大学生对思想政治理论课有所感悟、思想有所收获、认识有所深化、分析能力有所提高。

4. 学生撰写心得

教师点评后，要求学生课后根据课堂对思想政治理论课学习的内容进行回顾与思考，撰写心得，并作为平时作业。这也是研讨式五环教学法得以成功的重要举措。针对课堂教学内容和师生探讨交流的问题，教师要求学生写出思想汇报，即心得体会，篇幅不宜过长，不能空发议论，要实实在在地谈出自己对某些问题的思想认识。例如，学习思想政治理论课程后的思想收获，思想认识上还存在什么疑问等。学生都要按照老师的要求谈真实感受，要求切实感受写得具体，不能抄袭，更不能讲假话和违心的话，也要避免空发议论。学生将写好的思想政治心得体会、政治小论文和调查报告交给教师。通过这种方法，使学生增强对所学的思想政治理论的理解及运用。

5. 师生回顾总结

师生回顾总结环节即学生典型发言、教师总结阶段。这是思想政治理论课研讨式五环教学法的最后一个重要环节。教师对每位学生提交的心得体会进行批改并写上评语，挑选一些有代表性的优秀的小论文，在恰当的时间，教师选择优秀的有代表性的心得体会让学生在课堂上宣读，学生也可以要求宣读自己的心得或自由发言，师生之间也可以继续交流。教师要及时作总结。

通过回顾总结，提高学生运用思想政治理论课的理论分析和评判社会现实的能力和水平。总而言之，研讨式五环教学法中的五个环节环环相扣、互相联系，又独自发挥着各自的功能。

五、在思政课教学实践中实施研讨式教学方法应注意的问题

实施研讨式教学方法，无论对教师还是学生都是一个挑战。教师要具备深厚的知识储备和开阔的视野，学生需要认真钻研、大量阅读和深入研究，否则，研讨可能流于形式而无法取得预期的教学效果。因此，运用研讨式教学方法必须注意以下几个问题。

（一）课堂容量问题

思想政治理论课是公共必修课，各校思想政治理论课的师生比决定了课堂容量通常比较大。这就造成部分同学不能有效地参与课堂研讨，因而不能客观、公正地评价全部学生的学习发展趋势，从而不能释放研讨式教学方法对教学实效性提高的全部作用。研讨式教学效果在小班中进行教学才能得以实现，但面对思想政治理论课公共必修课的性质和师生比的困境，很难真正实现这样的客观条件。为解决此难题，很多学校探索了"中班授课，小班研讨"的途径。

（二）注重师生适应能力的差异化

相对而言，办学水平越高的高校师生对研讨式教学的接受能力就越高，原因在于构成研讨式教学的各个要素本身对师生的能力有一定的要求。因而应用研讨式教学方法的过程中应注意它的适应性，根据实际情况进行调整。

第三节 问题式教学：实现灌输性和启发性的统一

坚持以问题为导向，激活学生的主体意识，这是多年来开展高校思想政治理论课教学方法改革的经验总结。问题式教学的开展和应用，能有效地激活学生的主体意识，提高学生的学习效果，使学生能够在教师的精心指导下带着问题去听课，带着感情接受马克思主义理论，从而达到使学生增强"四个自信"的教学目的，不断坚定学生的行动自觉。

一、问题式教学方法的内涵与特征

（一）问题式教学方法的内涵

英国著名哲学家波普尔提出的问题理论认为，科学理论只是一种假说，都有可能是错误的，无论是通过内审还是观察，都不能直接获得真理。所以为了获得真理，我们只能猜测真理，也就是提出假说，然后通过实践检验假说。周而复始，让科学不断地进步。也就是说，科学的发展就是不断发现问题，解决问题，进而发展问题的过程。基于波普尔的问题理论，很多学者提出问题导向的研究或者教学方法。

问题式教学方法最初应用于医学教育，基本观点是以学生为主体，用问题整合相关学习内容，使学生通过发现、分析和解决问题的方式完成知识建构的教学和学习。其核心是教师以学生认知水平为出发点，围绕真实情境设立问题。

（二）问题式教学方法的特征

与传统教学方法相比，问题式教学方法具有自主性、启发性、探索性的特点，具体表现如下。

1. 自主性

问题式教学驱动了学生学习的内源性动机。在问题式教学中，学生不得不参与教学活动，有一定的强制性。但是在收集资料和对资料进行总结和梳理的环节中，学生可以发挥自己的主动性和积极性，按照自己的思维习惯去整合材料，这些自主性能够激发学生进行学习的内源性动机，从而提高学习效率。

2. 启发性

相较于灌输式教学方法，问题式教学方法更加突出问题导向。相当于学生参与循环往复过程，在此过程中通过教师的积极引导更能引发学生深刻的思考，在启发中使学生得到水到渠成的结论，有助于提高思想政治理论课的教学实效，促进学生对正确世界观、人生观和价值观的认同。

3. 探索性

问题式教学方法更能帮助思想政治理论课达到"八个相统一"的标准。问题式教学方法在其构成要素、包含环节和运行机制等方面更能实现学生知识能力素质的有机融合，更能体现教学内容的前沿性和时代性，对学生而言是更大的挑战，更能提高思想政治理论课的高阶性、创新性和挑战度，有助于将思想政治理论课打造成金牌课程。

二、问题式教学方法应用于思政课教学实践的逻辑前提

新时代高校思想政治教育面对多种新问题、新情况与新任务，使高校思想政治理论课教学面临着新的挑战，需要结合思想政治教育新发展、新要求，突破思想政治理论课教学面临的问题、困难和挑战，实现思想政治理论课教学的有效改革，提升思想政治理论课教学质量。

（一）对教师的综合素质能力提出考验

传统的教学方式，主要以教师讲课为主，以教材内容为辅，学生听不听、会不会，都不影响教师的讲课进度。思想政治理论课的内容相对枯燥、抽象、晦涩，很难引起学生的共鸣，学生对课程所讲授的内容不感兴趣，自然就很难达到思想政治理论课入脑入心的教学效果。特别是由于教师教学内容选取不当、教学组织不当、课堂设计不当、教学方法不当，也会成为不能引起学生兴趣或调动积极性的重要原因。因此，教师需要针对学生的成长成才发展规律，设计教学内容和教学环节，这就要求教师应具有一定的能力。

此外，在实施问题式教学过程中，教师对于课堂互动环节中的突发状况的应对能力也面临着一定的挑战。面对学生提出的各种问题和疑惑，教师应具有广博的知识和理论深度，才能很好地回答这些问题，同时，教师既要正面回应学生的问题，也要给予学生合理信服的答案，这些都需要教师在平时备课中予以充分的准备，对教师整体的综合素质能力提出更高的要求。

（二）对学生的自主学习意识提出要求

问题式教学是利用学生的求知欲和表现欲强的特点，鼓励学生参与到教学活动中来，但由于学生的自主学习意识、个体及性格等方面的差异，通常情况下，理论基础好、表现欲强的学生会积极主动地参与，而大部分学生会处于被动和消极的状态，这就对学生的自主学习意识提出了更高的要求。同时，大部分高校学生普遍对思想政治理论课重视程度不够，态度也不够端正，对思想政治理论课的重要意义和作用认识不清。课上不认真听讲，课下应付考试，大都有不挂科就行的心理状态。这样的学习态度和学习意识对于开展情境式教学来说是重大挑战。情境式教学要求学生要积极准备，认真对待。学生要积极有效地参与到互动教学中来，就必须在自主学习的基础上，

对学习目的和教学目标有清楚的认识，对教学内容和理论知识有系统的把握，最大限度地发挥学习的主动性和创造性，学会自我学习、自我管理和自我发展，这对学生具有自主学习意识和能力提出更高要求。

（三）对教师课堂管理的把控能力提出挑战

课堂上，教师和学生都是问题式教学的主角。教师与学生之间互动、交流、配合会直接影响到课程的教学效果。如果教师只顾自己讲，不关注学生动态，教学效果很难提升。同时，学生态度不端正，课下不准备，课上不配合，使得教学很难达到预期效果。教师如何把控课堂的节奏、管理课堂，使师生完美配合，也是实施情境式教学的困境。较之其他教学方法，问题式教学对思想政治理论课的教师提出了更高的要求。教师作为主导者和引路人需要有很强的责任心和管理课堂的能力。在实施情境式教学前，教师应做好充分的准备，力求做到教学内容丰富、教学环节和过程严密，这就要求教师要对教材体系有整体深入的把握，教师要花大量时间和精力进行情境互动教学设计，努力预判课堂出现的各种突发状况，从而采用不同的方式解决。

三、问题式教学方法在思政课教学实践中的正向效果

问题式教学方法的运用能够有效地提升学生的思辨能力，促进学生对思政课主导的主流价值观认同，增加学生对思政课的喜爱程度。

（一）有利于提升学生的思辨能力

问题式专题教学有利于突破思政教材过于理论的缺陷，通过问题的设计、专题的遴选，可以将思政理论研究的最新学术观点、当前国际国内发展形势和国家方针政策等内容融入课堂教学之中。同时可以把当前社会热点和当代大学生密切关注的现实问题引进思政课堂，增强思政课堂的吸引力和活力，改变思政课灌输方式的弊端，实现灌输性和启发性相统一的教学方法，提升学生的思辨能力，大大提高思政课教学的实效性，最终让大学生从心里爱上思政课，让他们在对课程内容的深刻解读中把握和感受政治真理的力量。

（二）有利于发挥学生的个性

当前"00后"的学生一个很显著的特点就是非常注重个性，同时还深受电子科技产品的影响，学习的集中度较低，思政课教学必须结合"00后"学生的特点，因材施教。问题式专题教学可以使师生在提出、分析和解决问题的过程中，促进大学生全面、自由、个性化发展。

（三）有利于构建和谐的师生关系

问题式教学方法的推广应用可以大大提高学生的教学参与程度，使学生对思政课从以前的反感、抵触到现在的接受、参与和认可，学生的这个改变有利于构建和谐的师生关系，增强思政教师的职业幸福感。同时，由于教学相长的原理，有利于提高思政教师的业务素质和教育素养。

（四）有利于更好地适应思政理论的发展变化

虽然思政课教学内容不断与时俱进，其思政教材会定期地更新，但是社会经济发展变化却是无时不在，问题式专题教学中教师可以对专题的内容及时进行相应的调整，不断地与时俱进。

四、问题式教学方法在思政课教学实践中的创新路径

问题式专题教学将原来的教材体系转化为教学体系，在实践中有广泛的实际推广价值。在教学理念上，打破过去被动灌输式的教育理念，在教学中突出问题意识、启发意识，把学生从游离于思政课堂之外重新吸引到思政课堂中来，参与到思政教学过程当中，充分发挥学生的主体性。

（一）问题式教学方法创建的"两个原则"

1. 坚持启发性原则

在教学内容上，根据教材重难点、现实热点和前沿动态以及学生的实际情况设计专题和各个专题的问题链，最终形成一套精练系统的符合大学生特点的问题式专题化教学内容。教师发挥主导启发作用，学生发挥主体作用，这样既让学生学会了相关思政理论，又解答了他们心中的疑惑，达到思政课的教学目的，充分考虑学生的学习特点，最终达到学生知行合一的学习效果。

2. 坚持政治导向原则

问题式专题设计必须以社会主义核心价值观为引导，坚持正确的政治方向，让大学生在认识、理解国情中增强判断是非的能力、分析思辨的能力，成为社会主义事业合格的建设者和接班人。问题的选择与提炼既要凝练严谨又要独具匠心，既有比较强的吸引力，又能解决学生的实际问题。要结合思政课教学目的，坚持正确政治导向，结合社会热点难点，结合国家方针政策，联系学科学术前沿，同时还要兼顾学生的思想生活实际，既符合教材的教学大纲，又兼具内容的逻辑要求，努力选取时代性强、容易引起大学生兴趣的问题。

（二）问题式教学方法创建的"五个环节"

思政课教学问题的呈现应当适宜于大学生的生活习性，便于大学生接受。政治化的语言要向学术化的语言转化，理论化的语言要向生活化的语言转变、向图文化的语言转变、向网络化的语言转变、向幽默化的语言转变，这是问题呈现方式的重要变革路径。高校思政理论课努力尝试并有效实现这样的语言转化，才能让学生乐于接受、易于理解、入脑入心。在思政课教学中采用问题导入式教学法，主要包括以下五个环节。

1.问题导入设计

问题导入式专题教学体系中要特别注重导入问题的设计。导入的问题要具有普遍性，这就需要思政教师对当下学生的思想情况、社会热点、理论重点进行调研，通过调研把大学生最困惑、最关心、最敏感的问题找出来。采用启发式教学方法，设计的导入问题可以分层次不断递进延伸，把所有教学资源聚焦于解决问题上，通过问题链来组织教学，沿着问题层层递进、不断深入。

2.引发学生提问

课堂教学中为了更好地适应问题导入式教学法的运行，先在班上对学生进行分组，每组 5 人左右，教师提供相应的参考资料给每个小组，在一定的知识阅读基础上，通过问题的比较、联想、反问等方式不断激发大学生的思考，充分调动学生的主动性，帮助他们更好地进行资料的搜集整理，增强其分析问题、逻辑推理和概括总结的能力。积极引导学生把自己最深感困惑、最关心、最感兴趣、最迫切想要弄清楚的问题提出来。

3.课堂问题讨论

问题确定了以后，小组内先进行讨论，小组之间可以相互提问、相互辩论，真正感受到真理越辩越明的效果。通过课堂讨论学生可以先尝试着自己去解决问题，然后经过教师的指点，及时对同学的观点进行纠偏；同时教师还可以更深入地挖掘一些深层次、有意义的问题，激发学生进一步的思考，使得他们更全面地认识和解决问题。

（1）问题分析总结

进行问题导入、学生提问和课堂讨论，在此过程中教师要充分解释和深刻剖析前面的问题，以达到真正为学生释疑解惑的目的，最后学生进行积极反馈，每个小组派一个学生代表进行总结发言。

（2）课后问题反思

问题虽然得到了解决，但是思考不能止步，还要积极引导学生课后对问题进行反思，各小组要积极总结自己在分析解决问题的过程中有哪些收获，还有哪些不足以后需要注意，每个学生写一个书面反思总结材料，这样才能全面提高学生的思辨能力。

五、在思政课教学实践中实施问题式教学方法应注意的问题

思政课问题式专题教学需要注意的一些问题如下。

（一）问题设计不能完全脱离思政教材

有些老师为了增强思政课堂吸引力，过于迎合学生，有的完全讲故事、求生动，偏离思政理论和教材，这就本末倒置，失去了开展思政课教学的初衷，所以问题式教学方法的设计一定不能完全脱离教材和理论。

（二）充分利用网络资源

思政课教学模式的选择要适应信息时代的思维模式和交流模式。首先，思政课教学要建设好相关的网络课程，将课程的课件、教案和基本讲稿以及与课程有关的视频与案例上传至网上，方便学生课后学习。其次，在课堂教学中要多使用信息化教学平台（课堂教学软件），这样就可以最大限度地使用网络资源，发挥网络教学的优势，吸引学生学习，延展思政课的教学时空。

（三）培养专业师资队伍

思政课问题式教学的实施必须有一支专业的思政师资队伍，因为问题式专题教学相对于传统灌输式理论教学具有更大的挑战性，它需要思政教师具备更广的知识结构和更深的理论功底。所以，需要通过理论培训、参观学习、集体备课等多种途径全面提升思政教师的教学能力和理论科研水平，以达到胜任思政课问题式教学的目的。实践证明，思政课应用问题式教学，用学生关注、感兴趣的实际问题引领专题教学内容，使教学内容贴近国情、贴近学生实际，不仅能激发学生参与课堂活动的积极性，达到完成课程教学的目标，更为重要的是，这一做法可有效地培养学生的问题意识和逻辑思维能力，为创新人才的培养奠定素质基础，是高校思政课坚持灌输性与启发性相统一的行之有效的创新的教学方法。

第四节 体验式教学：实现理论性和实践性的统一

高校思想政治理论课不仅要有较强的思想性、理论性，更要有较强的实践性。在新媒体时代具有实践性、能动性、开放性、自主性的体验式教学是提升高校思想政治理论课教学有效性的重要教学方法。

一、体验式教学的内涵与特征

（一）体验式教学的内涵

体验式教学法由来已久，如中国古代体验式教学的代表孔子教育弟子"学以致用"，国外古希腊思想家、哲学家苏格拉底提出的产婆术。从夸美纽斯的直观性教学到近现代卢梭的自然教育，以及杜威提出的实用主义学说，都在推动体验式教学理论和实践研究的发展。

体验式教学的内涵是指在教学过程中，教师根据教学内容和教学目标创设教学情境，引导学生通过亲身经历并启动学生的全部心智去感受和领悟，从而在有限的时间内激发和调整并升华学生知情意行等诸方面的潜能，达到主动建构知识、产生情感并获得认识的目的。它包括实践体验和心理体验，实践体验是指主体在实践中亲身经历某件事并获得相应的认识和情感，心理体验则是指主体在体验的过程中产生的心理变化和波动。

（二）体验式教学的特征

为了进一步加强和改进高校思想政治理论课建设，提高教学的针对性与实效性，很多高校运用思想政治理论课体验式教学法的探索与尝试，成效显著。特别是新媒体的迅速发展和广泛应用，改变着大学生的思维和行为方式，也给思想政治理论课传统教学方法带来了挑战和机遇。体验式教学具有传统教学所不具备的优势。具体而言，主要有以下三个特征。

1. 情景性

体验式教学法有助于将学生置身于情景化中，从感性层面去吸引学生，有更强的代入感，更能带动学生的感性认知，通过对感性认识的材料进行分析，进而发展为理性认知。情景具有可塑性并且呈现出一定的氛围感，所以认识是从感性认识开始的，经验感觉是首先感受到的东西。

2.启发性

一千个读者心中有一千个哈姆雷特。对于理论的理解，每个学生是不同的，因此对于学生而言，体验式教学并非直接将理论抛出让学生被动接受，而是从真实情境出发循循善诱，具有启发性，能够激发学生主动探究，形成自己对理论的思考和理解。

3.实践性

体验式教学是以实践为基础的，将深刻的思想政治理论转化为生动有趣的具体案例和事件，甚至有些案例和事件就发生在学生身边，这种鲜活的贴近学生的案例和事件更能够激发学生真正探索的欲望。对于部分学生而言，有时候不愿意参与讨论，是因为觉得讨论的话题离自身太远，学生对此的思考较少，所以不愿意讨论。而体验式教学具有较强的吸引力，能够提升学生的参与意识，同时还可以增强他们运用马克思主义基本原理和方法分析解决实际问题的能力，逐步形成良好的思想品质和人格结构。

二、体验式教学在思想政治理论课中有效应用的必要性

随着现代科学技术的发展，以多媒体和互联网为代表的新兴媒体已经成为各种社会思潮和利益诉求的主阵地，大多的信息传播对大学生的价值取向、政治态度、思想意识、心理发展、行为模式等产生了深刻的影响。

（一）符合当代大学生的个性心理和思想特点

目前，高校大学生大部分是20世纪90年代后出生的，人们俗称"90后"和"00后"，他们成长在改革开放的时代，没有经历过物质贫乏的年代，物质生活和精神生活相对富足。同时，他们又生逢信息时代，互联网技术迅猛发展的时期，深受多媒体技术和互联网信息文化的影响，他们面对的是更加复杂的国际国内社会环境，面临若干种意想不到的挑战，承担着建设社会主义现代化国家的历史重任。因此，他们所处的独特的历史环境和时代特点使他们具有特别显著的特点。

第一，多媒体和互联网的出现使得各种信息传播速度极快。各种信息无所不包，新事物、新观念极易被大学生们接受和认同，网络信息的便捷传播，也促使大学生们的视野开阔、思维敏捷、求知欲强。

第二，大学生大部分都是在"读图时代"成长起来的，从小习惯于影视画面和网络语言，他们对于视觉的敏感度大于文字，视觉上变幻的事物极

易引起他们的注意力。因此，他们有时会只考虑感觉到的东西与事物，而对事物和现象背后深层次的本质东西，不愿或不去认识和分析，从而导致他们容易孤立片面地思考问题，缺乏对事物的深层认识。

第三，大学生创新意识强，自主、自我意识明显增强，敢于接受挑战，但在缺乏正确思想的指导下，极易迷信错误地、自以为是地陷入"新知识""新思潮"。容易藐视权威和领导，不愿被动接受教育。同时，他们大多数是独生子女，在相对富足的家庭环境下成长，导致他们依赖性较强，生活孤单，以自我为中心，容易形成否定他人、极端怀疑的思维。

面对当代大学生出现的新情况、新变化，高校思想政治理论课不仅要解决学生知与懂的问题，更要解决学生信与行的问题。体验式教学的主动性和参与性符合当前大学生的个性心理的思想特点，它以学生生活经验为前提，围绕学生普遍关心的各种问题与困惑来确定思想政治教育的主题，通过团队活动、个体体验、集体讨论等途径，用动态的教学方式激发学生的学习热情，让大学生通过真实的体验内化道德认知、思想品质，然后将体验到的认知和思想品质外化为自觉的行动指南。

（二）有助于大学生有效地接受社会信息

从信息传播理论的视角来看，思想政治理论课教学是一种"点对面"或"点对众"的信息传播活动和过程，是教师有意识、有目的地对学生施加影响的过程。体验式教学是增强教师和学生之间信息传递、接受和反馈能力的一种教学手段。教师借助计算机交互地运用文本、图形、图像、音频、视频等多种媒介手段，通过虚拟仿真思政课体验教学，运用实体性实践教学平台，实现虚拟与现实、理论与实践、课内与课外、学校与社会的融合发展，表达思想政治理论信息内容，通过信息内容的传递、接受和反馈，达到使学生实现对主流价值观共享、共识、认同、践行的目的。这就要求思想政治理论课教师要及时把握"90后"和"00后"大学生的信息接受模式，切实改进高等学校思想政治理论课教育教学的方式和方法。

作为思想政治理论课理论教学的信息传播对象，学生是传播活动过程的参与者，他们不但是信息传播的目标对象，而且也是信息传播的主动"寻觅者"。学生在思想政治理论课教学信息传播活动中占有重要地位，起着举足轻重的作用。学生接受信息的过程按两种模式进行：第一种是被动的信息接受，第二种是主动的信息接受。当前思想政治理论课教学模式大多数是建立在学生被动接受信息的基础上的。因此，研究学生是如何被动地接受信息的是我们教学研究的一个重要方向，也是提高思想政治理论课教学吸引力的重要手段。

著名的教育家、认知心理学派的代表人物奥苏贝尔认为，学习应该是通过接受而发生的，而新时代的学生是在网络环境和多媒体环境中成长起来的，网络和多媒体更像是他们这一代人独特的"语言"形式。因此，在思想政治理论教育中，用学生比较熟悉的体验式进行教学，可以激活教材语言，使学生更容易接受教学内容，为认知的改变奠定基础。

三、体验式教学在思想政治理论课教学中有效应用的重要性

（一）有利于抽象概念具体化

在思想政治理论课中的一些概念，学生虽然听得多，但是由于概念本身抽象深邃，如"爱国主义""人生追求"等，单纯用语言或者文字，学生很难理解其中的真谛，使得概念变得枯燥无味，无法引起学生深入的思考和内化。而通过体验式教学，则可以帮助学生将这些抽象的概念变得具体化，更好地理解其中蕴含的精神特质。

以"思想道德与法治"课中关于"树立科学高尚的人生追求"的内容为例，可以借助体验式教学将"高尚的人生追求"具体化。如让学生体验《朗读者》中的一些片段，模仿《朗读者》邀请的 96 岁高龄的中国科学院院士、国家最高科学技术奖获得者、"中国肝脏外科之父"吴孟超，体验他在节目中说自己在肝脏方面 60 余年的时光，"因为中国也是肝病大国，死亡率很高。那个时候，肝脏没人敢开，所以我就攻克肝脏，做标本研究，然后慢慢做临床，以后建立起来了肝胆外科"。通过体验，亲身感受到将高尚的人生追求进行了人物具体化以及追求具体化，使学生能够更好地明白"何为高尚的人生追求"和"谁有高尚的人生追求"。

（二）有助于逻辑问题情景化

在思想政治理论课中，逻辑性的问题往往也是学生理解上的难点，尤其是"马克思主义基本原理概论"课中，马克思的思想不仅具有整体逻辑性，而且具有很强的内在逻辑性，导致学生理解起来比较吃力。但是辅助体验式教学则可以将比较复杂的逻辑问题情景化，再现逻辑问题所产生的历史背景

以及发生发展的过程脉络，便于学生更好地理解。

（三）有助于历史事件回放化

思想政治理论课中，涉及许多重大历史事件，相对于对历史事件的平铺描述，开展思政课体验式教学，引领学生走出教室前往革命实践基地、革命故居等，有助于将这些历史事件的部分细节、部分片段生动地呈现出来，便于学生更加直观、深刻地理解这些历史事件。通过学生亲身经历和真实感受以及触摸相关的革命陈列物品，让学生从中获取相关信息，让"历史自己说话"，让学生了解到波澜壮阔的历史活动，让中国近现代史不是封存于历史的过去，而是活跃于当下的过去。体验式教学可以弥补思政课传统教学的不足，有效打通思政课教学的堵点，疏通盲点，提升新时代高校思想政治理论课的思想性、理论性、亲和力和针对性。

四、运用体验式教学法应遵循的原则

在运用体验式教学法时，需要根据思想政治理论课的特点和规律，遵循如下原则。

（一）导向性原则

导向性原则是基于思想政治理论课的性质。思想政治理论课是巩固马克思主义在意识形态领域的指导地位，坚持社会主义办学方针的重要阵地。因此思想政治理论课堂具有明确的意识形态和鲜明的政治立场。在进行体验式教学过程中，要时刻把握导向性的原则，坚持马克思主义的一元指导思想，坚持无产阶级的政治立场，坚持社会主义核心价值观，绝不能为了强化学生的思维能力而丢掉政治立场和价值坚守。

（二）准确性原则

在体验式教学法中，体验内容本身十分重要，因此在体验活动内容的选择上，必须遵循准确性的原则，坚持准确的、真实可靠的体验案例来源。网络化发展一方面便利教师搜集许多信息，但与此同时，网络上的信息化碎片也会影响所搜集信息的可靠性。因此在体验案例的信息来源上要选择主流官方渠道，切忌主观臆断，被虚假信息所误导，给学生带来不良的影响。

（三）系统性原则

关于体验式教学法，很多人存在误区，以为体验式教学就是简单的实践活动，其实并不然，体验式教学和实践教学有联系，也有区别。体验式教学法是一套系统、规范的教学程序。有学者把体验式教学法概括为：（基本原理＋体验分析＋学员撰写并陈述内容）×课堂教学互动＋课前预习和小组讨论＋课后回顾复习＋单元小结＋教学成果检验和运用（学员撰写报告）。因此，思想政治教育理论课中采用体验教学也要把握系统性原则，有效地进行课前预习基本原理、体验呈现、体验分析、小组讨论、撰写分析报告等一系列教学环节。

五、体验式教学法在思想政治理论课教学中的设定与分析

在教学实施过程中，结合学生特质与教学内容，以及与实践教学相配合，采取课后实践环节完成设定体验主题和情境、课堂呈现与讨论等形式，进行体验式教学的尝试。

（一）以学生个人成长为关注对象的体验内容设定与分析

针对"00后"大学生自我意识、独立性等特征，以学生的现实境遇为依托，通过和学生的沟通与交流，让学生意识到自己身上存在的一些问题，引导学生分析这些问题，并探寻解决问题的途径。一方面使学生参与课堂活动，增强师生间、学生间的互动；另一方面，也让学生对于问题的认识更为全面，进而在对学生的关怀和引导中，帮助学生明确自身的成长成才目标。体验式教学与传统教学不同，体验内容的选择对于教学效果有着至关重要的作用。因此，体验教学内容设定方案的选择必须体现出理论意义和现实意义。在课前准备阶段，教师不仅要对体验教学方案进行深刻的有理有据的分析，同时也要尽可能多角度考虑学生，预设学生的讨论发言，为做好课堂的点评进行认真准备。

（二）以个人与国家关系为关注对象的体验内容设定与分析

在体验式教学法中，对学生个人与国家关系的教学内容进行的设定与分析，通过对学生进行体验，引导学生思考在相对和平的年代，爱国的具体表现是什么，明确在现代社会下理性爱国的要求，通过体验分析帮助学生认识到作为当代大学生应当如何认识个人与国家的关系等问题，这种体验式教学内容设定与分析讨论存在着几种不同的方式。

1.讲授型分析讨论

在目前教学内容分析中运用得比较多的是讲授型。当教学内容的理论性较强，内容较为复杂时，主要由教师主导进行体验式教学分析，在体验实

践结束后，由个别学生进行分享，但分析的主体依旧是教师。其优点在于导向性较强，但是削弱了学生的课堂主体地位。虽然体验式教学分析法要充分发挥学生的参与性、主体性，但是基于导向性原则，还需要教师主导、把控教学管理与环节。

2. 沙龙型分析讨论

沙龙型教学不同于讲授型，是让教师走下讲台成为分析教学实践的主持人，分析的主体是学生。学生围绕体验活动，对教师准备的材料进行梳理，展开讨论。通过分析和综合、归纳和演绎，寻找解决问题的方法。教师的作用是掌控大的方向，适时引导学生，比如分析的层次维度，分析的思路与方向等。同时还引导学生分享自己生活、学习中的事情，以及如何抉择的过程，使整个课堂形成开放、共享的氛围，最后由教师进行最终的点评和总结。

3. 情景模拟型分析讨论

情景模拟是在案例教学中设置情景，由学生进行演绎，比如情景对话，情景讨论。通过情景演绎，让学生共情，以更为生动、更强劲的冲击力带动学生自觉地进行思考和讨论。通过情景模拟的方法可以将原著、原文中的内容变成"身边事"，身临其境地去感受原著中的人和事，激发学生的情感，进而进行分析和讨论。

（三）以个人与社会关系为关注对象的体验内容设定与分析

基于大学阶段是学生从学校走向社会的过渡阶段，教师对体验教学活动的设定可以鼓励学生进行角色调换来进行体验预设，帮助学生在明确自己的人生观和价值观的同时，增强对社会的人文关怀和社会责任感。教师要引导学生进行思考，从理论层面和宏观层面对活动进行总结，而不是"就事论事"，学生需要从教师的总结中感受到另外一个层面的东西，而不是和学生视角一样的分析，所以这对教师的素质要求比较高，教师需要提前做好相关准备。

教师认真倾听学生的发言，不能对学生的讨论发言仅仅做简单的重复，而是要看到学生发言中的优缺点和认可闪光点，鼓励学生未来更加自主地思考。如果学生的发言中存在偏激的地方，教师要及时给予引导，以免误导其他学生。

总之，高校思想政治理论课承担着对大学生进行系统马克思主义理论教育的任务，是对大学生进行思想政治教育的主渠道。为切实改进和创新思想政治理论课教育教学方式和方法，实现教学手段现代化，充分发挥课堂理论教学在大学生思想政治教育中的主导作用，有效进行体验式教学是提高理论说服力和感染力的有效途径和方法。

六、体验式教学方法的作用及局限

体验式教学现在已经广泛应用到思想政治理论课教学中，对思想政治理论教学方法的创新和改革起到了促进作用，但是体验式教学是双刃剑，有利有弊，目前在应用体验式教学过程中，依旧存在一些局限。

（一）对学生的理性认识能力有所影响

体验式教学方法可以调动人的感觉、视觉器官，满足人们的感官需要，但是倘若使用不当，则可能削弱学生理性思维能力的培养。体验式教学方法能够增强学生对所学知识的感性认识，但是过多的感性认识会影响在有限时间内学生从感性认识上升到理性认识，看似精彩的一堂课，其实并没有达到教学目标。因此，体验式教学要把握好使用场合，而非滥用。一般而言，体验式教学法主要为了创设情景、突破重点难点、促进自主学习。

（二）影响教师的备课侧重点

由于体验式教学的内容能够激发学生的兴趣，于是掀起一股热潮，部分教师过于重视体验式教学的形式，尤其年轻教师对体验式教学比较擅长，以为体验式教学越丰富越好，将"手段"误以为是"目的"，在有限的备课时间内，花费大量的精力去进行运用，付出大量的时间，导致课堂教学的备课侧重点失衡，本末倒置。因此，在体验式教学中，需要先以教学内容和教学目标为第一位，运用体验式教学方法要把握适度原则。

（三）对学生和教师之间的互动有所影响

简单使用体验式教学，会让教师依赖体验式方法来表达教学内容，使体验式教学产生功能性错位。需要从根本上明晰体验式教学的作用是辅助学生"学"，更好地理解教学内容，而并非辅助教师"教"，教师一味地依赖体验式教学反而会变成"工具人"。

综上所述，思想政治理论课教学方法改革与创新是顺应时代发展和落实立德树人根本任务的必然要求。面对当前高校思想政治理论课出现的新问题和新形势，要不断创新思想政治理论课教学方法。运用体验式教学既能够实现思想政治教育的理论性，又能践行其实践性的特点，达到知行合一，实现理论性和实践性的统一，真正地让思政课"活起来""火起来"，实现新时代高校思想政治理论课在新的高度上、新的起点上不断发展。

第七章 新时代高校思想政治理论课实践教学创新

高校思想政治理论课是对大学生进行马克思主义理论教育的主渠道和主阵地，而实践教学是思想政治理论课教学的一个重要环节。面对时代向思想政治理论课实践教学提出的新挑战，不断改进创新当前实践教学模式成为新时代思想政治理论课实践教学的发展方向。本着遵循现代教育教学规律，坚持以人为本的理念，充分发挥教师的主导作用和凸显学生的学习主体地位。基于这样的思路，应该创新实践教学新模式。

第一节 思想政治理论课实践教学"四位一体"模式

一、课堂实践教学

课堂是思想政治理论课实践教学的主要渠道，既安全稳定，又可以全员参加。因此，思想政治理论课教师要充分利用好这个渠道，以学生为中心，充分调动学生学习思想政治理论课的积极性，引导学生主动参与思想政治理论课实践教学活动。我们在课堂教学实践中可以开展多种形式的教学活动，比如经典文献研读，观看历史纪录片，情景剧表演，对社会热点事件进行案例分析，通过自学自讲思想政治理论课，演讲比赛，小组讨论等形式灵活多样的实践。使教学形式具有针对性、生动性、创新性和时代感，将这些形式灵活地运用到课堂当中，会给学生带来焕然一新的思想政治理论课课堂，吸引更多的学生真正地走进思想政治理论课课堂，积极地参与思想政治理论课，增强思想政治理论课的吸引力和亲和力。

二、校内实践教学

校园是思想政治理论课实践教学的重要平台。因此，思想政治理论课教师可以结合校园文化开展实践教学。校园文化是学校所具有的特定的精神环境和文化气氛，是学校可持续发展的内在动力。不同的高校拥有不同的校园精神和校园故事，校园文化对学生的人生观和价值观有着潜移默化的作用，是一种无形的具有很强的引导功能的教学资源。依托校园文化开展的实践活动可以有很多，比如在"大思政"的背景下，校园文化的一些活动与实践教学的目标都是相同的，相关部门的活动中就可以融入思想政治教育元素；还可以与专业紧密结合，将课程思政和专业思政教育相结合，将目标责任变为责任目标。在一些中华民族传统节日和纪念日里，可以开展相关主题的活动体验，加强学生对中华民族传统文化的认同，增强文化自信；对于一些重大的历史事件节点，例如改革开放、五四运动、中华人民共和国成立、中国共产党成立等开展对学生的爱国主义教育、理想信念教育；可以参观校史馆，瞻仰母校光辉历程，了解校情校史，激发学生的自豪感、荣誉感、责任感；开展师德师风故事教育，学习一代代教育工作者所积淀下的精神内涵；以榜样教育为依托，可以让有优秀事迹的学生以亲身的社会实践经历做报告，为广大学生树立学习榜样，引导学生奋发向上，团结友爱，做新时代的合格大学生。当然，实践教学的时间和场所不是固定的，而是通过一些具体的实践活动达到润物细无声的教学效果。

三、校外实践教学

习近平总书记在学校思想政治理论课教师座谈会上强调，要重视思想政治理论课的实践性，把思政"小课堂"同社会"大课堂"结合起来，教育引导学生立鸿鹄志、做奋斗者。思想政治理论课是不能脱离社会的，思想政治理论课堂要延伸至社会中。因此，高校要积极与企事业单位、城市社区、乡镇农村、红色教育基地等联系，建立相对稳固的校外实践教学基地。具体实践教学比如开展暑期"三下乡"的活动，开展社会调查和实践活动，增强对社会问题的思考与关注，引导学生深入社会、了解社会、服务社会；组织大学生到烈士陵园、革命纪念馆、博物馆等爱国主义教育基地进行参观，使学生深刻了解党史、国史并领会中华民族伟大复兴的英勇奋斗史和艰苦探索史，培育并深化大学生的爱国主义情感，弘扬民族精神；组织大学生志愿者到社区、街道、农村开展理论政策和党史故事宣讲，让同学们在社会实践中受教育、长才干、做贡献，培养大学生服务社会的奉献精神和责任担当的优秀品质。

四、网络实践教学

信息技术的快速发展给高校思想政治理论课提供了长效平台。习近平指出："推动思想政治工作传统优势同信息技术高度融合，增强时代感和吸引力。"当前，学生与网络的关系日益密切，着实影响了新一代大学生的日常学习与生活。思想政治理论课教师可以充分发挥网络媒体给思想政治理论课教学带来的优势和便利，如可以在微信和QQ等网络平台上与学生进行互动，展开实践教学、发布实践任务。学生可以针对社会热点在平台上展开讨论，可以根据思想政治理论课学习任务，录制情景剧微视频，还可将自己的实践作品投放到平台进行展示，这样可以充分发挥学生的自主性与创新性。思想政治理论课教师也可以通过网络平台上传一些教育视频，丰富教学内容。

第二节 VR技术在思想政治理论课实践教学改革中的应用

VR技术主要是以计算机互联网为核心，运用仿真、传感、立体显示等多种高科技发展的技术成果，模拟构建出虚拟的三维空间世界，使体验者佩戴相关的VR专用设备就能产生犹如身临其境的逼真感觉和现场体验。其具有模拟性、体验性、交互性等特点，能够增强趣味性，大大提升使用者的沉浸感和临场感体验。

一、VR技术嵌入高校思政课实践教学的意义

（一）思政课实践教学需要充分利用科技发展的新赋能

今天的世界已然进入了智能媒体时代。大数据、区块链、人工智能、5G、VR等新科技快速发展，人类的生活也正在被这些技术改变和影响着。传统的思想政治教育及其实践模式曾经发挥了巨大的作用，但在今天也面临着前所未有的挑战，有着需要克服的短板。如，形式过于枯燥不够生动，手段过于单一不够多元，路径过于平面不够立体等。思政课实践模式如果还是停留在以往的状态，就无法有力地发挥其教育功能，难以产生可持续的影响力。与时俱进，充分利用科技发展赋能思政课实践新模式，已成为许多高校积极探索的方向。

相对来说，VR技术嵌入思政课实践环节，既能展现科技新时尚的教育

魅力，又能增强实践教育的时代性、多元性、开放性和趣味性。

（二）创新思政课实践教学的新方式

以往思政课开展的教学实践，大多是采取参观和社会实践的方式，常常因为组织、经费、安全等相关的问题，受到诸多的限制。同时，当今思政课的教学对象已经是"00后"的青年人，他们成长于新世纪，生活环境和社会发展赋予他们独特的时代特征与秉性标签，这也迫切需要创新实践教育方式，以契合他们的心理需求和接受特点。突破路径、创新实践环节的新方式，一直是高校思想政治教育教学的不断追求。将VR虚拟现实的技术和功能嵌入思政课实践环节，打造一种新型的教育平台和方式，不仅能克服传统实践方式的弊端和不足，达到摆脱时空限制、节约成本、便于组织、安全便捷的目的，更重要的是它能通过视频、音频等多元化的手段传递信息，线上线下的有效融合，让思政课的理论以更加灵活、高效、生动的形式传播出去，可以让学生产生身临其境的沉浸式体验，达到传播内容更震撼、感受者更专注、印象更深刻、教育效果更显著的目的。

（三）提升思想政治教育的实效性

高校思想政治理论课是德育课程，与智育课程不同，它除了提供知识以外，更强调价值教育。知识是载体，价值是目标。价值观的教育不能局限于"理论灌输""文本教育"，需要用心用力用情，需要让它们"活"起来，变成可以观看的鲜活形象，由眼入脑，最终才能更深刻地烙印在受众的心上。VR技术是一种视觉媒介，以视觉思考直接诉诸人的感官，直击人的内心，使受众能感同身受、激发出情感的共鸣与共情。把VR技术嵌入思政课教学实践，把思想政治理论教学的内容以更加具有时代特质的形式传播给学生，润物无声才能收到"不言之教胜于教"的效果。VR技术引入实践的互动过程，既增强了思政课实践环节的吸引力，满足青年人的参与感，也能够引发他们强烈的情理触动，在潜移默化的过程中强化大学生对主流价值观的认同与践行，提升了思想政治教育的实际效果。

二、VR技术在高校思政课教学中的具体实践应用

（一）构建虚拟场景导入思政课教学

在思政课教学中，课前导入是一个容易被忽视的环节，部分教师在进行教学的时候往往直接切入主题，而此时学生的注意力尚未集中，兴趣也没有调动起来，这样就会影响教学效果。所以在这样的情况下，可以通过虚拟现实技术创设虚拟教学场景，在课前进行导入，让学生先对这个场景进行分析讨论，然后教师再顺势切入正式课程的教学。这样一来，思政课教学就有了一个有效的导入环节，学生的注意力与学习兴趣都被提高了，这为后续课堂教学活动的开展打下了良好的基础。比如在继承爱国传统，弘扬民族精神的相关教学中，教师就可以准备一个虚拟现实场景，在其中设置爱国故事，然后让学生在课堂上分析这个场景中爱国精神的具体体现，并且思考如果自己是故事中的人物，那么自己会如何选择。借助这样的虚拟场景进行课前导入，为整堂课的教学做好了铺垫。

（二）借助虚拟情境呈现知识内涵

虚拟现实技术可以对理论知识实现可视化，然而从教学需求来讲，理论知识的表面含义其实容易理解，难点在于如何领会这些理论知识所包含的深层次意义。在课堂中，很难通过简单的语言向学生呈现理论知识的内涵，因此就可以借助虚拟情境对相关思政知识的内涵进行呈现挖掘，让学生可以深入地认知和掌握。具体来说，在思政课堂教学中，教师先对课本上的理论知识做出讲解，让学生形成基本的概念认知。然后，再通过虚拟现实技术创设对应的虚拟场景，通过这个场景来反映相关理论知识的内涵，让学生沉浸到这个虚拟场景中，通过其中的人物、事件与过程，深刻体会所表现出来的含义，以此反思对应的理论知识，从而实现有效理解掌握。

（三）构建虚拟实践场景深化教学

虚拟现实技术可以基于现实生活构建开放性的虚拟场景，让人沉浸到这一场景中，扮演具体的角色解决某些预设的问题。在思政课教学中，就可以构建实践性的虚拟场景，给学生安排一些可以自主选择的角色，让学生沉浸到场景中开展实践。比如对于爱国精神的培养实践，就可以基于抗日战争的背景，设置老百姓、八路军战士、炊事班班长等角色，然后创设一个关于日本军队"扫荡"村庄的场景，让学生可以代入老百姓、八路军战士等不同角色，在虚拟场景中尝试保护村庄、击退敌人。这样的一个虚拟场景，可以让学生在其中自主进行思考，并且在实践过程中，对爱国精神实现更深层次的体会和领悟。

（四）通过虚拟场景加强教学互动

高校思政课不能忽视互动教学，而传统课堂要想有效互动是比较难的，因为课堂上学生人数较多，教师很难把握互动。所以，可以通过虚拟现实技术构建虚拟场景，让学生同步接入场景中。比如在教学诉讼相关法律知识的时候，就可以创设一个虚拟诉讼场景，然后将这个场景与手机微信对接起来，让学生通过微信功能接入虚拟诉讼场景之中，给每个学生分配不同的角色，设定一个具体目标，让学生同步参与这个诉讼场景，并利用自身所学知识，围绕设定的具体目标与其他学生彼此交互，完成诉讼。教师还可以代入法官的角色，与学生一起互动，提高思政课教学的有效性。

总之，虚拟现实技术对高校思政课教学能够起到积极的推动作用。在具体实践中，可以从教学导入、辅助讲解、实践教学以及加强互动等方面切入，将虚拟现实技术与思政课充分结合起来，推动高校思政课教学信息化建设。

三、思政课实践教学 VR 技术应用的问题反思

VR 技术在思政课教学实践中的应用让原来无法开展实验的思政课可以利用实验室来进行可控性的实验，这是思政课实践的新方式，同时也是思政课教学的重大变革。但在思政课 VR 实践中也存在着不少问题，其中 VR 硬件不太友好、思政 VR 资源供应稀缺、实验室建设面临困境、思政课教师技术素养欠缺等四个方面的问题比较突出，也比较有代表性。这些问题如果不解决，将直接影响思政课 VR 实践的效果，甚至影响思政课 VR 实践的未来发展。

（一）VR 硬件问题

思政课 VR 实验所需要的实验室设备不仅仅是目镜，还必须有投影设备、感知设备、操控设备，如动感椅、感知手柄以及其他众多的模拟设备。这些设备目前都还比较笨重。最为关键的是，在这个万物皆移动的年代，这些设备显然无法满足移动、便携的要求，于是不得不建设占地比较大的 VR 体验馆或 VR 实验室，限制了思政课 VR 实践的全面展开。思政课的五门主干课涉及各种各样的场景，需要众多的声、光、电、触等智能设备才能达到效果。

特别是沉浸性、参与性需要将现场的感知数据及时融入场景之中，这就需要成熟的大数据、人工智能技术参与其中。但是，目前的 VR 设备智能水平还有局限，对自然、社会和生活场景的模拟还不是十分逼真。例如，我们用 VR 来模拟红军长征途中的雪山、草地、沼泽等各种场景时，目前的效果与长征途中的各种真实场景，特别是各种艰难困苦还有许多的差异，实验参与者的体验与真实感受还有诸多不同。

思政课 VR 实践是学生通过 VR 设备来模拟真实场景，是一种人机关系。好的硬件设备应该是人机界面友好、自然、舒适，不会让人有不适之感。然而，目前的 VR 硬件设备往往让人不舒服、不适应。例如，VR 必备的头盔目前还比较沉重，长期戴在头上不舒服。头盔目镜的图像分辨率还不够高，长期戴头盔会有眩晕感。随着信息技术革命的快速推进，过去需要不同设备支持的技术功能都被集成在万能的智能手机终端，如照相机、手电筒，如今都集成在小小的手机之中。随着技术的发展，手机的功能还会更加强大，许多功能只需要下载一个手机 App 就方便地得到完美的解决。目前的 VR 技术还无法利用万能的手机及其 App 实现其功能，这就极大地限制了其推广和普及。

（二）VR 软件的问题

思政课 VR 实践要得以顺利展开，除了基础硬件和系统软件之外，还必须有相应的 VR 思政资源的支持。所谓 VR 思政资源，就是思政应用软件，它将思政的相关内容（比如能够展现马克思主义基本原理概论、中国近现代史纲要等五门思政课的相关内容或背景）制作成相应的应用软件。硬件设备、系统软件、应用软件是构成思政课 VR 实践的三大基本条件。思政课 VR 实践必须要有与五门思政课全面配套的整套应用软件，否则即使建设了思政课 VR 实验室，也无法展开相应的实践，或者说无法达到相应的效果。目前，思政课 VR 实践在应用软件上存在的问题颇多，例如应用资源稀缺、课程和教材不配套、资源开发缺乏顶层设计、应用效果不够理想等。这些问题的存在制约了思政课 VR 实践的效果和推广。

（三）实验室建设问题

进行思政课 VR 实验必须建设专门的实验室。目前的 VR 技术还无法做到微型化、移动化，并未被集成到手机、电脑 App 等设备中，还需要各种声、光、电、触以及感知设备的支持。因此，高校如果要进行思政课 VR 实验，就必须投资建设思政课 VR 实验室，这样就涉及经费、场地、人员、管理等一系列问题，而且这些问题目前还没有得到很好解决。思政课作为一门政治性很强的人文社会科学课程，一直以来就像其他人文社会科学课程一样，其实践形式无非是参观、调查、访谈等，都必须到实地去，不可能像理、工、农、医这些学科那样可通过实验室的可控实验来完成其实践环节。正因如此，思政课教师对实验室比较陌生，遇到问题也在所难免。同时实验室建设费用较高，投资较大，因为 VR 实验室的建设不是简单购买几套电脑及软件的问题，而是涉及一系列的 VR 硬件设备、系统软件、应用软件等，所需要的经费数达到百万元甚至上千万元。另外，思政课 VR 实验室必须配备相应的实验室人员，而且这些人员还必须既懂 VR 技术，又懂思政课的教学和实践。这种双栖人才目前比较缺乏，因此需要培养一批专业人才来满足实验需要。

第三节 加强思想政治理论课实践教学改革创新的思考

基于对新时代高校思想政治理论课实践教学目前存在问题的梳理，从对思想政治理论课实践教学的合理认识、规范管理、教师队伍建设、实践教学长效保障机制四个维度，对新时代高校思想政治理论课实践教学改革提出了相应举措。

一、全面提升对思想政治理论课实践教学改革的认识

思想是行动的先导，认识是行动的动力，思想政治理论课实践教学改革能否有效深化进行，首先取决于高校、思政教师、学生以及社会能否统一"实践育人"的教育理念，正确树立起对思想政治理论课实践教学的认识，这是提高思想政治理论课实践教学实效性的首要条件。

（一）提升高校对思想政治理论课实践教学的认识

提升高校整体对思想政治理论课实践教学的认识，立德树人，加强思想政治理论课的作用，是党中央一直以来坚持的办学方向，也是高校义不容辞的责任，更是保证思想政治理论课实践教学活动的各个环节顺利进行的前提。

提升高校对思想政治理论课实践教学的认识，主要从以下几方面着手：一是加强学校领导对思想政治理论课实践教学的理论学习，对思想政治理论课实践教学的内容、形式、意义、管理等方面有基本的了解；二是及时下发实施思想政治理论课实践教学方面的文件；三是成立专门负责思想政治理论课实践教学的领导小组，专门对思想政治理论课实践教学的各项活动进行宏

观规划和统筹协调；四是加强对思想政治理论课实践教学队伍的建设，保证思想政治理论课实践教学有足够数量的高素质教师；五是保障思想政治理论课实践教学有足够的课时、稳定的经费和基地。

（二）提高思政教师对思想政治理论课实践教学的认识

思想政治理论课教师是理论课实践教学的主体，是实施者。但部分思想政治理论课教师不是非常清楚自己在思想政治理论课实践教学中的地位和作用，甚至有些教师认为一些课外实践教学与自己毫无关系。事实上，思想政治理论课教师对思想政治理论课实践教学的认识，是影响学生对思想政治理论课实践教学活动的积极性以及影响教学效果的主要因素。因此，要改革就要提高教师对思想政治理论课实践教学改革的思想认识。

提高思想政治理论课教师对实践教学改革的认识，不仅需要对思想政治理论课实践教学的深远意义有清晰的认识，还要对思想政治理论课实践教学本身要有深入的认识。一是思想政治理论课教师在头脑中必须深刻认识实践教学对大学生及社会产生的深远意义，这是实践教学的主要前提；二是思想政治理论课教师必须对实践教学本身有明确的认识，即对什么是思想政治理论课教学范畴的实践教学有清晰的认识。只有真正搞清楚了思想政治理论课教学范畴的实践教学，才能真正丰富思想政治理论课实践教学的形式，才能真正区分思想政治理论课实践教学活动和一般意义的大学生实践活动。

（三）提高大学生对思想政治理论课实践教学的认识

在一切教学过程中，学生对于理论知识的掌握都需要从反复的实践中获得，离开实践的认识是不可能的，客观地认识到思想政治理论课实践教学的重要性，有利于让学生将学到的理论转换为自身可以解决问题的工具，转变为创新思维和实践能力，有效地提高思政课教学的实效性。大学生作为被教育者或是作为实践教学的被实施者，要能够主动进行课前准备工作，过程当中积极地参加，课后对实践教学进行评价。准备、进行和结束反馈形成闭环，激发大学生对实践教学的积极主动性，变被动为主动内驱，这一点尤为关键。

（四）提高社会对思想政治理论课实践教学的认识

社会对学校组织的实践教学活动的认识和理解程度并不高，导致了思想政治理论课实践教学在推进过程中困难很多。由于思想政治理论课实践教学要带领学生走出校园、走向社会，提前进入社会、感受社会，接受社会的教育和洗礼，这需要家长开放心态，摒弃固有的学生只能在校园的旧观念，社会各界也需要有更宽容、更开放的心态，更广泛地接受学校学生与社会建立联系，建立实践基地，为思想政治理论课实践教学的顺利开展创造有利条件。组织大学生进行实践教学活动，高校有高校的优势资源和人力资源，地方有地方的场地资源和环境资源，二者充分结合，既能将学生知识和活力带给社会，同时社会也能帮助培养学生实践能力。随着交流、交往不断深化，社会对思想政治实践教学的认识不断提升。

二、新时代高校思想政治理论课体系创新的方略

将高校思想政治理论课提升到学科建设的高度，实际上是要按照学科建设的规范和要求来提高思想政治理论课教学的整体水平。这一宗旨在思想政治理论课建设的理念创新、目标创新中都有所体现。相比较而言，更多地体现在思想政治理论课建设的内容创新上。具体来说，思想政治理论课体系创新主要包括思想政治理论课建设的深化、思想政治理论课教材体系的与时俱进、思想政治理论课教学的多维探索等。

思想政治理论课体系建设的深化。站在专业学科发展的角度，课程体系主要是指同一专业不同课程门类按照合理关系和恰当比例进行组织搭配所构成的有机的、完整的统一体，是教学内容和进程的总和。改革开放以来，我国高校思想政治理论课课程体系的建设从恢复、发展到创新历经了异常艰难的曲折过程，从"85方案"到"05方案"，随着马克思主义理论体系和马克思主义中国化研究的不断深化发展，思想政治理论课课程体系和教材体系也日趋完善和科学化。马克思主义一级学科的确立和发展，也使构建一个结构合理、功能互补、内容相对稳定的思想政治理论课课程体系成为必然的趋势，这也是加强和改进思想政治理论课教学的重要环节。

将高校思想政治理论课的四门课程——"马克思主义基本原理""毛泽东思想和中国特色社会主义理论体系概论""中国近现代史纲要""思想道德修养与法律基础"纳入教学计划中，使之成为教学大纲规定的必修课程。《中共中央宣传部 教育部关于进一步加强和改进高校思想政治理论课的意见》指出："旨在增进大学生的马克思主义理论修养，促使其养成良好的思想品德，树立科学的世界观、人生观、价值观，坚定中国特色社会主义的理想信念。"另外还开设了"当代世界经济与政治""形势与政策"等选修课程以及各高校自主设立的其他任选课程。

四门必修课是高校思想政治理论课课程体系的主体，是各专业或部分同类专业学生都必须学习的公共课，自然也是课程创新发展的重点。选修课则是对高校思想政治理论课课程体系主体的辅助和补充，主要目的在于拓展思想政治理论课的学科视野，深化对四门必修课程的学习。

在整个教学过程中，课程教材的重要性不言而喻。教材是实现思想政治理论课课程体系与教学体连接的纽带。教材是课程体系的文本展现，体现了课程体系的教学思想、培养目标、教学内容等，是课程得以实施的具体保证。教材也是教学之本，是推进思想政治理论课建设的重要方面。高校是马克思主义意识形态教育的主阵地，思想政治理论课则是高校马克思主义意识形态教育的主渠道，是帮助大学生树立正确世界观、人生观、价值观的重要途径。因此，为了保证高校思想政治理论课教学，国家适时组织马克思主义理论建设工程专家编写、修订教材和教学用书，并且把使用统编教材作为保证思想政治理论课教学质量的重要措施来检查、落实，体现出统编教材的权威性。与此同时，建立教材使用情况监测制度，跟进分析师生对教材使用的意见建议，把师生评价作为教材修订的重要标准，吸收广大师生参与教材修订工作。

中宣部、教育部联合印发的《普通高校思想政治理论课建设体系创新计划》（以下简称《创新计划》）要求，建立高校思想政治理论课教材研究中心，加强对教材内容和表述方式的研究，加强对思想政治理论课学术话语体系的研究，推动提高思想政治理论课教材编写质量和水平。同时，编写完善教学系列用书，体现教材体系的时代性。高校思想政治理论课教材体系建设应善于挖掘教材的时代性，促进教材体系建设的与时俱进。思想政治理论课教材的内容不仅要紧密结合国内改革开放和社会主义现代化建设的实际，还要紧密结合国际社会的变化发展局势及其对中国的影响。不仅要紧密结合学生发展的实际，而且也要紧密结合发展背后的现实条件和环境。思想政治理论课教材体系的建设当然还要密切关注世情、国情、党情的深刻变化。结合这些变化，组织专家编写与高校思想政治理论课统编教材相配套的教师参考书、疑难问题解析、教学案例解析、学生辅学读本等教学辅助用书，一方面可以更好地促进统编教材的使用，另一方面也可以更好地针对一些社会热点问题、重难点问题为学生答疑解惑。此外，注重教材话语的现代性，以贴近学生的实际学习、生活和工作，增强教材的亲和力。切实推进优质教学资源共享，实现教材体系的开放性。

切实推进优质教学资源共享主要是指积极推进各地各高校网络教学资源的整合工作，开展网络教材建设，并与统编教材、教学指导用书等共同构成开放的、立体的思想政治理论课教材体系。对此，《创新计划》作了具体说明。一是加强高校思想政治理论课程网站建设，完善网站建设机制，优化栏目设置，使之成为全国思想政治理论课教师共建共享共管的平台。二是成立全国思想政治理论课网站信息共享联盟，整合各地各高校优质网络教学资源。三是推动思想政治理论教育网络期刊建设，探索建立思想政治理论教育类优秀网络文章在科研成果统计、职务评聘方面的激励机制。四是建立文献共享资源库。五是建设一批教学资源研究实验室，系统总结提炼优质教学资源。六是建立大学生思想政治理论课主题学习网站和微信公众号学习平台，使之成为宣传展示学生理论学习成果的阵地。七是各地各高校要积极参与相关网站建设，采取切实措施推动本地本校教学资源共建共享。

高校思想政治理论课教学的多维探索，主要是在教学的空间维度上，积极构建集课堂教学、实践教学与网络教学三位一体的立体化思想政治理论课教学体系。课堂教学侧重于对思想政治理论课的讲解，实践教学则侧重于知识的运用，注重对具体问题的分析和解答，网络教学则侧重于利用先进的信息化网络资源共享平台进行因材施教，是对课堂教学与实践教学的综合运用。"教学模式不仅是一种教学手段，而且是为完成特定的教学目标而设计的、具有规定性的教学策略。"高校思想政治理论课教学体系的立体架构，必须构建能与之相配套的立体化教学模式。

课堂教学是高校思想政治理论课教学的主阵地和主渠道，实践教学和网络教学都只是对课堂教学的有效补充。运用多种多样的课堂教学形式和方法，如专题讲座的模式，将教学内容从课内延伸至课外，从书本延伸至实践。通过讲授式、讨论式、辩论式、案例式、对话式、参与式、讲演式、情景式等灵活多样的教学方法，将教材语言有效地转化为教学语言。此外，课堂教学也可以通过科学合理的课堂管理和治理方法，提高课堂教学的效果。注重理论联系实际，整合资源强化实践教学。实践环节是思想政治理论课教学的重要一环，是思想政治理论课教学的第二课堂。习近平总书记要求："重视思政课的实践性，把思政小课堂同社会大课堂结合起来。"课堂教学的目的最终还是要回到实践运用方面。因而，注重理论联系实际，整合优质资源，强化实践教学对于高校思想政治理论课三位一体教学体系的构建具有重要的意义。

具体而言，《创新计划》已明确指出，整合资源强化实践教学可以从以下几个方面开展：一是制定印发《高校思想政治理论课实践教学大纲》，进一步规范实践教学；二是推动思想政治理论课实践教学与大学生社会实践活动有机结合，整合思想政治理论课教师和辅导员队伍，共同参与组织指导实践教学；三是各高校要健全组织管理方式，逐步形成学校思想政治理论课教学科研机构、宣传部、教务处、学工部、团委等部门协调配合的实践教学工作机制；四是积极争取社会各方面支持，整合实践教学资源，拓展实践教学形式，建设一批相对稳定的实践教学基地；五是注重总结实践教学成果，把优秀调研报告等作为课堂教学的补充材料。此外，还要利用现代化技术开展网络教学。网络具有丰富的形式和内容，为思想政治理论课教学的开展提供了良好的条件和巨大的空间。目前，思想政治理论课可以通过网上论坛、即时通信、博客、电子邮件、网络信息搜索、网络课件等多种网络方式开展教学，实现思想政治理论课教学网上与网下、同步与异步、分散与集中的结合。网络教学最大的特点就是运用现代教育技术，采用多媒体教学法，把抽象的理论变得有形、有色、有声、有趣，更有利于充分调动学生的各种感官，使教学由单一接受变为综合接受，从而提高教学效果。利用网络环境拓展教育资源，实现全过程育人的教学实践，实现课外育人与课内育人的结合。

第八章 思想政治理论课教学考核评价体系创新

任何一门课程的教育教学活动，教师的教学效果如何，学生的学习效果如何，都需要通过一定的方式进行考核和评价。思想政治理论课实践教学的考评是实践教学实施效果的最终检验，同时其考评结果又对实践教学的进一步改进起着导向作用。所以，考评活动既是思想政治理论课实践教学实施的终点，也是新的起点，在思想政治理论课实践教学课程建设中具有特殊的意义。因此，探索思想政治理论课实践教学考评方式的特殊性，建立科学合理的实践教学考评机制是十分必要的。

第一节 思想政治理论课教学考核评价体系创新的必要性

各高校对于课堂理论教学已有一套较完整的考评机制，但是需要完善的地方还很多，对于实践教学及其考评机制的建设，从认知到操作层面都相对滞后。如果说实践教学是高校人才培养中的薄弱环节，那么实践教学考评机制建设又是实践教学课程建设中的薄弱环节。因此，探讨思想政治理论课实践教学考评工作的特殊性，努力构建科学合理的实践教学考评机制尤显迫切和重要。

一、思想政治理论课实践教学考评的特殊性

（一）思想政治理论课实践教学考评主体和考评对象的特殊性

在传统理论课程的教学考评中，考评的主体通常是教师，对象是学生。但在思想政治理论实践课程的教学考评中，考评的主体还包括高等教育主管部门、学校党委及其主要职能部门，其考评对象也不仅是学生，还包括学校党委和主要职能部门，也包括任课教师。这是由思想政治理论课及其实践教学在高等教育中的特殊地位所决定的，也是由实践教学课程在一定意义上还

是"新兴课程"的现状所决定的。如高等教育主管部门要考评各个高校在思想政治理论课及其实践教学的领导体制、工作机制、机构设置等方面的组织管理建设情况，还应考评思想政治理论课实践教学的专项经费、教材使用等情况，以此督促高校重视思想政治理论课程建设，推动实践育人工作。

（二）思想政治理论课实践教学考评内容的特殊性

传统理论课程的教学考评中，考评的主要内容是学生对书本上理论知识的掌握情况。即使是几门思想政治理论课也是以考评学生掌握思想政治理论知识的情况为主。而在实践课程的教学考评中，考评的主要内容则是学生在社会实践中的实际表现，包括学生的组织能力、表达能力、动手能力等，重点考查学生的思想政治素质和道德品质。

（三）思想政治理论课实践教学考评方式的特殊性

传统理论课程的教学考评中，一般是以教室做考场，以纸质试卷为手段，以学生试卷作答情况作为考评依据。由于知识标准的确定性，使理论课程考评更具客观性。实践课程的教学考评虽然也包括结果考评，如对学生调查报告质量、读书心得质量的考评，但实践教学本身是在广阔的社会生活领域展开的，其考评也就无固定场所，它更偏重学生参加社会实践情况的过程考评，包含教师对学生参加实践教学实际表现的考察，因而实践课程考评更具主观性，同时也说明实践教学考评是一件更为繁复的教学活动。

二、思想政治理论课实践教学考评中存在的问题

多年来，我国高等教育中存在重理论轻实践、重知识传授轻能力培养的传统教育观念，虽然近几年出台了多项思想政治理论实践教学的要求，但这种状况始终未能得到根本性的扭转，没有将大学生参加社会实践活动与组织课堂教学摆在同等重要的位置。这导致思想政治理论课实践教学在考评制度建设上出现诸多不足，存在系列问题。

（一）实践教学考评机制不健全

首先，缺乏对高校领导和职能部门的督促性考评。思想政治理论课实践教学实效性的考评本应包括对高校领导和职能部门的考评、对指导教师的考评和对学生的考评，但由于种种原因，高校领导和职能部门在实践教学考评机制建设上往往不够重视，乏善可陈。亦如高校思想政治理论课实践教学和大学生社会实践活动处于"各自为政""各行其是"的状况一样，在实践教学考评机制建设上也处于放任自流的状态。

其次，缺乏对教师实践教学的监督性考评。由于未把思想政治理论课实践教学当成一门课程来认识和对待，似乎只要有教师愿意认领实践教学课（课外实践教学）就已经很不错了。至于任课教师是怎样指导的，有哪些指导行为，所指导班级实践教学实际效果如何，教师是如何给学生评定实践教学成绩等情况似乎都无从考评。即使有的学校制定了教师实践教学考评标准也很难执行。实践教学课程也未纳入学校"师评网"。所有这些都导致教师对实践教学课程本身的轻视和对学生实践教学活动判定成绩时的随意性。教师对实践教学的轻视和随意性，反过来又影响学生对实践教学意义的认识和热情，在实践教学中弄虚作假、搭顺风车、过场化现象时有发生。所以，加强对教师的实践教学管理和监督性考评是确保实践教学提高实效性的重要手段。

（二）实践教学考评内容不够全面、方法不够科学

思想政治理论课实践教学所要考评的对象当然主要是学生。学生修读实践教学课程时，一定会要求获得相应学分，同时成绩也是要与他们的付出相当的。但实践教学考评的内容包括哪些及如何给参加实践教学的学生评定成绩，却始终是困扰实践教学有效开展和可持续运作的瓶颈之一。

首先，实践教学考评内容不够全面。实践教学原本应实现三维目标，即知识目标、能力目标和情感态度价值观目标。但目前指导教师在对学生实践教学成绩进行评定时过多倚重学生上交的文字材料，即对调查报告或读书心得等书面材料的质量进行评定。忽视了对学生实践教学中的团队精神养成、组织能力训练、意志品质磨炼等方面提升情况的考察。而学生在对待社会实践活动的总结上存在社会调查报告弄虚作假、敷衍糊弄等问题。因此，这种考评方式仍然属于知识性考评，是传统的"一张考卷定成绩"的理论课考评方式的变种。

其次，实践教学考评方法不够科学。其主要表现在，一是考评标准缺乏或不够规范。思想政治理论课实践教学不像其理论教学那样已有较完善的考评标准，如试题标准答案。即使有的学校制定了实践教学考评标准，也"要么过于粗疏，难于操作，要么过于严格，近似于对理工科试验的要求，没有考虑到思想政治理论课实践教学本身的特点"。二是客观、公平的考评难以

实现。在现有师资条件下，每位教师常常要为几十甚至上百的学生实践教学成绩做出与其付出相匹配的客观公正的考评，实属不易。如学校鼓励学生以小组形式参加实践教学活动，但小组提交的调查报告或证明材料，不论质量如何，教师都无法从中评判出每个学生在其中的付出和实际表现。三是过度依赖《社会实践表》，从结果上考核，缺乏过程性评价。

最后，实践教学考评效果不突出。一是考评未反映出实践教学是否促进了学生对思想政治理论基本知识的学习兴趣和理解，二是考评未反映出实践教学是否促进了学生对该课程本身的认知和持续参与的热情。一项关于某市高校思想政治理论课社会实践教学成绩考评现状的调查表明：对思想政治理论课实践教学活动从来就不感兴趣的同学占到了被调查大学生的31.3%。这表明，在不少同学看来，思想政治理论课实践教学还只是为拿到学分、完成学业才不得不参加的学习活动。

三、加强思想政治理论课实践教学考评机制建设

（一）加强实践教学考评机制建设的意义

首先，促进实践教学课程自身科学、健康、有序地发展。建立科学合理的思想政治理论课实践教学考评机制是完善实践教学制度的最后一块"拼图"。实践教学课程建设若没有匹配的考评机制或者考评机制不完善就难言成熟。实践教学考评工作不仅是实践教学课程实施的最后一个环节，也是实践教学实施效果的直接反映，甚至对下一轮实践教学的开展具有导向作用。

其次，促进实践教学考评工作向标准化、科学化和公平化发展。有了科学合理的考评机制，一方面使学生修读实践教学课的实际付出和收获得到公平对待，从而提高学生继续参加社会实践的热情，最大限度地避免实践教学流于形式和弄虚作假现象的发生；另一方面，规范、督促实践教学指导教师投入更多精力，努力提高实践教学质量，减少考评工作中的主观随意性。

（二）思想政治理论课实践教学的评价原则

高校思想政治理论课实践教学评价体系的原则是指导开展实践教学评价的依据，是确保思想政治理论课实践教学评价活动开展的根本保障，是思想政治理论课实践教学评价活动的目的与意义的体现。

1. 导向性原则

高校思想政治理论课实践教学是在教师的指导下，依据课程的教学内

容和要求，以组织和引导大学生主动参与实际生活和社会实践，获得思想道德方面的直接体验为主要内容，以提高大学生思想道德素质为目标的教学方式和教学环节。在进行思想政治理论课实践教学评价的时候要始终坚持以学生直接体验和提高思想道德素质为目标和导向。

2. 可操作性原则

可操作性原则是指评价方案实施时具备可操作性、行得通。高校思想政治理论课实践教学评价过程是否达到预期效果，其评价方案、指标体系及评价过程是否具有可操作性是重要前提之一。不仅要求各项指标具有实际内容，要符合实际，而且评价指标体系要尽量简便、明确、便于实施，同时每一个评价指标都可以量化，具备可测性。

3. 系统性原则

高校思想政治理论课实践教学评价体系是由各个系统构成的总评价系统，各个系统相互交织、相互联系、相互渗透，形成全面评价的指标系统。从纵向看，系统可以层层分解，从总目标到次级目标再到再次级目标；从横向看，可以分为实践教学的条件、实践教学的过程与实践教学的效果。总目标的实现依赖于子目标的实现，子目标的评价和实现则可以达到高校思想政治理论课实践教学的目标，即提高大学生的思想道德素质和能力。

4. 全面性原则

高校思想政治理论课实践教学的评价不仅可以对高校思想政治理论课实践教学工作进行宏观的评价，而且能够对高校从事思想政治理论课实践教学的教师和学生进行微观的评价，尤其在对学生进行评价的时候要把学生撰写的调查报告、社会实践材料等实践结果作为考评的依据，而且要能够对学生在实践过程中认识水平和能力的提高，以及对学生在实践中表现出来的理想信念、敬业精神等进行综合的评价。劳动过程和劳动结果均作为公益劳动活动考核的依据，避免了学生只追求劳动结果而忽视劳动过程的不良心理倾向，使学生形成了过程与结果同样重要的认识，培养了学生热爱劳动的良好品质。

（三）思想政治理论课实践教学考评机制建设的主要内容

首先，建立宽严适度的实践教学考评管理制度和规章。这些制度和规章包括思想政治理论课实践教学课程实施管理办法、思想政治理论课实践教学课程教学大纲、思想政治理论课实践教学教师职责、思想政治理论课实践教学经费管理与使用办法、学生实践教学成绩纳入学生奖学金评选范围等。

其次，设计科学而易于操作的实践教学考评标准。这些考评标准包括：思想政治理论课实践教学课程质量标准、思想政治理论课实践教学考评标准和考评办法、学生优秀社会实践成果（如优秀社会调查报告等）评选规则、指导教师教学工作量核定办法等。另外，实践教学考评结果应纳入实践育人教学质量评估体系和思想政治理论课建设质量评估体系，成为上级主管部门测评实践育人工作和思想政治理论课教学质量和水平的重要指标。

最后，实践教学考评工作纳入教学督导范畴。现在，各个高校大多设立了教师教学质量督导组，各个院系又设置有教学督导室（组），对各门课程的教育教学工作开展全过程的教学督导活动。因此，实践教学课程实施和考评工作也应纳入学校和学院两级教学督导的范畴，开展督导工作。

第二节　思想政治理论课教学考核评价体系创新的重要性

高校思想政治理论课教师的考核评价是思想政治理论课建设的重要环节。教育部印发的《"新时代高校思想政治理论课创优行动"工作方案》要求，坚持以思政课教学为核心的科研导向，强化对思政课教学实绩和思想政治工作实践的基本要求，进一步提高教学和教学研究占比，坚决克服唯文凭、唯论文、唯帽子等问题；推动高校在专业技术职务（职称）评审工作中单独设立马克思主义理论类别，按教师比例核定思政课教师专业技术职务（职称）各类岗位占比；丰富科研成果认定形式，要将思政课教师在中央和地方主要媒体发表的理论文章纳入学术成果范畴。这为高校思想政治宽口径教师考核评价指明了方向。马克思主义经典作家以及中国共产党历届领导集体对思想政治教育工作者的评价问题也有许多指示，为高校思想政治理论课教师的考核评价提供了丰富而坚实的思想基础和理论指导。

一、马克思主义经典作家关于思想政治教育者评价的思想

关于对思想政治教育者的评价，马克思主义经典作家认为主要看教育者是否具备明确的信念、一定的理论素养和教育能力。马克思指出："如果你想感化别人，那你就必须是一个实际上能鼓舞和推动别人前进的人。"恩

格斯在批判卡尔·海因岑的过程中指出：党的政论家应当具备完全不同于海因岑先生所具有的素质，"作为党的政论家，除了一定的信念、善良的愿望和洪亮的嗓音而外，还需要一些别的条件"。"党的政论家还需要具有更多的智慧、更明确的思想、更好的风格和更丰富的知识。"

马克思、恩格斯对《未来》杂志、《新社会》杂志持社会改良观点的教育者们给予否定评价，主要原因是他们缺乏引导无产阶级革命运动所必需的理论素质。"他们中的每一个人都不是自己首先钻研新的科学，而宁可按照搬来的观点把这一新的科学裁剪得适合于自己，匆促地为自己制造自己的私人科学，并且狂妄地立即想把它教给别人。所以，在这些先生当中，几乎是有多少脑袋就有多少观点。他们什么也没有弄清楚，只要造成了极度的混乱……幸而，几乎仅仅是在他们自己当中，这些教育者的首要原则就是拿自己没有学会的东西教给别人，党完全可以不要这种教育者。"那么党需要什么样的教育者呢？恩格斯认为马克思是一个光辉典范。恩格斯在《在马克思墓前的讲话》中高度赞赏和评价马克思的理论素养和教育能力："最早的《莱茵报》（1842年），巴黎的《前进报》（1844年），《德意志—布鲁塞尔报》（1847年），《新莱茵报》（1848—1849年），《纽约每日论坛报》（1852—1861年），以及许多富有战斗性的小册子，在巴黎、布鲁塞尔和伦敦各组织中的工作，最后，作为全部活动的顶峰，创立伟大的国际工人协会，老实说，协会的这位创始人即使没有别的什么建树，单凭这一成果也可以自豪。"

列宁以理论家、宣传员、组织者的身份评价思想政治教育工作者的理论素养和能力素质。当时的俄国，农民占多数、针对一个农民占多数的国家，高深的理论不易被无产阶级和广大群众理解、接受，更难以和他们达成思想共鸣。如何在一个农民占多数的国家，对无产阶级和广大群众灌输马克思主义的科学理论？教育者的素质和能力非常关键。"不做上述的理论工作，便不能当思想领导者；不根据事业的需要进行这项工作，不在工人中间宣传这个理论的成果并帮助他们组织起来，也不能当思想领导者。"因此，列宁要求思想政治教育者必须具备全面发展无产阶级的政治意识的能力，具备良好的理论素养，要以理论家、宣传员、鼓动员、组织员的身份到居民的一切阶层中去进行思想政治教育。这些思想对思想政治理论课教师考核评价仍然具有指导意义。

二、中国共产党历届领导集体关于思想政治教育者评价的思想

毛泽东作为中国共产党的伟大领袖，对 20 世纪的中国和世界历史进程产生了非常深刻的影响。毛泽东在领导中国革命和建设过程中积累了丰富的经验并且创立了毛泽东思想理论体系。在毛泽东的系列经典著作中，蕴含着丰富的思想政治教育者考核评价的思想。中华人民共和国成立后，1955 年 9 月，毛泽东明确指出："政治工作是一切经济工作的生命线。"毛泽东认为，进行马克思主义理论的学习、教育，就是要能够以马克思主义的立场、观点和方法去分析问题和解决问题。1958 年的杭州会议上，毛泽东论述了红与专、政治与业务的辩证关系，提出思想和政治"是统帅，是灵魂"的思想，明确了对培养又红又专的一代新人的价值判断，要求思想政治教育者要懂业务。"又红又专"是思想政治教育的目标，更是评价思想政治教育者的标准。

邓小平理论博大精深，包含着丰富的考核评价思想。邓小平指出"实践是检验真理的唯一标准"，提出了"发展是硬道理"的考核评价标准。同时，邓小平还提出了"科技是第一生产力"的评价标准。邓小平针对姓"社"还是姓"资"的问题，提出了"三个有利于"的考核评价标准，即是否有利于发展社会主义社会的生产力，是否有利于增强社会主义国家的综合国力，是否有利于提高人民的生活水平。"三个有利于"考核评价标准，是判断姓"社"还是姓"资"的标准，也是判断我们党和国家方针政策和开放成败的标准。对于考核评价工作成效，邓小平以人民利益为评价准绳，提出了人民"拥护不拥护、赞成不赞成、高兴不高兴、答应不答应"的考核评价标准，这些论述对新时代高校思想政治理论课教师考核评价具有普遍指导意义。

江泽民对当代中国化马克思主义理论的发展与创新做出了重大贡献。在庆祝北京师范大学建校 100 周年大会上，江泽民指出，教师应该做到志存高远、爱岗敬业、为人师表、教书育人、严谨笃学、与时俱进。

胡锦涛在思想政治教育创新方面做了相当大的贡献。胡锦涛认为，"要从赢得青年、赢得未来的高度，抓好大学生的理论学习，深入推进马克思主义中国化的最新成果进教材、进课堂、进头脑工作"。

因此，加强高校思想政治理论课教师队伍建设具有重要性和紧迫性。中共中央宣传部、教育部在制定和贯彻 2008 年《关于进一步加强高等学校思想政治理论课教师队伍建设的意见》中明确提出思想政治理论课教师应

"牢固树立坚定的理想信念，不断提高为思想政治理论教育事业服务的责任感；努力学习、刻苦钻研，不断增强马克思主义理论素养和人文社会科学知识基础；深入实践，了解学生，提高教学艺术和教学能力；注重道德修养、提升精神境界，做教书育人的典范"，这是对高校思想政治理论课教师的总体要求，也是教师考核评价的标准。

习近平总书记于 2018 年在北京大学师生座谈会上指出："建设政治素质过硬、业务能力精湛、育人水平高超的高素质教师队伍是大学建设的基础性工作。要从培养社会主义建设者和接班人的高度，考虑大学师资队伍的素质要求、人员构成、培训体系等。"思想政治理论课教师考核评价是落实教师工作的重要一环，对于造就党和人民满意的高素质专业化创新型教师队伍，落实立德树人根本任务，培养全面发展的社会主义建设者和接班人，全面提升国民素质和人力资源质量，加快教育现代化，建设教育强国，办好人民满意的教育具有十分重要的时代意义。高校思想政治理论课教师是党的理论、方针、路线、政策的研究者和传播者，担负着传播社会主义意识形态的重要责任。建设一支党和人民满意的高素质专业化创新型的思想政治理论课教师队伍，对于提高思想政治理论课的亲和力、吸引力、实效性和针对性具有重要意义。进行思想政治理论课教师的考核评价，便于准确掌握教师队伍中的具体实际，了解教师个体发展的现状，从而有针对性地支持和帮助综合素质良好的教师不断提升自我。

具体而言，就是对于具有发展潜力的思想政治理论课教师，以考核评价为抓手找到其有待提升的空间，围绕其短板进行改进，使其成为学科理论扎实、专业能力突出、教育情怀浓厚的高素质复合型教师；对于不符合考核评价标准的教师，要有退出机制，引导分流，从而保证高校思想政治理论课教师队伍的整体水平。此外，对教师进行考核评价，可以比较某一高校思想政治理论课教师队伍的发展情况，了解不同阶段教师队伍建设的状态，掌握其中的发展规律以及存在的主要问题，有利于高校思想政治理论课教师队伍的建设规划，最终促进教师队伍的整体发展。

高校思想政治理论课教师承担着传播知识、思想、真理的历史使命，肩负着塑造灵魂、生命、个体的时代重任，是新时代青年学生健康成长的引路人。党的十九大报告明确指出："要以培养担当民族复兴大任的时代新人为着眼点。"习近平总书记强调："我们的教育要培养德智体美全面发展的社会主义建设者和接班人……高校只有抓住培养社会主义建设者和接班人这个根本才能办好，才能办出中国特色世界一流大学。"思想政治理论课教师通过教学帮助青年学生树立正确的历史观、民族观、国家观、文化观，关系到培养社会主义事业建设者和接班人的根本性问题；因此，以考核评价为抓手，提高教师综合素质，对于高校顺利完成立德树人、培育时代新人的任务是极端重要的。习近平总书记指出教师职业的特殊性，希望广大教师特别是思想政治理论课教师坚持"四个相统一"，争做"四有好老师"，做好"四个引路人"，并要求从战略高度来认识教师工作对培育时代新人的极端重要性。

2016 年教育部出台《关于深化高校教师考核评价制度的指导意见》，强调加强师德考核力度和重视社会服务考核，明确了教师考评的基准。2018年，中共中央、国务院出台《关于全面深化新时代教师队伍建设改革的意见》，明确指出要"深入推进高等学校教师考核评价制度改革，突出教育教学业绩和师德考核"。可见，对高校思想政治理论课教师进行考核评价是培育时代新人的重要保证，必须认真贯彻落实。"国势之强由于人，人材之成出于学。"教师是国家发展的第一资源，是国家富强、民族振兴、人民幸福的重要基石。当今世界正处于大发展、大变革、大调整之中，一切领域都面临着机遇与挑战并存的境况。新时代，我国社会主要矛盾已经转化为人民日益增长的美好生活需要和不平衡不充分的发展之间的矛盾，人民对公平而有质量的教育的向往更加迫切。面对新方位、新征程、新使命，教师队伍建设还存在着一些不平衡不充分的地方。对此，通过考核评价的手段与机制，促进教师主动适应信息化、人工智能等新技术变革，推动高校思想政治理论课教师提高思想政治素质、弘扬高尚师德，有助于促使教师的综合素质满足办好人民满意的教育和建设教育强国的时代要求，进而使"我们的教育是为人民服务、为中国特色社会主义服务、为改革开放和社会主义现代化建设服务的"，最终实现教育强国的战略目标。

第三节　思想政治理论课教学考核评价体系有效性思考

思想政治理论课实践教学的考评包括对大学生的考评、对实践教学指导教师的考评和对高校相关机构管理工作的考评三个方面，但首先是对大学生修读实践教学课程实际效果的考评。同时，这里的实践教学考评主要是针对大学生课外实践教学进行的，也即对本教材中思想政治理论课"实践教学Ⅰ"和思想政治理论课"实践教学Ⅱ"中的相关内容进行的考评。

一、大学生实践教学成绩考评的总体要求和基本原则

（一）大学生实践教学成绩考评的总体要求

首先，实践教学考评要与党的教育方针、与实践育人的教育理念相适应。实践教学是党的坚持教育与生产劳动和社会实践相结合的教育方针在思想政治理论课中的贯彻，是我国高校实践育人体系的重要组成部分。因此，凡是认真修读实践教学课，积极参加社会实践的学生，在考评上都应得到充分肯定。

其次，实践教学考评重在考察实践教学的实际效果。思想政治理论课实践教学既然有学时和学分要求，对于学生而言，修读实践教学课程后应获得相应的成绩和学分，这是一个合理的利益诉求。但评定成绩和授予学分却不是实践教学课程的最高目的，也不是实践教学考评工作的主要目的。考评的主要目的，一是根据考评结果（学生成绩）分析实践教学课程开展的得失情况，进而不断改进考评方式、完善考评标准；二是根据考评结果分析实践教学在促进马克思主义科学世界观、社会主义核心价值观进头脑方面的实际效果，重点考查学生的思想政治素质和道德品质，从而完善实践教学课程。

最后，要不断探索和完善全方位、全过程的实践教学考评新机制、新办法。思想政治理论课实践教学特别是课外实践教学周期长、内容多，又常常与大学生其他社会实践活动相互渗透。因此，实践教学的考评不应是一次性的考评，也不应仅仅就学生的某一项社会实践做考评。实践教学考评应努力实现全方位、全过程的考评。

（二）实践教学考评要遵循的基本原则

首先，实践教学考评要遵循民主性原则。所谓实践教学考评的民主性原则，就是要最大限度地吸收学生参与到考评活动中来。学生是实践教学的主体，也应是考评的主体。学生参与考评包括学生自评和学生间互评。毕竟多数的实践教学活动都是学生以团队形式开展的，学生对他们各自在实践教学中的作用和实际付出也最清楚。吸收学生参与实践教学考评工作，不仅是

考评民主性的实践，也是考评公正性的体现。

其次，实践教学考评要遵守激励性原则。所谓实践教学考评的激励性原则就是通过考评工作，让每一个学生体会到参加社会实践的成就感和实际进步，从而激发学生参加实践教学和其他社会实践活动的积极性和热情。所谓"考评"，原本就包含"考核"和"评议"两个方面。"考核"是要给学生实践教学成果评定成绩并授予学分，可谓定量考评。"评议"则是要对学生实践教学过程和成果得失做出一定分析、写出必要的评语，可谓定性考评。对于定性考评应多以鼓励性、赞扬性、肯定性语言为主，以达到激励的目的。

最后，实践教学考评要遵循导向性原则。所谓实践教学考评的导向性原则就是通过考评工作，让学生对实践教学课程有一个正确的认知和态度，并引导其积极参加实践教学和其他社会实践活动。例如，实践教学考评可以通过评定出低分甚至不及格者，让学生意识到实践教学课程的严肃性、端正修读态度，杜绝弄虚作假、搭顺风车等不良现象，也可以通过评定高分来引导学生选择那些更富有挑战性和现实意义的实践教学主题，避免学生在选择实践教学主题时出现"一窝蜂"现象。

二、思想政治理论课实践教学成绩评定标准

（一）制定思想政治理论课实践教学成绩评分标准的重要意义

科学严谨的考评标准是搞好实践教学考评工作的基本依据。通过制定考评标准，一方面使教师在指导实践教学时有可以遵循的依据和程序，避免教师评定成绩时的主观随意性，也可让教师的实践教学工作业绩得到认可；另一方面，有了严格的考评标准，可以较好地保证学生实践学习成绩与其付出相匹配，得到公正、公平的评定，经得起横向比较，从而调动学生参加实践教学的积极性、主动性，提高实践教学的实效性和针对性。

由于思想政治理论课实践教学分为"实践教学Ⅰ"和"实践教学Ⅱ"，二者开设的学期不同，参与指导和考评的教师不同，所以应分别制定考评标准。

（二）思想政治理论课"实践教学Ⅰ"成绩评定标准的主要内容

思想政治理论课"实践教学Ⅰ"包括调研类实践教学和观读类实践教学。因此，在条件成熟时也应分别制定成绩评定标准。教师在分别给学生的社会调查实践教学和观读报告评定成绩后，输入教务处学生成绩系统，系统按一定的比例，如按 7∶3 的比例自动合成为学生"实践教学Ⅰ"的最终成绩。

同时，学生"实践教学Ⅰ"的最终成绩达到及格或 60 分以上的应获得相应的学分，而"实践教学Ⅰ"的综合考评成绩为不及格或 60 分以下的不能获得相应学分，且须重修本门课程。

1. 调研类实践教学成绩评定标准的主要内容

学生是否积极认真参加实践教学的培训学习活动、在社会调查实践过程中是否积极认真主动、是否按时完成了调查报告的撰写、调查报告的质量和水平、在社会调查小组中所担负的职责、任务的多寡等是其成绩评定的主要内容。实践教学指导教师应根据学生在以上各个环节中的实际表现，评定相应的分数或等级，并给予相应的评语。如，凡是在社会调查活动以上各个环节中表现优异的应该评定为优秀成绩，实行百分制的应评定为 90 分以上。以此类推，对全体学生的社会调查实践教学分别做出良好（80 ~ 89 分）、中等（70 ~ 79 分）、及格（60 ~ 69 分）和不及格（59 分及以下）的成绩评定。凡成绩评定为不及格的，学生应重新参加调研类实践教学活动。各个高校还应根据自身的特点，细化实践教学成绩评定标准，使之更具操作性。特别是在评定社会调查实践教学的优秀成绩时，应有一定的比例限制。如以小组形式开展社会调查并获评优秀的，应该是小组的主要负责人获评优秀成绩，而不能是小组全体成员都获评为优秀成绩。

2. 观读类实践教学成绩评定标准的主要内容

学生是否按要求认真阅读或观看指导教师所推荐的书目、视频影视资料，是否独立完成读后感或观后感的撰写，读后感或观后感是否有较大的收获或独到见解，且基本立场观点正确，读后感或观后感的字数和格式是否符合要求等是其成绩评定的主要内容。实践教学指导教师应根据学生在以上各个环节中的实际表现，评定相应的分数或等级，并做出相应的评语。如凡在观读活动以上各个环节中表现优异的，其成绩评定应为优秀，实行百分制的成绩应评定为 90 分以上。以此类推，对全体学生的观读实践教学分别做出良好（80 ~ 89 分）、中等（70 ~ 79 分）、及格（60 ~ 69 分）、不及格（59 分及以下）的成绩评定。凡成绩评定为不及格的学生应重新参加观读实践教学活动。同时，在评定观读实践教学的优秀成绩时，也应有一定的比例限制。

（三）思想政治理论课"实践教学Ⅱ"成绩评定标准的主要内容

"实践教学Ⅱ"包含大学生在规定年限内，利用课余时间所必须参加的多项社会实践活动,如:参加生产劳动(学工、学农、学商)、志愿服务、公益活动、科技发明、勤工助学和校园文化活动等。各高校还可以根据本校特色细化这些社会实践活动的具体事项,详见第三章相关内容。因此,很难为每一项具体社会实践活动制定一个评分标准。

但学生在参加这一系列社会实践活动过程中,只要态度端正、积极主动、遵守纪律,并有一定的创造性实践成果,出色地完成了"实践教学Ⅱ"所规定的最低任务量,达到了相应的学时学分要求的,就应该得到充分的肯定并评定为优秀成绩,实行百分制的应评定为90分以上。以此类推,对全体学生参加的"实践教学Ⅱ"分别做出良好(80~89分)、中等(70~79分)、及格(60~69分)和不及格(59分及以下)的成绩评定。同时,学生"实践教学Ⅱ"的综评成绩达到及格或60分以上的应获得相应的学分。而"实践教学Ⅱ"的综评成绩为不及格或60分以下的不能获得相应学分,且须重修本门课程。而学生参加"实践教学Ⅱ"时,首先应向学校申请该门课程,并在学校的"实践育人管理中心"或"思想政治理论课综合实践教学管理中心"下载并填写"思想政治理论课实践教学学分认定申请表",学生以后的社会实践活动都应记载在该申请表内。学生参加"实践教学Ⅱ"中的每一项社会实践活动都应争取相关机构出具证明材料。实践教学指导教师主要是通过学生提供的证明材料对其成绩做出评定。

需要指出的是,"实践教学Ⅱ"是高校"实践育人工作总体规划"中的重要组成部分,实践教学、军事训练、社会实践活动是实践育人的主要形式。因此,将学生必须参加的社会实践活动纳入思想政治理论课实践教学课程范畴是顺理成章之事,是思想政治理论课实践教学与大学生其他社会实践融会贯通的表现。与此同时,不仅思想政治理论课教师有担当"实践教学Ⅱ"指导工作的义务和责任,高校中的辅导员,学工部、团委等部门的管理干部和其他专业教师也都负有实践育人的重要责任。所以,对于"实践教学Ⅱ"的成绩考评也应由思想政治理论课教师和其他教师共同完成。即实践教学指导教师应在参照其他实践育人主体对学生参加社会实践活动做出评定的基础上,就学生提交的证明材料做进一步的审核和认定,最终给出学生"实践教学Ⅱ"的综评成绩。

三、思想政治理论课实践教学成绩考评的主要方法

（一）结果考评与过程考评相结合的方法

结果考评就是根据大学生参加实践教学的成果来评定其成绩。如根据学生提交的社会调查报告、社会实践总结报告、读后（观后）感等进行考评。这种考评方法的优点是便于操作、可行性强、有较成熟的评价标准。结果考评方法仍是应该坚持的，但它也是有缺陷的。如，有时难以考评出学生实践教学中付出的实际辛劳和进步的程度，甚至可能出现考评失真。

过程考评就是通过考察大学生参加实践教学全过程的实际表现来评定其成绩。过程考评更侧重于学生在实践教学各个环节中的能力表现、情感态度和实际收获，体现了知与行的统一。但过程考评的难度较大，难以对全体学生的实践教学表现做到全程跟踪和考察。故必须采取结果考评和过程考评综合运用的方式。

（二）定量考评与定性考评相结合的方法

定量考评就是依据所考评的内容和标准以计分的方式，对大学生实践教学活动成果做出定量评价，核定为一定的分数。定性考评是以评语的方式，对大学生在实践教学中的实际表现做出定性的评价，一般可分为五等，如"优秀"、"良好"、"中等"、"及格"和"不及格"。定量考评和定性考评所得出的结果就是学生的考评成绩。不过，定量考评结果和定性考评结果是可以进行换算的。如，定性考评为优秀的，换算为百分制的定量考评就应该是90分以上，定性考评为不及格的，换算为百分制的定量考评就是59分及以下。

（三）教师考评与学生考评相结合的方法

让学生参与实践教学考评是尊重大学生实践教学主体地位的表现，也是实践教学考评民主性原则的体现。放手让参加实践教学的学生进行自我考评、互相考评，再结合教师对学生实践教学过程的观察和对书面成果的评判，形成最终的考评成绩。当然，学生参与考评的前提是，要事先制定实践教学学生自主考评标准和程序，甚至制成"思想政治理论课实践教学学生自主考评量表"，以便学生操作。同时，学生自主考评结果应只作为学生最终成绩的重要参考。

四、思想政治理论课实践教学考评激励机制建设

在学校教育中，考评已然是一种激励机制，但任何单一激励方式都受边际激励效用递减规律的制约。因此，应不断完善和发掘考评的激励功能，并辅之以其他激励方法，才能促使学生以饱满的热情参加思想政治理论课实践教学，并在实践教学活动中实现思想政治理论教育教学目标。对学生实践教学的考评激励包括精神性激励和物质利益性激励两个方面。

（一）实践教学考评的精神激励

为了用好、用活实践教学考评的精神激励功能，须采取多种手段和方法。首先，在定性考评时，应多以鼓励性、赞扬性、肯定性语言激励为主。应多看到并指出学生参加实践教学所取得的成绩和进步，善意指出其不足，从而激发学生参加实践教学和其他社会实践活动的积极性和热情。其次，对优秀的实践教学成果，如优秀调查报告、优秀读书报告等，组织思想政治理论课实践教学成果展，或评选实践教学优秀团队和个人，并予以一定形式的表彰，让学生产生强烈的成就感和荣誉感。最后，对优秀实践教学成果还可推荐参加更高级别的创新实践教学活动、推荐发表论文等。

（二）实践教学考评的物质激励

首先，同等对待学生的实践教学成绩。学生实践教学成绩应和其他理论课学习成绩一样纳入学生奖学金评定范围。获评实践教学优秀个人或团队的应可获评单项奖学金。其次，获评实践教学优秀个人或团队的，可优先推荐参加学校组织的大学生学习考察等活动。

当然，在实践教学成绩与奖学金以及学分绩点挂钩的条件下，对教师的考评工作也应提出更高、更严格的要求。

五、思想政治理论课实践教学成绩网络化考评方式

正如已有了网络实践教学（虚拟实践教学）这种思想政治理论课实践教学的新形式一样，也正如其他许多课程都在试行网络化考试方式一样，探索实践教学的网络化考评工作也已具备相当的条件。

（一）思想政治理论课实践教学成绩网络化考评的必要性

首先，网络化考评是提高实践育人实效性的需要。实践育人正如教书育人一样也是要讲求效率和效果的。通过网络化平台实施实践教学的考评工作，可以使学生在"玩游戏"的同时，完成实践教学任务，并接受实践教学检验

和考评工作，一定程度上可减轻学生对参加考试的压力和抵触，也在一定程度上转变对思想政治理论课及其实践教学的成见，提高学生对实践教学学习的热情。例如，把实践教学考评题目放在网络教学平台，要求学生在规定时间内去完成相关任务。这样不仅能保证学生完成任务的时间是自由的，而且查阅相关资料的条件也是充分的，从而达到提高实践育人实效性的目的。

其次，网络化考评是减轻思想政治理论课教师评阅负担的需要。由于种种原因，思想政治理论课的师生比长期处于失衡状态，未达到教育部明文规定的比例要求。这使大多思想政治理论课教师不仅承担了繁重的课堂教学任务，也承担了繁重的试卷评阅任务。以指导一个班（100人左右）的实践教学任务为例，教师要评阅100份左右的观读报告，至少30份的社会调查报告，还要完成学生其他社会实践成绩的审核评定等工作。而实施实践教学网络化考评方式，要求学生在网上完成撰写任务，网上提交相关材料，教师通过网络进行评阅。这种评阅方式在时间上具有灵活性，也减少了单独登录教务系统，一个一个输入学生成绩的烦琐。

最后，网络化考评是提高学生实践教学成果真实性，并杜绝抄袭等作弊行为的需要。现在实践教学大多采取教师课堂布置任务，学生课后完成，在规定时间内上交纸质成果的方式。教师很难鉴别学生交上来的成果的真实性，也难以杜绝学生的抄袭等作弊行为。但采用网络化考评后，以观读类实践教学为例，相关观读材料都是先输入在网上考试平台上，学生在规定时间内去完成相关观读任务和撰写任务后，再在网上当场提交。这样在很大程度上保证了学生实践教学成果，尤其是读后感、观后感的真实性。

（二）思想政治理论课实践教学成绩网络化考评的具体措施

首先，要建立实践教学主题库。思想政治理论课实践教学也可以像思想政治理论课那样，建立较完整的实践教学主题库。如可以把社会调查的各类参考题目、阅读书目、红色影视资料等经整理后放在网站平台上。学生可通过网络平台从实践教学主题库获取和选择自己感兴趣或有能力开展的实践教学主题。

其次，建立实践教学课程学习资料库包括实践教学课程教学大纲和开展课外实践教学，课外实践教学包括调研类实践教学、观读类实践教学和大学生其他社会实践，如"三下乡"、"青马工程"、参观爱国主义教育基地等社会实践的一般流程、方法，拟制调查问卷表、访谈提纲的基本方法和要求，撰写调查报告、读书报告的一般方法和基本格式等都应传上网，以便学生在实际开展实践教学过程中，随时上网查询和学习。

最后，建立实践教学考评平台。学生的所有实践教学成果都应网络提交。指导教师则通过网络对学生的实践教学成果进行考评。

第四节 思想政治理论课教学考核评价体系构建改革创新

为了深化高等教育领域综合改革，破除束缚高校思想政治理论课教师发展的体制机制障碍，教育部明确规定将教师考核评价作为高等教育综合改革的重要内容。2018 年，《关于深化高校教师考核评价制度改革的指导意见》强调，要以师德为先、教学为要、科研为基、发展为本为基本要求，坚持社会主义办学方向，坚持德才兼备，注重凭能力、成绩和贡献评价教师，克服唯学历、唯职称、唯论文等倾向，切实提高师德水平和业务能力，努力建设有理想信念、有道德情操、有扎实学识、有仁爱之心的党和人民满意的高素质专业化教师队伍。因此，构建高校思想政治理论课教师考核评价体系，有助于切实提高教师的整体素质，真正落实培育时代新人、办好人民满意的教育、建设教育强国的战略目标。

一、新时代高校思想政治理论课教师考核评价指标的确定

考核评价指标的确定是高校思想政治理论课教师考核评价过程中最重要的一环，顺应新时代的要求，考核评价的指标应当体现层级性、开放性和发展性。一般而言，从指标达标水平来看，有必达指标和期望指标；从内涵性质来看，有稳定性指标和变动性指标；从指标的精确度来看，有硬指标和软指标。无论哪种分类，指标的选择都有一种带有层级性的标准。尤其是对高校思想政治理论课教师的考核评价应当"坚持教书和育人相统一，坚持言传和身教相统一，坚持潜心问道和关注社会相统一，坚持学术自由和学术规范相统一"。

作为指标的重要组成部分，考核评价的指标至少有以下四层依据：一是以师德师风作为考核评价指标的基础。教师在是非曲直、善恶义利、得失等方面的价值观是立德树人的重要保证。习近平指出："评价教师队伍素质

的第一标准应该是师德师风。师德师风建设应该是每一所学校常抓不懈的工作，既要有严格制度规定，也要有日常教育督导。"因此，师德师风理应成为考核评价指标的基础。具体而言，考核评价的标准在于以下几项。

一是教师具有坚定的政治方向，新入职教师必须是中共党员；教育教学过程中充分体现教师坚定正确的理想信念和马克思主义信仰，学生认同度高；专、兼职教师在事关政治原则、政治立场和政治方向问题上始终与党中央保持一致，没有因违背四项基本原则的言行受到举报、通报批评或处分的现象；教师热爱思想政治理论课教师岗位，具有高度的职业荣誉感和认同感；教师具有强烈的责任心、使命感和敬业精神，有人格魅力；教师积极承担教学工作，工作量饱满；教师在考核评价期间没有因为违纪违规受举报、通报批评或处分的现象。

二是以教育教学业绩作为考核评价指标的核心。中央宣传部、教育部印发的《普通高校思想政治理论课建设体系创新计划》明确指出，要以教育教学实效性为评价标准，落实思想政治理论课在高校立德树人工作中的战略地位。因此，对高校思想政治理论课教师的考核评价，应突出教育教学业绩。

整体上看，教育教学业绩的考核评价应当具有以下三方面内容。第一，对教育教学工作量的考核评价，所有教师都必须承担教育教学工作，负有关爱学生健康成长的重要责任，要将人才培养的中心任务落到实处。建立健全教学工作量评价标准，把教授为本、专科生上课作为基本制度，明确教授、副教授等各类教师承担本、专科生课程，研究生公共基础课程的教学课时要求。教师担任班主任、辅导员，解答学生问题，指导学生就业、创新创业、社会实践、各类竞赛以及老中青教师"传帮带"等工作，应计入教育教学工作量，并纳入年度考核内容。第二，对教学质量的考核评价，多维度考评教学规范、教学运行、课堂教学效果、教学改革与研究、教学获奖等教学工作实绩。引导教师贯彻党的教育方针，遵守教学纪律，改进教学方法，启发学生思考，指导合作学习与研究性学习。学校应实行教师自评、学生评价、同行评价、督导评价等多种形式相结合的教学质量综合评价。第三，对课堂纪律的考核评价，把坚持党的基本路线作为教学基本要求，坚持正确的育人导向，严格高校课堂教学纪律，加强对教师课堂教学活动、教学实践环节的督导力度。对在课堂传播违法、有害观点和言论的，依纪依法严肃处理。

三是以科研成果作为考核评价指标的重点。在哲学社会科学工作座谈会上，习近平总书记强调："广大哲学社会科学工作者要树立良好学术道德，自觉遵守学术规范，讲究博学、审问、慎思、明辨、笃行，崇尚'士以弘道'的价值追求，真正把做人、做事、做学问统一起来。"高校思想政治理论课教师作为哲学社会科学工作者的重要组成部分，应当以服务人民和社会主义为导向，深入研究和回答我国发展和我党执政面临的重大理论和现实问题，更好地为中国特色社会主义事业做贡献。因此，对高校思想政治理论课教师的考核评价，应当以科研成果作为重点内容。首先，应当扭转将科研项目与经费数量过分指标化、目标化的倾向，改变在教师职称（职务）评聘、收入分配中过度依赖和不合理使用论文、专利、项目和经费等方面的量化评价指标的做法；其次，扭转重数量轻质量的科研评价倾向，鼓励潜心研究、长期积累，遏制急功近利的短期行为，将具有创新性和显示度的学术成果作为评价教师科研工作的重要依据，防止学术不端；最后，对从事基础研究的教师主要考察学术贡献、理论水平和学术影响力，对从事应用研究的教师主要考察经济社会效益和实际贡献。

四是以社会服务作为考核评价指标的要素。高校思想政治理论课教师的社会服务主要包括决策咨询、理论宣讲、学术兼职、培训服务等。高校思想政治理论课教师作为先进思想文化的传播者和党执政的坚定支持者，应当积极充当党的理论和意识形态工作的主力军，主动服务于国家发展的大局。以社会服务作为考核评价指标的要素，要充分认可教师在政府政策咨询、智库建设、新闻媒体及网络上发表引领性文章方面的贡献；聘任科研成果转化、技术推广与服务岗位的教师，主要考察其实施科研成果转化的工作绩效，并作为职称（职务）评聘、岗位聘用的重要依据；完善对教师及团队参与社会服务工作相关的经费使用和利益分配方面工作等。

二、思想政治理论课教师考核评价指标权重的设计

权重，或称权数，是指考核评价的指标在整个考核评价体系中占的比重。在设计权重时，不仅要考虑到不同种类的考核评价有着不同内容，不同的考核对象有着不同的评估项目，而且要注意到由于考核评价的目的不同，考核评价时强调的侧重点也不同，要根据具体情况分配各考核评价指标不同的权重。根据中央系列文件精神和高校思想政治理论课教师的角色定位，遵循考核评价的发展规律和本质内涵，结合新时代的现实境遇，对各考核评价指标的权重进行科学设计。

三、新时代高校思想政治理论课教师考核评价的结果

为了更好地促进高校思想政治理论课教师的发展，进一步激发教师的教书育人、科学研究、创新创业活力，应当充分运用考核评价的结果。

一是根据思想政治理论课教师的差异性，鼓励发挥特长。教师是具有个体差异的。高校思想政治理论课教师分为教学型、科研型、教学科研型等。有的教师侧重于科研工作，有的教师侧重于教学工作。在考核评价中，应区别对待，具体问题具体分析，不可用统一的标准一概而论。对于科研型教师，应注重基础性科研工作和所申请科研项目的实际成果转化问题。对教学型教师，应侧重将教学质量和教学改革、教研等列入考核范围，从而将教师的实际业绩与潜在劳动相结合，实现教师的可持续发展。对于不同类型的教师，应鼓励其发挥特长、体现个性，从不同方面得到发展，学校的整体教育质量和水平也能够因此得到综合提高。

二是考核评价结果与思想政治理论课教师职称聘任结合。在实行教师岗位聘用制后，考评结果可与思想政治理论课教师岗位的评聘相结合。例如，岗位考核成绩较好的教师具有续聘资格，考核成绩特别优秀的教师具备晋级资格，而对考核成绩较低的教师终止执行上岗聘约或降级聘用。

三是考核评价结果与思想政治理论课教师岗位培训结合。根据思想政治理论课教师考评结果，可以发现教师可能在某一方面或几方面存在的不足，学校管理部门应及时总结分析原因，提出合理化建议与对策，在和教师进行充分沟通的情况下，有针对性地制订学校的教师培训计划，提升教师的素质，使其获得良好的职业发展机会。

四是考核评价结果与促进思想政治理论课教师发展结合。在考评结果公布之后，应根据思想政治理论课教师的不同情况，充分肯定其优点，不断挖掘教师的潜能，促进其积极性的发挥，并根据考核评价中所体现出的不足之处提出建议，以促进教师综合素质的不断提升。

五是接纳教师关于考核评价的若干建议。思想政治理论课教师作为考核评价对象，对考核评价体系是否合理完善有最直接的体会，也能直接搜集到其他教师关于考评体系的相关意见和建议。在考评结果基础上，应再与教

师充分沟通，考核人员应注意听取和搜集教师提出的建设性意见和建议，使教师的个人发展目标与组织发展目标协调发展。

第九章 "互联网+"的高校思想政治理论课教学

第一节 高校思想政治理论课的课程变革

互联网时代，知识越来越具有社会性、创新性、碎片化的特征，人们的学习资源越来越多元化。思想政治理论课必须不断进行改革来适应社会需求，将互联网思维运用到教学改革和课堂教学中，让互联网与思想政治理论课进行深度融合，创造新的课程形态，以实际行动推动高校思想政治教育工作迈上新台阶。

一、思想政治理论课面临的挑战

思想政治理论课教学面临着一系列挑战，如大学生价值多元化、知识碎片化、学习功利化等，在很大程度上制约了思想政治教育工作的有效性。

一是多元文化和多元价值观念的冲击，增加了思想政治理论课的教学难度。多元文化为我国文化繁荣和大学生个性丰富与思想解放带来了积极意义。同时，也导致了极端利己主义、拜金主义、享乐主义等价值观念，削减、弱化了社会主流意识形态的主导力和影响力，使得社会主流文化的权威遭受着挑战。多元文化和大学生价值观的分化，使思想政治理论课话语体系和教师权威受到了前所未有的挑战。因此，思想政治理论课教师在给学生讲授马克思主义理论科学性的同时，也要深入研究并讲授各种思潮、文化的由来和实质，只有这样才能让大学生在多元文化和价值观念面前明辨是非。

二是教材和教学偏理论化，与社会现实存在着差距，影响了大学生对教学内容的信服度。在实际的教学过程中，教师要结合学生的认知特点，把教材体系转化为教学体系。教师在讲授内容时，不能过于理论化，要注重对现实问题的结论性讲授，不能忽视对现实问题生动、可读的剖析和讲授过程，要与实际紧密联系。

三是学习目的和动机的功利性倾向，导致大学生对思想政治理论课的实用性认识不足。思想政治理论课是世界观、人生观、价值观的教育，是马克思主义理论对解决现实问题的指导。当代大学生相互之间存在较强的攀比心理，加上就业压力的不断增大，竞争意识增强，但与社会的联系较少，使得他们在认识和审视问题时，多会从功利和实用的角度出发，因此导致部分学生会认为思想政治理论课对专业学习和就业没有帮助，可有可无。为此，在教学中，思想政治理论课教师必须深入研究现实问题，做出理论上的解答，解决学生思想上的困惑。

四是内容系统性和学生思维碎片化之间的矛盾，导致学生学习专注度降低，缺乏耐心。随着信息化时代移动互联网的极速发展，微博、微信、微电影、微视频、微小说、微学习等的不断涌现，大学生的学习呈现碎片化与泛在化的趋势。大学生面对海量信息却造成了信息的选择、筛选和学习难度增大，使其难以找到对自己真正有用的核心信息并对教育信息的关键部分进行有意注意，导致思维认识上碎片化、无序化。

五是移动通信设备的普及吸引了大学生太多的注意力，影响了思想政治理论课的效率。大学生利用互联网和智能移动终端，很方便地获得各种信息，更广泛地与人交流，丰富了大学生的精神生活，这使学生对教师的依赖性减弱，同时也导致一批"伸手党"的诞生。网络信息的广博性和共享性，使得各种信息一经发布就能迅速传递到世界各个角落，使得大学生不愿意主动思考问题，只愿当"伸手党"坐等现成答案，解决问题的能力弱化。

二、思想政治理论课课程形态的变化

信息化网络的兴起为高校思想政治理论课创新带来了契机，创新了课程形态，提高了思想政治理论课教学的实效性。

（一）课程内容的变化

1. 内容趋向开放性

现代社会的知识更新速度不断加快，互联网的海量信息使得更多及时和前沿性的知识信息可以快速进入课程体系，丰富了课程资源。各种网络信息经由手机、平板、电脑等终端利用，新的学习方式让大学生在学习过程中敢于独立思考，也对各种社会现实问题提出质疑，冲击了思想政治理论课教师的权威性。课程内容越来越趋向开放性，不但极大拓宽了学生的视野，也催生出大学生更多的新观点、新思想，激发了学生的参与热情。

2. 理论性与现实性的融合与转化

信息化网络让思想政治理论课与大学生实际生活的连接更紧密，打破了传统思想政治理论课学习的界限，使学习者通过主动连接，获取更为丰富的学习资源，掌握更多的知识和信息。这样也解决了思想政治理论课回避、无视甚至遮蔽社会现实的问题，引导大学生关注社会问题，并寻找这些问题产生的原因。

3. 内容呈现"微化"趋势

随着社会信息技术的不断变革，微博、微信、微电影、微视频、微小说、微学习等不断涌现，人们的学习呈现碎片化与泛在化趋势。思想政治理论课程也在逐渐进行"微化""碎片化"，从而向适应大学生学习方式的碎片化与泛在化转变。因此，教师需要通过微博、微信等途径及时把握大学生的思想动态并与之互动，不断渗透到大学生的日常生活领域。

（二）课程载体和表现方式的变化

1. 课程媒介多元化

在人类发展进程中，泥板、贝叶、简牍、纸张等都曾扮演过教学信息媒介的角色，承载着相应的教学信息。其中印刷术与造纸术的相互配合，使得纸质媒介的书籍更轻便、易于携带。随着网络信息媒介的发展，信息技术介入课程领域，使课程领域形态发生了重大变化，课程的载体转变为数字存储。教师可以利用网络对文字、图片、动画、音频、视频等教学信息进行处理和整合，并借助网络设计和制作动态的教学课件，获取更加丰富的辅助教学资源。

对于高校思想政治理论课而言，无论何种载体的拓展，都必须承载一定的与教学效果相一致的思想政治理论课教学信息，并被大学生所认同、理解和接受，才能成为有效的思想政治理论课教学载体，与课程内容及课程实施方式进行有效协同，共同推进课程的实施和开展。

2. 课程语言网络化

语言是人们进行沟通交流的各种表达符号，是人与人交往的主要载体。语言载体是思想政治理论课教学的最基本载体，是教育者与教育对象沟通的主要方式，承担着发出、输送、解释课程内容和信息的重要功能。

随着社会与时代的不断发展，网络语言虽然是由一些特殊字句、数字、符号、拼音、英文字母杂糅而成，但其在网络平台快速传播，已经成为大学生的习惯用法，影响着他们的话语表达方式及价值观念。在这种情形下，思想政治理论课的语言表达需要适应大学生语言表达方式的变化，教育者要学会站在学生的立场考虑，理解网络语言，学会恰当使用网络语言。

（三）课程实施的变化

1. 课程实施空间拓展

信息化网络思想政治教育的发展突破了传统教学空间的限制。在教师教学的过程中，要充分利用互联网丰富的资源充实课程内容，使教学资源呈现开放状态。网络教学平台的利用，转化了课程内容和资源，根据学生反馈不断进行优化，实现课程内容的快速迭代，让学生的学习行为可以在任何位置、任何时间进行。同时，"翻转课堂"、大规模在线课堂、微课等新的课程实施形式，让教师无须在规定时间和地点授课，学生也可完全自由安排学习时间和学习方式来学习。

2. 课程注重学习的实践性

信息化网络拓展了思想政治理论课课程资源，丰富了课程载体，也拓展了课程实施空间，但网络虚拟信息也为思想政治理论课教学信息的有效传递带来了考验。因此，思想政治理论课要求教师在课堂上与学生面对面、点对点沟通交流，让课程教学实现线上线下共同发展。

3. 课程趋向开放化

随着信息化网络的发展，教师在知识和信息量上的核心竞争力逐渐弱化，而学生的能动性和主动性愈加凸显。大学生通过微博、微信、朋友圈等各种信息手段，学习更加自主，借助于互联网获得更为开放丰富的信息和资源；教师需要结合互联网的使用，形成愈加开放而有张力的教学形式，师生对话趋向平等、开放。

4. 课程越来越智能化

随着各种网络教学平台的开发和普遍使用，在线课程的数据化服务让思想政治理论课越来越智能化，为课程实施提供了更多的选择性。网络教学平台搜集的大数据分析能精确地反映每个人的知识结构、能力结构、个性倾向和思维特征，使实施个性化的思想政治理论课程成为可能。

三、思想政治理论课课程设计的原则

课程设计的实质是在教育目标的指导下，对课程理念和操作技术进行系统规划，从而将知识经验进行有效选择和重组，使其面向未来社会成员的生存和发展，展现课程的价值和地位。

从宏观层面来说，坚持课堂教学与日常教育相结合，坚持思想政治理论课与专业课相结合，坚持校内与校外相结合的基本原则。从微观层面来说，高校思想政治理论课需要运用网络思维，更新课程建设理念，借助互联网技术和平台，完善课程内容，设计更加合理的课程形态，有效推进课程改革。

一是课程设计要以人为本。在思想政治理论课的课程设计中，要充分考虑利用大学生的需求。在思想政治理论课的慕课、微课、"翻转课堂"设计和建设中，要尝试通过多种媒介"各尽其用、各成其美"，为大学生的学习提供更多的学习工具和手段，满足大学生的学习需求。还要在设计相关环节时，对大学生进行网络学习的指导，帮助他们提高知识水平和信息技术水平，使其尽快适应网络学习的要求。课程设计要充分利用网络平台和技术，充分调动大学生的能动性，带动其全程参与课前网络学习、课中研讨互动、课后实践探索相结合的学习过程。推动大学生在教师的指导下自觉进行自我塑造和自我教育，实现教学目标。

课程设计要加强对学生情感的关注。在课程设计中，思想政治理论课要注重教材体系向教学体系的转换。要善于将教材文本话语向课程教学口头话语转换，使用通俗易懂、活泼生动的语言体系，用学生听得懂的话语阐释深刻的马克思主义理论。

二是课程设计要具有可实践性。在课程设计中，思想政治理论课可以采用任务驱动的方式，组织学生结成学习小组。设计相关环节，引导小组成员共同分析、讨论案例，让大学生在团队协作中共同学习、共同成长，增强课程内容的实践性。思想政治理论课可以充分利用网络教学平台，促进师生之间、学生之间的相互了解和情感交流，帮助大学生克服交流恐惧和懒惰，推动其积极勇敢地加入讨论，促进大学生为解决具有挑战性的问题而合作、讨论、共享解决思路，拓展学习视野，学会多角度审视问题，并反思自身不足，及时做出调整。

三是课程设计要具有可生成性。思想政治理论课的生成性要从课程知识的生成性、学生学习过程的生成性、师生互动的生成性等方面进行设计。

思想政治理论课课程知识是在课程实施过程中师生共同参与生成的，具有过程性、参与性、开放性和进化性等特征的知识。课程知识是学生在课程实施过程中发挥主观能动性，通过搜集材料、讨论、交流、提出问题、发表评论、参与实践等途径，不断产生过程性信息的知识，而非学生单一被动接受的知识。

学生对课程知识的吸收不是被动接受单向灌输和教育的过程，而是主动建构生成知识经验的活动。学习并非被动接纳知识和信息，而是主动建构自身对知识的理解、分辨、选择，最终为自己所用。思想政治理论课还要注重师生在教学过程中的主动性与能动性。课程设计要符合教师与学生的生活实际，由教师和学生共同缔造，不是预先设计好的固定发展路径，师生基于自身的理解而产生的新知识、新体验和情感态度、价值观等都是生成性课程资源，是课程生成的潜在开发者。

四是课程设计要注重课程整体性与碎片化和泛在化学习的统一。随着网络技术对人们生活、工作和学习的渗透性影响逐渐加大，思想政治理论课需要适应网络技术的发展趋势，设计更好的学习资源和学习环境，支持大学生碎片化学习和泛在化学习，也要注重对碎片化和泛在化学习的有效整合。

思想政治理论课需要在碎片化学习的视角下，设计相应的微课程，满足当前大学生的学习需求。在设计上，利用图片、图像等元素动态呈现教学文本的内涵，以便学生准确掌握具体课程内容，注重激发大学生进行深入思考，运用互联网整合课程信息传播网络，并推动高校思想政治理论课教师通过微信、微博、QQ 等不断跟进课程实施，丰富课程资源，满足大学生泛在化学习需求。

思想政治理论课的微课程设计要体现课程的有序性和整合性，以帮助大学生获得学习的整体性和系统性思维。每一节微课程设计都要在第一时间抓住学生的兴趣，通过微课程设计很好地把不同微课程关联起来，帮助学习者建构稳固的知识体系。微课程是利用移动智能终端、网络教学平台和软件支持系统对学习活动有效设计，是有计划的、完整的教学过程。思想政治理论课利用网络教学平台有步骤地合理安排不同的教学活动，从而有效促进学生对课程内容的深入认知和加工掌握，帮助学生对碎片化的知识和信息进行有效整合，引导其在理论与实践、过程与方法、情感态度与价值判断等方面得到整体性发展。

五是课程设计要强化教与学的交互。思想政治理论课要坚持在改进中加强，提升亲和力和针对性，满足学生成长发展需求和期待，强化师生之间教与学的交互，提高课程的实效性。在信息化网络教学环境下，思想政治理论课教与学的边界逐渐模糊化，自上而下单向度教育的模式被打破，平等交互成为新型的师生交互模式。信息网络为教与学的互动提供了优良的条件和技术支持，思想政治理论课要设置多渠道对话途径，以实现师生之间、学生之间的良好对话交流，善于利用互联网平台，从不同层面向学生推送学习内容，扩展课程资源。

六是课程设计要合理运用技术。课程设计必须紧紧围绕育人这一根本出发点，统筹思考技术规律和技术理论，才能实现课程的信息化与人的发展之间的良性互动。思想政治理论课必须加强技术与课程的深层次融合，才能使技术更好地服务于课程目标的达成。

第二节 高校思想政治理论课教学模式的创新

教学模式是在一定教学思想或教学理论指导下建立起来的、较为稳定的教学活动、结构框架和活动程序。高校思想政治理论课教学模式的创新一直是其教学改革的重要课题。

一、高校思想政治理论课教学模式的瓶颈

（一）传统教学模式的局限

传统教学模式主要有讲授式教学模式、发现式教学模式、掌握式教学模式等。而思想政治理论课传统的教学模式则普遍以讲授式为主，强调了学生在教师的指导下高效、集中地学习理论知识，掌握基本知识和技能。但这种教学模式面对教育信息化的趋势，存在一些不足之处。

第一，过多强调教师在教学活动中的地位，学生的主体性较弱，不利于培养学生主动获取知识的能力和创新能力，容易引起学生学习的懒惰性。

第二，教学目标单一化。传统的教学模式过多地关注学生的学习结果，

而忽视了学生学习过程和创新思维的培养。因此，思想政治理论课需要根据大学生的实际情况，关注学生在学习过程中获取知识、分析问题、解决问题的综合能力，推动学生创新创造能力的培养。

第三，教学结构固定，评价模式单一化。在评价方式上，传统教学模式更多使用诊断性评价、形成性评价和终结性评价。往往以期末笔试成绩或结课论文的成绩为主，结合平时考勤来给学生定性评价，这种评价方式难以全面考查学生学习过程的变化，评价缺乏针对性。

（二）信息化教学模式有待完善

随着信息技术的发展，很多高校开始尝试进行信息化教学模式改革，一些高校投入大量资金开展了慕课建设，取得了一定的成效，但也遇到一些发展瓶颈。

第一，信息技术与思想政治理论课教学要素并没有真正有机结合起来，线上线下教学没有实现一体化运行，忽视了情感、态度和价值观的教育，对学生在线上的学习过程关注不足。

第二，思想政治理论课教师还是扮演着权威者的角色，采取传统的讲授式教学模式。教师只是从讲台讲授换成了在视频里讲授，学生从坐在课堂听课变成坐在电脑前或拿着手机听课，师生之间缺乏真正平等的交流、交锋和交融。

第三，教学内容难以贴近学生、贴近生活、贴近实际，线上教学内容缺少教师与学生互动情景的设置，不利于情感教学的实施，难以较长时间吸引学生的注意力和兴趣。

第四，没有完整的教学评价体系，使得教师对于学生的学习状况没有一个准确、完整的认知，学生在学习结束后也难以对自己的学习成果进行自我评价。

信息技术的发展对高等教育教学质量提出了更高的要求，只有推进信息技术与高等教育的深度融合，创新人才培养模式，才能为高校解决教育任务。因此，高校思想政治理论课要积极利用信息技术，创新教学理念，重构教学逻辑，改变单向灌输的教学方式，提升教学效果，形成较好的"教学相长"模式。

二、高校思想政治课教学模式创新

随着新时期、新任务、新问题、新环境的产生和变化,尤其是在"互联网+"视域下,高校思想政治课教育教学必然要本着开拓创新、与时俱进和求真务实的精神,坚持从实际出发,积极探索新形势下高校思想政治课教育教学的新模式、新方法。

创新思想政治课教育教学,关键是创新思想政治课教育教学方法,要把握思想政治课教育教学的规律性,找到教育者与受教育者之间紧密契合的桥梁,以增强教育的实效性。

（一）根本方法

思想政治课教育教学融入教育全过程,其具体要求:充分发挥课堂教学的主渠道作用,充分发挥社会实践的养成作用,充分发挥校园文化的熏陶作用,充分发挥教师队伍的示范作用,充分发挥校园网络的引导作用。建立课堂教学纵向学生成长成才思想政治课教育教学链,建立横向课堂教学、社会实践、校园文化、师资队伍、校园网络五方面协同联动式思想政治课教育教学链。

"互联网+"最大的优势就是以人为本、连接一切,有效地将高校校园与思想政治课教育教学有关的各个环节连接到一起,落实到教育教学和管理服务各环节,覆盖所有学校和受教育者,形成"互联网+"全时空思想政治课教育教学,建立思想政治课教育教学链,搭建课堂教学、社会实践、校园文化多位一体的育人平台。

（二）具体方法

一是"互联网+思想政治课建设体系创新"。高校思想政治理论课是巩固马克思主义在高校意识形态领域的指导地位、坚持社会主义办学方向的重要阵地,是全面贯彻落实党的教育方针、培养中国特色社会主义事业合格建设者和可靠接班人、落实立德树人根本任务的主干渠道,是进行思想政治课教育教学,帮助大学生树立正确世界观、人生观、价值观的核心课程。"互联网+"给思想政治理论教育教学提出新的挑战,一些大学开始探索"互联网+"条件下的网络思想政治课,使得思想政治课变得生动有趣起来。

二是"互联网+日常思想政治课教育教学"。高等院校开展思想政治课教育教学,必须结合办学治校实际和专业特色,针对大学生思维活跃、易于接受新鲜事物、擅长使用网络工具的特点，实现思想政治教育工作与信息技术高度融合，通过大力开展丰富多彩的网络主题教育活动，努力营造网络育人的浓厚氛围，从而达到内化于心、外化于行的良好效果。

要全面加强校园网的建设，使网络成为弘扬主旋律、开展思想政治课教育教学的重要手段。建立校园网、主题教育网站、网络思想政治课教育教学队伍、QQ群、微信群、网络舆情监管的有效连接，要利用校园网为大学生学习、生活提供服务，对大学生进行教育和引导，利用官方微博和微信公众号传播正能量，不断拓展思想政治课教育教学的渠道和空间。加强网络思想政治课教育教学队伍建设，密切关注网上动态，加强同大学生的沟通与交流，开展深入细致的思想政治工作和心理健康教育，提高思想认识和精神境界，引导大学生健康成长，运用技术、行政和法律手段，牢牢把握思想政治课教育教学主动权。

三是"互联网＋社会实践"。"互联网＋社会实践"的开展需要培养实践主体的互联网思维，还需要拓展虚拟实践。

互联网思维，指在移动互联网、大数据、云计算等科技不断发展的背景下，对市场、产品、企业价值链乃至整个商业生态进行重新审视的思考方式。互联网思维用在教育教学上就形成了"互联网＋"教育思维，是以受众为核心即"以学生为中心"的思维，教学内容要具有针对性，及时追踪学生思想动态，要将创新体现在教学流程的每一个环节，做到"微创新"，根据学生数据信息挖掘他们的关注点，搭建课堂教学、网络教学、社会实践"三位一体"的育人模式，实现网上网下思想政治课教育教学联盟。

伴随着社会和互联网的飞速发展，现代信息技术的发展催生了新的实践形式——虚拟实践。思想政治课教育教学的虚拟实践可以通过虚拟体验、网络调查、虚拟创业等活动学习交互式思维，树立超前思维、创新思维，提升虚拟实践能力。

（三）具体方法示例

一是动漫课堂。动漫课堂是基于互联网与课程学习同步，以动画、动漫这种青年学生喜爱的、容易接受的艺术形式来教育人，其内容丰富、形式活泼、短小精悍、寓教于乐，通过精心编排可以将哲学大道理化作小细节，让受众边看、边学、边理解，将学习兴趣推向顶峰的网络互动学习舞台。作为"互联网＋"时代的新兴产物，高校思想政治课教育教学过程中也可以用这种方式。但是这就要求思想政治课教师平时注重学习、掌握一些专业网络技术。另外，思想政治课教师也可以利用网络资源，查找各种典型动漫视频，将动漫视频引入课堂，使学生可以非常形象地增强对中国政治学习和关注。

二是慕课。慕课教学集合了网络远程教育的优点，能多方面、多角度、多元化满足广大学生对不同教育的需求，极大地改变了知识传播方式、教育方式与学习方式，最终将会带来高校教育管理体系与管理制度的变革。

三是微作品。微作品不仅有利于课堂教学效果的提高，而且有利于促进大学生对于思想政治课教育教学内容和思想的真正理解和内化，有利于他们在实践活动中提高自身思想认识和价值认知。

四是微实践。微实践可以穿插于实践活动中的任何一个环节，可以截取实践活动中最精彩、最重要的部分进行传播。思想政治课教育教学实践也可以采取微实践的形式，在全校、全社会积极营造良好氛围。

三、"翻转课堂"教学模式

（一）基于"翻转课堂"的线上线下混合式教学模式

1."翻转课堂"

"翻转课堂"的教学模式大致如下：课前学生进行自定步调的学习（观看视频讲座或阅读文献），课堂上的时间则用来深化概念和参与合作性的问题解决。这种模式重新规划和设计了学习时间，通过知识传授和知识内化的颠倒安排，使传统教学中的师生角色发生了改变，实现了先学后教和对传统教学模式的革新。"翻转课堂"具有以下几个基本特质。

第一，"翻转课堂"的目的在于满足学生的个性化学习能力及方式，使学生从被动学习转向主动学习，关注学生学习内在动机的激发，强调学习过程中学生的"做"或"活动"，注重发挥学生在课堂教学过程中的参与者角色。

第二，"翻转课堂"的本质在于变革传统的课堂教学方式，转换了教学过程中知识传授和知识内化两个环节。在"翻转课堂"上，传授与转化环节被彻底颠覆，知识传授及拓展在课下完成，知识内化则在课上完成，形成课堂"翻转"。随着教学过程的"翻转"，课堂学习过程中的各个环节都将发生变化。

第三，"翻转课堂"在现代互联网技术的支持下变得具体可行。"翻转课堂"是在互联网环境中教师提供以教学视频为主要媒介的教学方式，学生在课下观看教学视频，教师与学生在课上通过答疑、协作探究和互动交流等方式完成教学活动。

2. 混合式教学

"混合式教学"为高校思想政治理论课创新教学模式、深化教学改革提供了新的思路。混合式教学充分利用了各类教学资源，扩展了学生的知识面，通过各种教学方法、教学媒体、教学策略等的优化组合、合理利用，发挥学生的主体作用，培养学生的积极性和创造性。

3. 基于"翻转课堂"的线上线下混合式教学

思想政治理论课契合时代发展的新趋势，要创建基于"翻转课堂"的线上线下混合式教学模式以满足现实需要。而基于"翻转课堂"的线上线下混合式教学是指在混合式教学中引入"翻转课堂"的理念，是在将传统课堂教学与网络教学优势相结合的前提下，为学生提供更为个性化的学习时间、空间和网络渠道，使学生根据自身情况完成课前自主学习任务，在课堂上有更多的时间和机会发挥主观能动性，从而参与到课堂教学过程中，深入挖掘学习潜力，实现"以学生为主体，以教师为主导"的教学理念，切实提高教学质量。

当然，基于"翻转课堂"的线上线下混合式教学需要实现线上线下教学的有机结合。这是因为线上教学与线下教学是现实与虚拟的关系，线上教学是对传统线下教学的延伸和拓展，是思想政治理论课教学发展的新形态。线上教学在网络虚拟空间进行但未脱离现实实践。线下教学多年来的理论积淀、实践经验、工作队伍以及形式手段，使线上教学不能与其脱离，如果一旦离开了这些基础性经验，那么线上教学就会如无本之木，难以稳固生长。网络上反映的政治、思想、道德以及价值观等问题几乎都是来源于现实生活，在网络上将现实社会问题集中反映和聚焦放大。线上教学拓展了思想政治理论课教学的实践和空间，时效性不断提升，覆盖面不断扩大。同时，互联网技术使思想政治理论课教学内容和素材得到了极大丰富，线上与线下共同作用于教育对象，对塑造其正确的三观起到了积极的作用。因此，思想政治理论课要充分借助和发挥网络技术优势，积极开展线上线下混合式教学，在师生之间架起更加广泛、更加迅速的沟通桥梁，贴近大学生，增强教学实效性。

一般而言，学习过程包括知识传输和知识内化两个阶段。基于"翻转课堂"的线上线下混合式教学将互联网教学与线下课堂教学相结合，借助现代互联网技术手段，将这两个学习过程的两个阶段进行了"翻转"。这种教学模式更加有效地激发了学生的学习积极性和主动性，促进了学生的自主学习和合作学习，有利于教学效率的提高和教学效果的改善。

（二）构建基于"翻转课堂"的线上线下混合式教学模式的可行性

1.学习资源的拓展

网络的迅速发展改变了人们的生活状态和学习方式，实现了学习资源的全互联网化，有力地推进了教育信息化的建设。网络使人类知识的扩充加速，同时带来了极为丰富的学习资源：开放性的资源、整合性的资源、碎片化的资源、生成性的资源、移动化的资源以及虚拟仿真化的资源。传统的方法已经无法存储和处理各种资源的海量数据和信息，因此人们要改变学习方式和思维方式。网络上存在海量、多形态、急速扩充的学习资源，思想政治理论课教学需要探索通过何种方式重构教学内容，帮助学生在获取大量有价值的资源的同时，能进行有效筛选和过滤庞杂的碎片化资源，并对其进行合理的重组生产，建立合理的知识结构，提升其相应的学习、思考和创新能力，实现课程教学目标。

2.大数据的支持

大数据支撑下的教育，将根据每个人的特点，解放每个人本来就有的学习能力和天赋，让个性化教育成为可能。通过大数据的分析，思想政治理论课教师随时可以监控学生的学习情况，了解学生的学习习惯、学习规律和学习中存在的突出问题，推动教学实践创新，构建新的教学模式，创新教学方法，强化教学效果。

3.学生主体意识的提升

当代大学生特别渴望表现自我、展示自我，从自我表现、自我展示中获得存在感的满足。他们具有自我管理和自主探究的意识和能力，对传统教育教学的说教有着本能的反抗和拒斥。这种主体性诉求和需要为思想政治理论课教学带来更大的挑战，但同时比较适应"翻转课堂"教学模式对学习者自主学习能力的要求，有利于教师开展"翻转课堂"的教学探索。

4.相关学习理论的发展

我国高校网络课程、精品课程、微课、大规模在线课程等的开发和建设，已经取得了较大进展，广大教师和学生对应用互联网技术进行教学和学习已不再陌生和排斥。随着各个高校校园信息化建设的推进，各种线上线下混合式教学所需要的配套设施和网络维护较为齐全和便利，为思想政治理论课开展基于"翻转课堂"的线上线下混合式教学改革提供了必要的基础条件。

（三）"翻转课堂"教学实践评价的基本框架

"翻转课堂"教学实践评价的基本框架，主要从"翻转课堂"实践评价的基本过程、"翻转课堂"实践计划评价、"翻转课堂"实践过程评价以及"翻转课堂"实践成果评价进行研究。

1."翻转课堂"实践评价的基本过程

"翻转课堂"实践评价开展的基本过程包括：确定评价目标、设计评价工具、收集反映学习情况的数据与资料、分析评价、制作评价报告等环节。

（1）确定评价目标

确定目标是进行"翻转课堂"实践学习评价的基础，包括明确评价的对象和评价的标准两部分内容。一般需要对"翻转课堂"实践计划、学习过程以及学习成果进行详细且合理的评价。

（2）设计评价工具

常用的评价工具有调查问卷、评价量规、电子档案袋、观察表、学习日志、概念图等。在开展"翻转课堂"实践学习过程中要根据评价的内容与维度选择合适的评价工具进行评价。

（3）收集数据与资料

通过调查问卷、量表等量化的评价方法收集的资料属于量化资料，通过电子档案袋、学习日志等评价方法收集的学生在"翻转课堂"实践活动中的表现性数据，则是属于质性资料的范畴。这些质性资料在内容和形式上能反映学生在"翻转课堂"实践中某一活动或某一阶段的特征，能够记录学生在"翻转课堂"实践活动中各方面的参与情况，充分展示学生的情感、态度和价值观。

（4）分析评价

对于收集到的质性资料，可以先根据实际情况采用质性的评价方法进行分析，然后将各项评价资料进行综合分析，以反思、改进"翻转课堂"实践过程。

（5）制作评价报告

在制作评价报告时，评价者所要做的不仅仅是形成最终报告和表明结果，还应该展示他们是如何收集资料的。评价报告的内容一般包括：设计成果的名称和宗旨、评价的要求和过程、评价的结果及结果分析、修改的建议和措施、评价的时间等，评价报告以简明扼要为宜。

2."翻转课堂"实践计划评价

"翻转课堂"实践的计划评价，也就是"翻转课堂"实践方案的可行性评价。"翻转课堂"实践计划评价主要从"翻转课堂"实践任务设计、"翻转课堂"实践活动设计、"翻转课堂"实践资源设计、"翻转课堂"实践评价设计以及项目时间安排这五个方面进行。

（1）"翻转课堂"实践任务设计评价

"翻转课堂"实践任务设计的评价主要看是否符合以下要求：应在新的知识技能与学生生活经验、实践领域以及学生的兴趣点之间建立联系，应能促进学生高级思维能力的培养，应契合"翻转课堂"实践的目标，难度应适中，应具有连贯性，且可操作性强。

（2）"翻转课堂"实践活动设计评价

"翻转课堂"实践活动设计的评价可从以下几方面进行：是否明确各个活动阶段的实施顺序；是否清楚描述每个阶段所要实施的活动内容；是否便于教师和学生充分掌握活动的具体实施步骤，确保活动的有效实施。

（3）"翻转课堂"实践资源设计评价

"翻转课堂"实践资源设计的评价主要考量是否对支持"翻转课堂"实践活动开展的学习资源进行一定的规划与预设。

（4）"翻转课堂"实践评价设计评价

"翻转课堂"实践评价设计的评价主要从以下几方面进行：学习评价的对象是否明确，评价内容是否具体，评价方式是否恰当，针对评价方式选用相应评价工具是否合理，能否让学生对自己要达到的目标有明确的认识。

（5）"翻转课堂"实践时间安排评价

"翻转课堂"实践时间安排的评价可从以下几方面进行：各活动阶段

的时间周期是否清晰，每一阶段中涉及的教师活动与学生活动是否具体，是否清楚表达了各活动阶段要达到的目标。

3."翻转课堂"实践过程评价

"翻转课堂"实践过程评价以质性评价为主，主要围绕"翻转课堂"实践的各项要素，从活动参与情况、交流反思情况、资源利用情况和阶段性任务完成情况这几个维度展开。

（1）活动参与情况

通过了解学生与教师、同伴和资源的交互情况，如师生交流频次、学生发言记录、学生完成的作品、电子档案袋，或者让学生填写"小组活动学生参与情况评价量规"等，对学生学习活动的参与情况及其有效性进行判断。

（2）交流反思情况

可通过课堂观察，分析学习日志、师生交流频次、团队合作交流的发言记录，或者让学生填写"小组交流反思情况评价量规"等方法对学生的交流反思情况进行评价。

（3）资源利用情况

"翻转课堂"实践的资源有不同类型：预设学习资源、相关学习资源和泛在学习资源。

（4）阶段性任务完成情况

一方面可以判定学生当前学习任务的完成情况，思考任务是否能提高学生的思维水平和解决问题的能力，是否适合学生身心发展水平，以及是否顺应多种学习方式和风格；另一方面还可以对下一阶段的项目活动提供前期诊断和有效建议。具体可通过评价学生提交的阶段性作品、查看电子档案袋等方式进行。

4."翻转课堂"实践成果评价

"翻转课堂"实践成果评价，主要是对"翻转课堂"实践所达到的目标或取得的成果进行衡量和解释。成果评价是对"翻转课堂"实践的终结性评价，评价方式主要包括教师评价、学生自评与学生互评。"翻转课堂"实践成果评价的主要内容包括：学习态度、任务完成情况以及研究成果。

（1）学习态度

"翻转课堂"实践态度的评价包括以下几方面：学生能否主动、积极地参与学习活动；在学习活动过程中能否全身心投入；能否积极主动思考，为达到目标而反复合作；能否认真接受老师的指导。

（2）任务完成情况

在"翻转课堂"实践过程中，学生讨论问题、收集与问题相关的材料、找到问题解决的方法、与他人交流对问题的看法或分享成果、共同制作作品等，都是任务完成情况的表现。

（3）研究成果的评价

包括阶段性学习作品评价和"翻转课堂"实践最终成果的评价。

第三节 高校思想政治课教学资源设计与制定

随着计算机技术以及互联网的不断发展，现在已经进入网络信息时代。在这个时代进行思想政治教育应该符合时代特征，充分利用互联网进行思想政治课教学资源的设计和制作。

一、微课视频创作

随着教育方式的不断进步，互联网视频与影视文化的兴起，微课出现在课堂上。要想制作微课进行教学，首先要学习如何制作微课视频。

（一）微课的优势与功能

1. 微课的优势

微课以视频为载体，将知识进行碎片化、情境化、可视听化，为持有各种便捷显示终端的自主学习者提供了简短、全方位、立体化、完整的课程教学，为"微时代"人们获取知识提供了全新的学习体验。它具有如下几方面的优势。

（1）短小精悍，使用方便

微课视频的时间较短，一般为 3 ~ 8 分钟，最长不宜超过 10 分钟。权威的教育理论家研究发现：一般人的注意力集中的有效时间在 10 分钟左右。教师在设计微课的实践中也发现，微课的时间超过 6 分钟时，观看者就会感觉有些冗长。

微课的选题要小而精，有助于教师精心构思设计微课的内容和形式，增强微课的趣味性、故事性、情感性，提升教学效果。微课的选题一般是学科内容中的某一个知识点（如重点、难点、易错点、易混淆点、典型习题例题等）。同时，微课也能更充分地展示教师的教学观念、知识整合能力、教学功底和个人魅力。

微课易制作、易传播。由于微课时间短、容量小，在网络传输效率高，其在线播放完全适应当下互联网的带宽和速度，学生可以方便快捷地在线观看。有的微课还可以下载到终端设备（如电脑、手机、平板电脑等）上实现离线移动学习，让随时随地学习成为可能。

（2）资源丰富，情境具体

微课以微视频的形式将知识展现出来，可以用录屏软件加PPT制作，也可以用手机等摄像设备制作。除此之外，还可以充分利用网络上优秀的PPT设计、动画设计、模拟实验等多种资源，优化微课质量。甚至可以用手机等摄像设备录制实验过程，制成微课，使学习情境真实具体，使复杂的过程变得易于掌握。就学校教育而言，微课成为教师和学生的重要教育资源，也构成了学校教育教学模式改革的基础。

（3）结构开放，易于扩充

微课可以与相关教学资源进行结构化的组合，形成一个主题突出、资源有序、内容完整的资源应用环境，具有很强的生成性和动态性。微课的资源要素包括微课视频、教学设计、素材课件、教学反思、教师点评等，都可以修改、扩展和生成，并随着教学需求和资源应用环境的变化而不断地生长和充实。

（4）适合学习者自主学习

"面向学习者"是微课区别于以往资源的核心特征。微课既注重教师如何教，更注重学习者如何学，为学习者提供"自助餐"式的学习资源，学习者可以在自己搜索到所需课程后自定步调进行自主学习。学习者可以随时控制视频的播放与暂停，达到对知识内容的完全掌握的程度。微课不仅让学习者有效利用了零散时间，也高度浓缩了关键知识点，其形式新颖灵活，让学习者学习起来更加轻松，达到更高的效率。

2.微课的功能

（1）微课能满足学生的个性化学习需求

对学生而言，微课更好地满足了他们对不同学科知识的个性化学习、按需选择学习，既可查缺补漏，又能强化巩固知识，方法灵活，效率提升。第一，学生可以按照自己的进度和步骤学习。在观看视频学习新知识时，学生可以根据个人需要自定进度，随时暂停、倒退、重播和快进。第二，教师可以在课堂上对有困惑的学生进行个性化指导。

（2）微课革新了传统教学与教研方式，促进教师的专业成长

对教师而言，相对于传统听评课，微课课例简单，学习内容与目标单一，能节约学习和研究花费的时间；教师从微课中可以得到启发，有些东西甚至可以照搬或者迁移应用到自己的教学之中，实现教学观念、技能、风格的模仿、迁移和提升，从而迅速提升教师的课堂教学水平，促进教师的专业成长。微课把教师从传统课堂知识讲解中解放出来，使教师有更多时间研究教学。

除此之外，微课有助于新教师的成长。新教师能够利用零碎的时间去反复观摩学习优秀教师的微课，还可以根据自己的认识向优秀教师提出疑问，以形成自己的理解，优秀教师对新教师的疑问给出解答，使传帮带可以跨时空进行。新教师在课前制作微课，便有了试讲的机会，也等于是对自己的教学设计进行一次自我检查，发现问题马上解决，而不是在真正面对学生时才发现有问题，从而导致出现手忙脚乱的情形。录制微课，使教师有机会听听自己的课，查找自己教学中的问题，有助于教师的自我提高。在这个过程中，教师可以把因失误造成的错误以及口头禅等不利于学生学习的问题一并解决。

（二）微课对教师的影响

1. 微课视域下对教师的新要求

（1）转变教学思维

传统教学采用的是教师在讲台上授课，学生在座位上被动听讲的模式，缺乏师生之间的交流和沟通。而且，由于师资的匮乏，传统教学大多是大班授课，在课程进度上采用齐步走的策略，只能照顾处于中间水平的一些学生，无法兼顾水平低和水平高的学生。微课的出现，改变了传统的教学模式，学生的学习场所不再受空间的限制，学习时间也更加灵活。只要有网络和移动设备，随时随地都可以学习。而且，学生可以通过在线和教师或者同学的交流，参与到教学过程中。学习不再是单向度地被动接受知识，可以在一定程度上调动学生学习的积极性。面对这样的教学改革趋势，教师要紧跟时代的

潮流，转变自己的教学思维，将科技为我所用，更好地服务于教学事业。

（2）搭建网络社群

为了使微课更好地和教学结合起来，建设学习网络平台和资源库很有必要。

第一，网络平台的组建。教师可以建立一些像 QQ 群和微信群这样的组织群体，进行互动和交流，从而更好地发挥微课在教学中的优势。所谓的微课网络平台指的是在虚拟网络空间进行交流和学习的学习组织。该组织成员都是为了自身更好地发展而自发走到一起的。维持这个组织的关键因素是组织成员之间对彼此的信任，以此来促进隐性知识的共享。每个人的知识和经验都是有限的，在遇到一些难以解决的教学难题时，往往需要借助团体力量，从而把隐性的知识转化为可以为大家所掌握和运用的显性知识。在网络平台互动中，教师可以提出自己遇到的问题，寻求大家的帮助，实现资源的共享，更好地促进整体教学素养的提高。

第二，微课资源库的建设。长久以来，学习资源的匮乏是阻碍我国教学水平提高的重要因素之一。微课的兴起使得这个问题的解决有了可能。在建设微课资源库时，首先要确保微课网络平台的开放性，其次相关机构和部门要组织一些评选活动来调动教师参与微课视频制作的积极性，最后要致力于微课资源库的规范化和专业化。

（3）提升信息技术素养

微课的制作需要借助信息技术。一个高品质微课视频的制作，需要教师熟练地运用信息技术。因此，教师只有提升自己的信息技术素养，才能更好地使用微课，使微课服务于教学。

（4）"微研究"的开展

教师自身素养的提升有赖于"科研引领，自我反思"。在教学过程中，每个老师都会遇到一些小问题。要想提高自身的教学素养，教师要对这些出现的小问题进行思考，展开具有一定深度的"微研究"。所谓的"微研究"指的是"发现小问题—梳理小问题—寻找解决方案—解决问题"的过程，具有循序渐进和螺旋上升的特点。在进行"微研究"的过程中，教师的教学能力可以得到不断的提高。

2. 微课视域下教师的角色定位

（1）学习者

当今时代是一个需要个体终身学习的时代，越来越多的人加入了泛在学习的队伍，不断为自己进行充电。泛在学习是一种新型的学习方式，是对只能在课堂进行学习的传统模式的颠覆，实现了学习的任意性和随时性。微课多是 5 ~ 10 分钟的短视频，因此学习者可以在零碎时间进行观看和学习。随着数字化时代的持续发展，过去"一劳永逸"式的学习方法已经落伍，知识在不断地进行更新换代。教师只有不断地学习，提高自我的能力和水平，才能跟上"微学习"的脚步，不落伍于高速发展的时代。

（2）主导者

作为新型的教学模式，微课可以促进教师的自主性。不同于传统集体授课的模式，教师可以根据自身的需要选择微课的内容，这样就避免了教授一些自己不感兴趣的内容，可以更好地激发教师工作的积极性。同时，教师可以根据学生的在线反馈对教学进度、教学内容做出适当的调整，从而引领微课课堂，成为教学过程中的主导者。

（三）微课和教学

1. 微课教学的基本原则

不同于传统教学，用微课进行教学要遵循独特的原则。

（1）简洁易懂

顾名思义，微课的主要特征是"微"，其视频时长一般不超过 10 分钟。为了把握好 10 分钟的有效时长，教师在制作微课的过程中要做到精简。微课是围绕着具体某一知识点展开的，因此，教师的教学内容要围绕着这一知识点的核心内容展开，尽量使用简短且通俗易懂的语言，透彻地展开讲解。

（2）观感舒适

优秀的微课主要具有三方面的特征：一是简洁的文字，二是精美的画面，三是和谐的音乐。首先，为了确保最佳的听课效果，在播放微课的同时，最好配以适当的字幕。字幕的文字要简洁，最好以少量的文字传达给观众最多的信息量。其次，教师要从宏观的角度出发去设计微课的内容。在内容上，要确保逻辑分明；在形式上，要确保画面精美，使观众有最佳的观感。最后，微课的背景音乐要和谐。音乐的插入可以在一定程度上提高微课的教学效果。但是要注重音乐的选择，不能本末倒置，最关键的还是微课的授课内容。

（3）内容完整

微课的形式简短，但同样承载着完整的知识体系。因此教师在制作微课时，要提炼出鲜明的观点，同时举例要通俗易懂，确保学生的学习效果。

2.微课教学的基本策略

（1）按上课要求设计和组织教学

不同于传统的"说课"对课程结构性的重视，微课注重的是课程的知识性。微课以短视频的形式向学习者呈现精简的教学内容，它具有时间短、内容精、容量小、反馈快等特点。在整个微课的制作过程中，学生是零参与的，主要体现的是教师的教学水平。

（2）精心取舍教学内容，突出重点

微课的独特之处，就是在短时间内教授一些经典的知识点。因此，教师在设计微课时，必须对教学内容做出取舍，讲解最为关键的知识点。

（3）选用适当、合理的教学方法

从表面上来看，微课教学是单向的，但这并不意味着教师在制作微课时可以不考虑学生的观感。相反，教师一切教学活动的开展，必须以学生的学习为出发点，要采用多种教学方法来激发学生的学习积极性。

（4）建构完整的课堂结构

在微课堂中，教师要开门见山，直奔主题，突出教学重点。在切入主题后，教师要运用各种教学手段，对主题进行深剖浅析。最后要有一个概括性的小结，使教学结构具有完整性。

（5）强化亮点，清晰演示

微课是一种新型的教学模式，弥补了传统教学模式只注重构建系统性的知识框架，不注重对细微知识点讲解的缺陷。因此，教师在微课堂上，要对重点的知识点进行详细地剖析，引导学生更好地掌握知识。

（四）微课视频注意事项

1.语言简练，板书清晰

微课由于时间短，因此要利用好每一秒，教师的语言要干练，不能有口误及重复、表达不清、拖沓等现象。

首先，语言要准确简洁。微课由于受时间的限制，语言的准确简洁显得更为突出重要。在备课的过程中，教师要将讲述的内容跟采用的表达方式、手势、表情等结合在一起，要注意其中的关键字、关键词的应用，在自己的头脑中过一遍，这是很有必要的，其实这也是平时教学基本功的训练方法。

其次，板书要精简、清晰、美观。板书的作用是展示授课人讲述的内容要点，帮助听课人直观地了解内容要点。在微课中，板书要做到精简，且以要点突出、线索清晰为原则，同时以电教手段呈现为最佳。

2. 从多方面努力吸引学生观看

（1）视频时长要短

微课视频的时长一般为 3 ~ 8 分钟，最长不宜超过 10 分钟，在有限的时间里充分展示要传递的关键信息，这样才能吸引学生高效地学习。

（2）个性化的视频更吸引人

教师结合各自的教学特色和独特的个性构思微课内容，设计微课的结构，使自己的微课更富有个性，更加符合所教学生的特点。

（3）边画边讲解，教学具有更高的参与度

边画边讲解的微课讲解形式，比起单纯的讲解，更能够让学生体验到掌握知识或者技能的思维过程，更能促进学生积极参与学习。

（4）语速适中，讲解热情

教师要调动好自己的情绪，在讲解过程中，尽量用口语讲解，少使用古板、枯燥的书面语，使讲解通俗易懂。

（5）声音响亮，外部环境无噪声

录制微课时，尽量在一个安静、无噪声的环境里录制微课，保证录制的微课声音品质高、无噪声。

（6）注意学生观看新授课类视频与辅导类视频的方式不同

对于新授课类视频，重点应放在提高首次观看的体验上；而对于辅导类视频，则应注意方便回放和快速浏览，例如在视频中插入大字号的小标题。

3. 要重视开场白

微课开头很关键，要抓住学习者的眼球，要能吸引听众。要增加微课开场白的趣味性和吸引力。例如，使用一些幽默风趣的语言讲解；灵活恰当地使用字幕，注意用不同颜色和字体来表现不同的内容，让观看者始终被一些关键信息吸引；巧设悬念，设疑激趣，制造戏剧化效果等。

4.明确对象，定位一对一的教学情境

在讲解微课内容时，要明确教学情境是"一对一"的教学，而非"一对多"的教学，即录制的微课面向的对象是学生个体，而非整个班级的全体学生。微课中教师要注意讲解的口吻和语气，想象自己在面对着一名学生，当然也要注意声情并茂，讲解过程中要含有相信学生能够独立听懂、学会本微课的学习内容的情感和期望。

5.微课要内容充实，讲解正确

在微课的内容讲解过程中，应根据课程标准和教学目标，广泛地搜集各种资源信息，拓展教学内容，增添与现实生活相关的素材，使得微课内容完整丰富。

二、网络公益宣传片创作方案

随着互联网技术的不断发展，微作品的概念出现在人们的视野中，而通过公益微电影的传播，可以树立良好的道德风尚、弘扬优秀的社会主义核心价值观，是"互联网＋"视域下思想政治教育的一种全新方式。

微电影从根本上说属于电影，而电影就具有叙事性，可以深入人们的精神世界，引起人们的共鸣。公益微电影作为电影的一种形式，也具有显著的叙事性，通过将叙事与主题相结合的方式，将宣传片想要表达的中心思想渗透到影片之中，通过这种性质带来的渗透性和亲和性使人们领会其中的精神。为了使公益微电影的叙事达到较好的效果，在电影叙事上要注意情节和内容的控制，精简片段，以碎片化的叙事为主，要充分利用叙事的互文性，更容易让人们产生共鸣。

为了迎合年轻群体，选择年轻群体认可的影片主题，创作符合社会主义核心价值观内容的影片，吸引受众群体的注意力，在潜移默化中影响人们的思想，帮助人们树立正确的世界观、人生观和价值观，使他们可以更正确地看待世界、看待自己，从而达到思想政治教育的目的。

创作公益微电影的目的是传播正确的思想道德价值观，通过吸引人的影片内容扩大影片的传播范围、加大宣传作用，将想要传达的思想政治内容融入影片的故事情节之中，通过渗透式的方法影响人们的思想，使正确的思想价值理念得到传播，加强影片的宣传效果。

三、教学软件及其制作

教学软件可以帮助教育者更好地表现教学内容，是当今开展教育不可或缺的一种软件，是一种混合运用文字、图片、音频、动画等多种媒体，以计算机为主要操作核心的交互式教学软件。多媒体教学软件拓宽了教学的方法和思路，同时提高了教学的质量，可以帮助学生在学习过程中更好地理解和消化知识，提高了教学效率。

（一）多媒体教学软件的设计原则

一是教育与科学原则。在进行教学软件的设计时，应该充分考虑教学的方式方法、教学的目的、教学的对象，因为不合适的教学软件并不能起到良好的教育辅助作用，反而会引起事倍功半的反效果。教学软件内容要确保正确和科学，这样就可以保证教学的质量。多媒体教学软件可以运用多种媒体进行设计，将软件的内容设计得更为生动，用这种方式引起学生的兴趣，进行高效教学。

二是集成原则。多媒体教学软件可以对多种信息进行集成处理，使它具有很强的表现力和感染力。集成性是按照具体要求对不同信息进行有序的集成、分类和处理。

三是互动性原则。教师为了达到更好的教学效果，应该重视软件与学生之间的互动性，使学生可以更好地理解和接受教学内容，营造出更舒适的教学环境，提高教学的真实性和交流性。

（二）多媒体软件的制作

一是系统分析、脚本创作以及程序设计。进行系统分析是为了有效发挥计算机优势，以提高软件的教学效果；进行脚本创作时要充分考虑教学需要，根据主题安排和组织内容；程序设计这个步骤一般由专业人员进行操作。

二是文本素材的制作。根据文本字数以及背景颜色，设计字体大小、字间距、行间距以及字体颜色。通过合理地设计文本方案使教学软件易于观看，同时还可以引起学生的兴趣，从而提高教学的质量和效率。

三是图片以及动画的制作。在进行图片和动画的制作时，应该注意要适量、适当，并且要注重这些媒体资源的相关性和科学性，运用合适的图片和动画可以帮助学生更好地理解和掌握知识，是一种非常好的媒体资源利用方法。

第四节 高校思想政治课考试方式改革

网络信息技术的发展对于思想政治课的考试方式与教学评价体系产生了一定的影响，为了保证思想政治教育的时效性，要保证当前的思想政治教育的考试方式符合互联网时代特征，逐步实现信息化、现代化。

网络技术的发展对各个方面都产生了影响，思想政治教育方面也受到了影响，思想政治课考试方式发生了改变，从传统的考试方式向网络考试的方式开始转变。

一、实施网络考试是深化思想政治课考试改革的新取向

一是提高思想政治课考试组织的效率。传统的思想政治课考试从准备到考试再到阅卷，都需要投入大量的金钱、时间和精力，而且出现差错的可能性比较大。网络思想政治课考试可以大大提高考试组织的效率。通过网络平台，能够直接建立考试题库，简化考前准备工作；对课程和考试信息进行实时动态更新；考试的阅卷工作可由计算机承担，减轻了阅卷负担，提高了阅卷效率；学生可以在考试结束后直接获取考试成绩，并得到详细的成绩分析与试卷评估；减少阅卷时出现的阅卷错误概率，很大程度上提高了考试的阅卷效率。

二是促进高校思想政治课教师专业能力的提高。推进思想政治课网络考试的落实，可以促进思想政治课教师教学活动的改革。而推进网络考试，先要制作试题，建立题库。在建设题库的过程中，可以加强教师间的合作与交流，还可以提高教师的个人专业素养。同时，思想政治课网络考试还会使思想政治课教师的网络信息技术水平得到进一步的提高。

三是促进高校思想政治课考试的进一步创新。推动思想政治课网络考试的落实，将传统考试模式与现代化互联网技术有机结合，实现了本质上的考试方法的创新，可以激发教师参与高校思想政治课考试的改革和创新，还可以引起学生对考试的热情。

二、高校思想政治课网络考试存在的问题

随着网络考试的推广，许多学校都开始尝试思想政治课网络考试。随

着网络考试的落实和探索，也出现了一些问题，想要进一步改革和推动网络考试，就要对这些问题进行分析和解决。

（一）网络考试系统开发和维护不足

思想政治课网络考试需要利用网络平台进行，这就要求学校要建立思想政治课网络考试系统。一般情况下，学校都会与互联网公司合作进行考试系统的开发和搭建。这是因为思想政治课教师一般不具备自行搭建网络考试系统的能力，而互联网公司不了解思想政治课课程性质和考试价值理念。

除此之外，思想政治课教师平时的工作任务繁重，没有多余的时间和精力去管理和维护网络考试平台，一般互联网公司也不提供后续的相关维护工作。这就影响了网络考试系统的升级和改造，同时还会为网络考试系统带来安全隐患，可能影响到今后网络考试的质量，甚至可能降低网络考试的公正公平性。

（二）网络考试试题题库建设不健全

目前的网络考试系统还不能智能地进行主观题的自动批改，所以网络考试试题一般全为客观题，缺乏对学生的知识实际应用能力、实践创新能力等方面的考查。在进行思想政治教育时，要帮助大学生通过对知识的理解建立正确的世界观、人生观、价值观，所以目前的网络考试的考查范围与教学目的还有很大差距。

在目前已经开始通过网络平台进行思想政治课考试的学校，存在题库试题不充足的情况，无法满足一人一卷、随机组卷的要求。学校应该根据不同的专业背景和知识基础，进行试题库分类，根据学生的情况制定个性化的考试试题，这样可以更加科学地反映学生的真实水平。

（三）网络考试信息深度分析和运用不充分

目前，思想政治课教师在考试结束后进行考试分析时，对考试信息的分析仅仅局限在数据备份、查询和简单的统计分析阶段，并没有进行进一步的考试数据分析。没有对网络考试信息进行深度分析，便不能促进教学改革，反而造成了大量数据信息资源的浪费。教师应该对网络考试信息进行进一步分析，将其作为改进教学的关键资料，为相关管理部门提供有意义的参考和建议。

三、完善高校思想政治课网络考试的策略建议

（一）重视考试系统的开发和维护

可以通过对校内网络技术掌握得较好的教师进行相关培训，使他们具备开发和维护网络考试系统的能力；或者可以引进软件开发人才进行专人管理；又或者可以与网络公司进行合作，通过网络公司开展平台的开发和维护。

对教师的网络技术能力培养有很多方法，可以邀请专家到校为教师进行培训，也可以开展教师在校外的技术培训；可以采用集中培训的方式，也可以采用分期、分批培训的方式。将教师的网络技术能力纳入教师能力评定系统，使网络技术能力成为评价教师教学能力的一个因素，以此保证高校思想政治课网络考试的效率。

（二）教师全员参与试题编写

思想政治课网络考试试题库建设是一个庞大的工程，应该充分调动全体高校思想政治课教师的积极性进行试题库的建设，通过集体的力量共同攻克重点和难点。试题的编写要遵循高校思想政治课课程理念、课程内容逻辑体系、考试命题原则，进行科学合理的试题制定，更要注重命题的创新。例如，可以将社会热点问题和学生生活中面临的实际问题融入试题编写中，使思想政治课网络考试的重点相较传统的思想政治课考试有所革新。按照任教的课程，教师可以进行分组，按教材章节分工编写试题，并定期召开研讨会组织题库。同时，试题不可以一成不变，应该逐年增添新的内容，淘汰过时的内容，以保证题库的时效性。

（三）激励教师运用网络考试信息

在实施思想政治课网络考试后，为了充分利用网络考试信息资源，应该激励教师运用网络考试的信息，通过对考试信息数据的分析为今后教学的发展方向提供科学有效的支持。同时，也可以依托学校等各级各类教学科研项目，激励教师进行有计划、有步骤的研究探讨，促进教师将教学、考试和研究有机结合，不断提高教师的专业综合素养，通过网络考试的方式激发学生对课程的兴趣，并从中得到帮助。

参考文献

[1] 刘萍萍. 现代思想政治教育的文化价值研究 [M]. 北京：现代出版社，2021.

[2] 任凤琴，崔玉敏主编；王孟，王露，于顾，孙爱春副主编. 九州文库 思想政治教育专题研究 [M]. 北京：九州出版社，2021.

[3] 王安平；王成光，谷生然副主编. 大学生思想政治教育研究 第3辑 [M]. 四川大学出版社有限责任公司 2021.

[4] 罗亚莉. 思想政治教育调查方法理论与实践 [M]. 四川大学出版社有限责任公司，2021.

[5] 倪瑞华. 思想政治教育认同基本理论研究 [M]. 北京：中国民主法制出版社，2021.

[6] 崔晋文. 思想政治教育中的美育问题研究 [M]. 武汉：武汉大学出版社，2021.

[7] 韩冰，李轩航. 高校网络思想政治教育研究 [M]. 哈尔滨：哈尔滨工程大学出版社，2021.

[8] 赵金莎. 思想政治教育话语研究：军地高校思想政治教育话语比较 [M]. 西安：陕西人民出版社，2021.

[9] 李丹丹. 网络文化环境下大学生思想政治教育研究 [M]. 沈阳：辽宁大学出版社，2021.

[10] 王瑞娜. 新时代思想政治教育个体价值及社会实践研究 [M]. 北京：光明日报出版社，2021.

[11] 钟家全. 互联网与新时代高校思想政治教育队伍建设 [M]. 成都：西南交通大学出版社，2021.

[12] 李晗. 网络时代大学生思想政治教育发展与创新研究 [M]. 沈阳：辽

宁人民出版社，2021.

[13] 何宗元.新时代思想政治教育协同育人原理与实践研究 [M].北京：企业管理出版社，2021.

[14] 张冀作.高校微信公众平台思想政治教育功能研究 [M].成都：西南交通大学出版社，2021.

[15] 谈娅.新时代高校思想政治教育创新研究 [M].重庆：西南师范大学出版社，2021.

[16] 张微.心理学视域下的思想政治教育方法论 [M].厦门大学出版社有限责任公司，2021.

[17] 孙永鲁.新媒体时代思想政治教育传播学创新研究 [M].北京：新华出版社，2021.

[18] 神彦飞.新媒体时代高校思想政治教育范式转换与实践 [M].济南：山东大学出版社，2021.

[19] 冯刚.思想政治教育研究热点年度发布 2020[M].北京：团结出版社，2021.

[20] 吕毅.高校本科学生党支部思想政治教育工作研究 [M].知识产权出版社有限责任公司，2021.

[21] 裴孝金，宋晓宁.思想政治教育创新研究 [M].长春：吉林大学出版社，2022.

[22] 郭鹏.思想政治教育网络传播研究 [M].武汉：武汉大学出版社，2022.

[23] 吴健.思想政治教育形象教育研究 [M].武汉：武汉大学出版社，2022.

[24] 卢岚.思想政治教育的空间转向研究 [M].北京：学习出版社，2022.

[25] 张坤.高校红色基因传承与思想政治教育 [M].燕山大学出版社，2022.

[26] 石加友，苗国厚.大学生思想政治教育管理学 [M].北京：光明日报出版社，2022.

[27] 杨波.思想政治教育话语有效性研究 [M].东北财经大学出版社有限

责任公司，2022.

[28] 李智慧 . 高校思想政治教育有效资源开发利用研究 [M]. 北京：旅游教育出版社，2022.

[29] 张琳 . 高校思想政治教育与创新创业教育融合研究 [M]. 延吉：延边大学出版社，2022.